浙商研究院智库丛书

新时代民营经济统战工作导论

杨卫敏 / 著

浙江工商大学 出版社
ZHEJIANG GONGSHANG UNIVERSITY PRESS

·杭州·

图书在版编目（CIP）数据

　　新时代民营经济统战工作导论 ／ 杨卫敏著 . —— 杭州 ：
浙江工商大学出版社 ，2025.3 . —— ISBN 978-7-5178-
6276-5

　　I. F121.23；D613

　　中国国家版本馆 CIP 数据核字第 2024AB8758 号

新时代民营经济统战工作导论
XINSHIDAI MINYING JINGJI TONGZHAN GONGZUO DAOLUN
杨卫敏　著

出 品 人	郑英龙
策　　划	任晓燕　陈丽霞
责任编辑	刘志远　何海峰
责任校对	沈黎鹏
封面设计	望宸文化
责任印制	祝希茜
出版发行	浙江工商大学出版社
	（杭州市教工路 198 号　邮政编码 310012）
	（E-mail：zjgsupress@163.com）
	（网址：http://www.zjgsupress.com）
	电话：0571-88904980，88831806（传真）
排　　版	杭州彩地电脑图文有限公司
印　　刷	杭州高腾印务有限公司
开　　本	710 mm×1000 mm　1/16
印　　张	16
字　　数	269 千
版 印 次	2025 年 3 月第 1 版　2025 年 3 月第 1 次印刷
书　　号	ISBN 978-7-5178-6276-5
定　　价	88.00 元

本书获浙江省新型重点专业智库浙江工商大学

浙商研究院资助

编委会

总　序

　　浙江历史悠久，自古就尊崇"事功之学"，崇尚商业，重商文化色彩浓厚。受这种文化的熏陶与濡染，历史上，浙江这块人地造就了一代代名商巨贾，以至世间曾流传"两浙之富，国用所恃"之说。

　　当改革开放的春风吹遍祖国大地之后，浙江这块具有"商业文化基因"的热土上就迅速掀起了一浪高过一浪的创业大潮，波澜壮阔，蔚为壮观。一时间，浙江经济"走"在了全国改革开放的前列，创造出了一条富有特色、较为成功的发展之路。浙江从经济小省一跃成为经济强省，地区生产总值连续 20 多年稳居全国前四，城乡居民人均可支配收入居全国各省（区、市）之前列。浙江成功发展之道还被人们称誉为"浙江模式"或"浙江现象"。之江潮欢涌，风正一帆悬。现如今，浙江全省上下正以"八八战略"为统领，继续发扬干在实处、走在前列、勇立潮头的精神，深入推进"共同富裕先行"和"省域现代化先行"，努力打造新时代全面展示中国特色社会主义制度优越性的"重要窗口"。

　　浙江经济社会的快速发展与民营经济的繁荣兴盛分不开。在浙江，民营经济可谓是推进经济社会发展的生力军，是浙江的最大特色、最大资源和最大优势。民营企业占浙江企业总量的 90% 以上，浙江民营经济总量稳居全国前三。在全国民营企业 500 强排行榜中，浙江民营企业数量连续 25 年位居全国第一。在浙江经济社会发展中，民营经济贡献了全省 60% 以上的 GDP、70% 以上的税收、80% 以上的就业。可以说，民营经济是浙江经济社会发展的"动力源"，让浙江始终"行驶"在全国经济社会发展的最前列。

　　时势造英雄。民营经济不仅对浙江经济社会发展做出了不可磨灭的贡献，也造就了一大批浙商精英，使浙江这块大地上涌现出了鲁冠球、马云、宗庆后、徐冠巨、南存辉、李书福等新一代叱咤商海、勇立潮头的浙商。如今，浙商已成为中国改革开放以来率先兴起的人数最多、分布最广、具有全球影响力的商业群体。据统计，目前有超过 600 万浙商在全国各地投资创业，还有近 200 万浙商走出国门，把生意做到全世界，让"地瓜"的藤蔓伸向四面八方、全球各地。浙商兴则浙江兴，浙商强则浙江强，浙江发展的昨天、今天和明天，都离不开民营企业家的杰出贡献。

新时代的浙商，作为一个充满活力和创造力的企业家群体，他们不仅在国内有着广泛的影响力，而且在国际上享有盛誉。他们以其卓越的商业头脑、精湛的商业技能和成功的商业实践，赢得了全球商界的赞誉和尊重。伴随浙商的崛起，浙商现象也引起了学者的广泛关注。浙商研究逐渐成为一个颇具特色的学术研究领域。人们讨论浙商，成立浙商研究组织，研究浙商企业、浙商现象、浙商文化、浙商精神等，以期从浙商研究中汲取"浙江经验"，为其他地区的商业发展提供重要的借鉴与启示，以推动全国范围内的商业进步。

浙江工商大学浙商研究院是以浙江省首批哲学社会科学重点研究基地——"浙商研究中心"和浙商博物馆为基础组建的浙商研究智库。浙商研究院成立之后，因成果显著，很快得到上级主管部门和社会各方的认可。2017 年，被认定为浙江省首批新型高校智库；2018 年，被认定为浙江省首批新型重点专业智库。2020 年，入选中国智库索引（CTTI）来源智库。目前已成为涵盖浙商理论和咨政研究、开展智库人才培养、服务地方经济发展的综合性智库机构。

浙商研究院自成立以来，以"传承浙商文化、服务浙商发展、引领浙商未来"为宗旨，通过整合管理学、经济学、法学、人文等多学科优势资源，围绕全球浙商发展中的重大现实问题，聚焦文化浙商、制度浙商、创新浙商、全球浙商、数智浙商等五大领域，凝聚了一批国家级、高水平研究人才，形成了众多视野独到、应用性强的研究成果。研究院先后公开出版了"中华人民共和国成立 70 周年浙商研究院智库丛书"和"改革开放 40 周年浙商研究院智库丛书"。五年来，获得省部级及以上领导批示和采纳 99 件；获得国家级重大、重点、委托项目 44 项，省部级及以上成果奖励 6 项；在《管理世界》《经济研究》等期刊发表论文 259 篇，公开出版学术著作 41 部，发表 SSCI/SCI 论文 82 篇。

2023 年是浙商研究院获批"浙江省新型重点专业智库"的第五个年头，为了庆贺研究院获批省重点专业智库以来所取得的丰硕成果，研究院计划推出新一期"浙商研究院智库丛书"。该丛书收录了研究院近些年来所形成的部分优秀成果，力图在对"浙江模式""浙商文化""浙商精神"等的回溯反思和深入探究中，解析或揭示出浙商快速崛起的人文地理、政策环境、个人特质等方面的"奥秘"，挖掘出可资借鉴的精神资源和实践价值，展望未来浙江和浙商发展的应然方向和实践路径，从而更好地发挥智库的作用，为政府决策建言，为浙商深化创新、转型发展提供理论支撑。

收录进新一期"浙商研究院智库丛书"的论作，均是近些年研究院学者围绕研究院确立的五大重点领域所形成的研究成果。不同于传统意义上的浙江经济发展研究与浙商研究，它们不求面面俱到，但求视界独特；不求论述系统，但求思想创新。它们从不同的视界，多角度、多层次、全方位地揭示或"透射"出了浙江经济社会发展与浙商崛起的文化真谛，告知了我们当今时代走向创业和商业经营或企业运营成功的"秘诀"。

当前，百年变局持续演进，国际形势波谲云诡，国内改革发展任务繁杂艰巨。面对如此复杂严峻的发展环境，中国人民不怕困难，勠力同心，全国上下都在为全面建成社会主义现代化国家努力奋斗。作为改革开放之潮头阵地的浙江及作为改革开放之"急先锋"的浙商，其所代表的发展理念、未来趋势具有前沿性和先行示范意义，由此也决定了"浙商研究院智库丛书"的推出具有时代意义和实践价值。相信它会给广大读者，尤其是政策制定者、企业经营者及学术研究人员带来感悟和启发。

是为序。

2023 年 11 月

自　序

　　习近平总书记指出："民营经济是我们党长期执政、团结带领全国人民实现
'两个一百年'奋斗目标和中华民族伟大复兴中国梦的重要力量。"[①]党的二十大
开启了全面建设社会主义现代化国家新征程，也赋予民营经济和民营经济统战工
作新的发展契机。过去 40 年，民营经济在我国改革开放和现代化建设中发挥了
举足轻重的作用；未来 30 年，党和政府对民营经济与民营经济人士的期望更高，
广大民营经济人士要做中国式现代化建设的勇于探路者、有力推动者、主动参与
者、积极践行者。

　　党的二十大报告强调"促进非公有制经济健康发展和非公有制经济人士健康
成长"，明确提出要"促进民营经济发展壮大""完善中国特色现代企业制度，
弘扬企业家精神，加快建设世界一流企业""支持中小微企业发展""优化民营
企业发展环境，依法保护民营企业产权和企业家权益"。2023 年 7 月，《中共中
央国务院关于促进民营经济发展壮大的意见》下发。民营经济的主体是民营经济
人士，"非公有制经济要健康发展，前提是非公有制经济人士要健康成长"[②]。过
去 10 年民营经济的跨越式发展，是以习近平同志为核心的党中央高度重视、大
力支持民营经济发展和民营经济统战工作的直接结果。新的征程上，面对全球经
济衰退和反全球化逆流，面对新一轮科技革命、产业变革深入发展以及科技打压，
如何抢占世界科技制高点、抢抓全球科技发展先机，如何打好安全发展的战略主
动战，是党和国家与民营企业共同面临的一个重大时代命题。

　　全面融入中国式现代化建设是民营经济实现健康发展和新飞跃的根本途

---

① 谢环驰.正确引导民营经济健康发展高质量发展［N］.人民日报，2023-03-07（1）.
② 在民营企业座谈会上的讲话［N］.人民日报，2018-11-02（2）.

径。引领民营企业自觉融入全面建设社会主义现代化国家的首要任务（高质量发展），自觉融入构建新发展格局，自觉融入国家关键核心技术攻关新型举国体制和国家人才战略布局，自觉融入国家共同富裕、区域协调发展和乡村振兴战略，自觉融入国家绿色发展战略，自觉融入国家新安全格局。

培育堪当中国式现代化建设重任的新时代优秀企业家是民营经济统战工作的核心战略任务。大力培育新时代优秀企业家，进一步促进民营经济人士高素质成长；不断优化民营经济发展环境，进一步激发优秀企业家精神；引导民营经济人士守法经营，以法治民企、清廉民企建设保障民营企业合规发展、行稳致远；着力推进先进企业文化建设，进一步促进"两个健康"融合提升。

建立健全坚强、有力、高效的工作体系是实现"两个健康"的组织保障。着眼促进重大经济工作与重大政治工作的有机统一，加强党对民营经济统战工作的战略谋划和统一领导；构建具有结构性、层次性的亲清政商关系，打造党建引领的"政商共同体"；以"桥梁纽带"作为突破点，切实发挥工商联和商会的作用；优化综合评价指标体系，健全"两个健康"长效机制；推进数字化改革，赋能民营经济统战工作迭代升级。

民营经济统战工作在引导"两个健康"中不仅要坚持守正创新，更要力求迭代升级。浙江是传统民营经济大省，民营经济在浙江现代化建设中居功至伟。近几年，浙江省在民营经济统战工作方面做了一系列先行探索。①浙江省第十五次党代会提出了打造社会主义现代化先行省和高质量发展建设共同富裕示范区，这是对中国式现代化的形象诠释和生动实践，也必将为民营经济和民营经济统战工作的探路先行、创新拓展提供广阔的空间和肥沃的土壤。为适应全面建设现代化国家的需要，民营经济统战工作必须守正创新、迭代升级，更加精准、切实、协同、有效地为引导和促进"两个健康"服务。

一是引导融入。适应中国式现代化的要求强化政治引领，引导广大民营经济人士自觉融入党和国家的发展大局。

二是加强培育。适应高质量发展和构建新发展格局、高水平对外开放的要求，

---

① 2022年，浙江省委省政府召开浙江省民营经济发展大会，出台《关于推动新时代民营经济新飞跃的若干意见》；2020年，浙江省人大通过全国第一部促进民营企业发展的省级地方性法规，并规定相关立法必须征求企业和行业协会商会意见；温州、宁波和台州分别承担了"两个健康先行""构建亲清政商关系"和"清廉民企"3个全国试点任务并取得有益经验；发扬新时代"枫桥经验"，商会调解数量居全国首位；10年间举办6届世界浙商大会，助力民营经济高质量发展和融入新发展格局。

打造终身学习教育培训体系，提升民营经济人士素质，培养新生代企业家队伍。

三是法治营商。适应"法治中国"建设的要求，开展"两个健康"立法，促进法治营商环境和法治民企建设。

四是激发活力。适应激发全社会创新活力的要求，完善激励机制，营造全社会尊重企业家的氛围，弘扬新时代企业家精神。

五是防范风险。必须适应推进治理体系和治理能力现代化的要求，针对国际国内宏观形势变化和民营经济自身存在的问题，建立健全风险防范和化解机制。

六是探索创新。适应顶层设计与基层探索相结合的要求，支持地方探索创新，鼓励、引导、支持基层探索更多原创性、差异化改革，进而因地制宜、由点到面、开拓创新。

目 录

CONTENTS

第一章　全面贯彻落实"两个健康"重要论述

　　党的二十大报告强调，"坚持和完善社会主义基本经济制度，毫不动摇巩固和发展公有制经济，毫不动摇鼓励、支持、引导非公有制经济发展"，"全面构建亲清政商关系，促进非公有制经济健康发展和非公有制经济人士健康成长"。这表明党和政府支持民营经济发展的方针政策没有变，也不会变，从而给广大民营经济人士投身中国现代化建设吃了"定心丸"。

　　"两个健康"是党的民营经济统战工作的主题和目标，从 20 世纪 80 年代的"一个健康"（引导非公有制经济健康发展）到 21 世纪初发展为"两个健康"（引导非公有制经济健康发展和非公有制经济人士健康成长），非公有制经济领域成为改革开放以来统一战线工作的重要方面。[①]党的十八大后，以习近平同志为核心的党中央从全局高度重视非公有制经济工作，并做出了一系列论述，把"两个健康"提到了一个新的高度。2015 年中央统战工作会议和会后下发的《中国共产党统一战线工作条例（试行）》将"两个健康"作为非公有制经济领域工作的主题。2016 年 3 月 4 日，习近平总书记在全国政协十二届四次会议民建和工商联界委员联组会上发表了题为《毫不动摇坚持我国基本经济制度　推动各种所有制经济健康发展》的重要讲话（以下简称"3 月 4 日讲话"），在社会各界和海内外引起了极大反响。此后，在 2018 年 11 月召开的民营企业座谈会、2020 年 7 月召开的企业家座谈会上习近平总书记先后发表的重要讲话，在 2020 年 9 月召开民营经济统战工作会议之际做出的重要批示，以及在看望参加全国政协十四届一次会议的民建、工商联界委员时的讲话，无不释放了重大信号、传递了明确导

---

① "两个健康"提法的由来［EB/OL］.（2014-05-04）［2018-09-20］. http://tyzx.people.cn/n/2014/0504/c372202-24972682.html.

向、回应了思想关切、提出了殷切期望，有力促进"两个健康"，推动民营经济发展再创新辉煌，推动民营经济统战工作再上新台阶。2022年7月，习近平总书记在中央统战工作会议上强调："促进非公有制经济健康发展和非公有制经济人士健康成长是重大经济问题，也是重大政治问题。"[①]新时代"两个健康"的核心思想体现在以下"八个一"上。

一、凸显一条主线：从理论和实践两方面论证我国社会主义基本经济制度是一以贯之、不断深化完善的，为非公有制经济长期健康发展确立"定海神针"

在3月4日讲话中，习近平总书记深刻阐述了两种所有制经济的辩证关系，强调：我们强调把公有制经济巩固好、发展好，同鼓励、支持、引导非公有制经济发展不是对立的，而是有机统一的……公有制经济、非公有制经济应该相辅相成、相得益彰，而不是相互排斥、相互抵消。[②]3月4日讲话强调了坚持一个基本经济制度、"两个毫不动摇"、"三个没有变"，进一步重申党在坚持基本经济制度上的观点是明确的、一贯的、不断深化的，从来没有动摇。

（一）坚持"一个基本经济制度"：理论诠释和践行轨迹

1997年召开的党的十五大确立了我国的基本经济制度是"公有制为主体、多种所有制经济共同发展"，并提出"非公有制经济是我国社会主义市场经济的重要组成部分"。在福建工作期间，习近平同志既重视引进台资，又重视立足当地发展民营经济。

（二）坚持"两个毫不动摇"：非公有制经济大省的实践印证和对理论政策深化发展的独特贡献

2002年召开的党的十六大提出："必须毫不动摇地巩固和发展公有制经济……必须毫不动摇地鼓励、支持和引导非公有制经济发展。"2002年12月23日，刚刚担任浙江省委书记、代省长的习近平同志，在接受中国广播网记者专访时表

---

① 习近平.完整、准确、全面贯彻落实关于做好新时代党的统一战线工作的重要思想［J］.求是，2024（02）.

② 习近平.习近平著作选读（第一卷）［M］.北京：人民出版社，2023：463.

示，"两个毫不动摇"是党的十六大对马克思主义所有制理论的新发展，标志着我们党对建设中国特色社会主义规律性认识的进一步深化。他说，联系改革开放以来浙江的发展实践，我们对坚持"两个毫不动摇"备感亲切。习近平同志提出浙江省非公有制经济再上新台阶的具体目标，就是全面营造各类市场主体公平竞争的环境，实现非公有制经济"提速提升"。①

为了进一步帮助各级党委政府和广大党员干部、非公有制经济人士加深对党的"两个毫不动摇"理论政策的理解和领会，习近平先后两次在中央媒体上发表长篇专题署名文章。第一次是2003年3月15日，习近平同志以浙江省委书记、省人大常委会主任的身份，在当日《经济日报》上发表了题为《坚持"两个毫不动摇"　再创浙江多种所有制经济发展新优势》的署名文章。时隔一年半的2004年9月28日，习近平同志再次以浙江省委书记、省人大常委会主任的身份在央媒上发表了他的第二篇关于"两个毫不动摇"的署名专题文章。这篇刊载在当日的《中国经济时报》上的题为《坚持"两个毫不动摇"　推动民营经济发展实现新飞跃》的理论文章，紧密联系浙江实践探索，开宗明义地指出，"两个毫不动摇"进一步丰富和发展了社会主义初级阶段的所有制理论，是对人民群众改革探索的充分肯定。②

2012年召开的党的十八大对"两个毫不动摇"有了新的发展，特别是进一步提出"毫不动摇鼓励、支持、引导非公有制经济发展，保证各种所有制经济依法平等使用生产要素、公平参与市场竞争、同等受到法律保护"③。在2013年召开的党的十八届三中全会上，习近平总书记指出："在功能定位上，明确公有制经济和非公有制经济都是社会主义市场经济的重要组成部分，都是我国经济社会发展的重要基础。"④十八届三中全会还进一步提出坚持"两个不可侵犯"和"三个平等"："两个不可侵犯"，就是公有制经济财产权不可侵犯，非公有制经济财产权同样不可侵犯，国家保护各种所有制经济产权和合法利益；"三个平等"就是权利平等、机会平等、规则平等，废除对非公有制经济各种形式的不合理规定，

① 再创浙江多种所有制经济发展新优势（浙江省委书记、代省长接受中国广播网记者专访）［EB/OL］．（2002-12-24）［2020-05-19］．http://www.cnr.cn/home/national/200212240139.html.
② 习近平. 坚持"两个毫不动摇"　推动民营经济发展实现新飞跃［N］.中国经济时报，2004-09-28（3）.
③ 胡锦涛. 坚定不移沿着中国特色社会主义道路前进　为全面建成小康社会而奋斗——在中国共产党第十八次全国代表大会上的报告（2012年11月8日）［M］.北京：人民出版社，2012：21.
④ 习近平. 习近平著作选读（第一卷）［M］.北京：人民出版社，2023：167.

消除各种隐性壁垒，激发非公有制经济活力和创造力。

随着习近平经济思想的形成，"两个毫不动摇"不仅进一步从理论上得到深化，而且从政策上得到完善，从法律上得到保障。2014年召开的党的十八届四中全会，主题是全面推进依法治国，各界呼吁多年的"市场经济就是法治经济，要为民营经济创造公平法治的环境"的话题，无疑是会议中引发海内外关注和关切的一个焦点问题。会议通过的《中共中央关于全面推进依法治国若干重大问题的决定》明确提出，要"健全以公平为核心原则的产权保护制度，加强对各种所有制经济组织和自然人财产权的保护，清理有违公平的法律法规条款"①。2016年4月19日，习近平在网络安全和信息化工作座谈会上的讲话中强调，"公有制经济、非公有制经济应该相辅相成、相得益彰，而不是相互排斥、相互抵消。非公有制企业搞大了、搞好了、搞到世界上去了，为国家和人民作出更大贡献了，是国家的光荣。党和政府当然要支持，这一点是毫无疑义的"②。

2016年8月30日，习近平总书记在中央全面深化改革领导小组第二十七次会议上的讲话中指出，要完善产权保护制度、依法保护产权，关键是要在事关产权保护的立法、执法、司法、守法等各领域体现法治理念，坚持平等保护、全面保护、依法保护。③在2016年底中央经济工作会议上，习近平强调要加强产权保护制度建设，抓紧编纂民法典，加强对各种所有制组织和自然人财产权的保护。坚持有错必纠，甄别纠正一批侵害企业产权的错案冤案。④

（三）坚持"三个没有变"：对非公有制经济地位作用的深切体会和对方针政策的深度解读

习近平总书记在3月4日讲话中强调：非公有制经济在我国经济社会发展中的地位和作用没有变，我们鼓励、支持、引导非公有制经济发展的方针政策没有变，我们致力于为非公有制经济发展营造良好环境和提供更多机会的方针政策没有变。⑤这"三个没有变"是相辅相成的，其中对重要地位和作用的认识是前提，

---

① 习近平. 习近平著作选读（第一卷）［M］. 北京：人民出版社，2023：462.
② 习近平. 在网络安全和信息化工作座谈会上的讲话［N］. 人民日报，2016-04-26（2）.
③ 强化基础注重集成完善机制严格督察　按照时间表路线图推进改革［N］. 人民日报，2016-08-31（1）.
④ 李涛. 中央经济工作会议在北京举行［N］. 人民日报，2016-12-17（1）.
⑤ 兰红光. 毫不动摇坚持我国基本经济制度　推动各种所有制经济健康发展［N］. 人民日报，2016-03-05（1）.

对方针政策的坚持是根本，对环境的营造和机会的提供是保障。

改革开放以来特别是新时代，浙江非公有制经济发展取得的成就，为党对非公有制经济一以贯之、不断完善发展的方针政策乃至中国特色社会主义道路的正确性做出了形象的印证和生动的诠释。

二、抓住一个关键：强调从政策制定和实施上解决制约和阻碍非公有制经济发展存在的问题，让民营企业真正从政策中增强获得感

习近平总书记在 3 月 4 日讲话中，既充分肯定我国形成了促进非公有制经济发展的政策体系，又准确指出政策实施过程中遇到的突出问题，如"中梗阻""三门""三座大山"等，并在此基础上强调狠抓政策措施落地、落细、落实，着力解决好"五大问题"，让民营企业真正从政策中增强获得感，极大地提振了广大民营企业家的发展信心。

（一）明确"三个鼓励"和"五个允许"

党的十八大以来，以习近平同志为核心的党中央不断推进全面深化改革，党的十八届三中、四中、五中全会推出了一系列扩大非公有制企业市场准入、平等发展的改革举措。习近平总书记在 3 月 4 日讲话中进一步明确提出"三个鼓励"和"五个允许"。"三个鼓励"是：鼓励非公有制企业参与国有企业改革；鼓励发展非公有资本控股的混合所有制企业，各类市场主体可依法平等进入负面清单之外领域；鼓励社会资本投向农村建设。"五个允许"是：允许更多国有经济和其他所有制经济发展成为混合所有制经济；国有资本投资项目允许非国有资本参股；允许具备条件的民间资本依法发起设立中小型银行等金融机构；允许社会资本通过特许经营等方式参与城市基础设施投资和运营；允许企业和社会组织在农村兴办各类事业。

事实上，这"三个鼓励"和"五个允许"在习近平同志任福建省省长和任浙江省委书记期间，特别是在浙江省委省政府 2004 年颁布的《关于推动民营经济新飞跃的若干意见》中，可以找到相应的政策举措或发端。如：文件第 14 条"放宽市场准入"规定，"全面清理和修订阻碍民营经济发展的地方性法规、规章和政策，允许民间资本进入除国家明令禁止以外的所有领域"；第 18 条"优化金

融服务"规定，"从民营企业的特点出发，改进信贷管理方式，开展金融产品创新，完善金融服务"，"推进面向中小企业的信用担保体系建设。拓宽民营企业直接融资渠道，鼓励企业通过募集、收购等多种途径在境内外上市，支持有条件的企业发行债券"；等等。党的十八大后，在中央的鼓励支持下，浙江先后在上述"三个鼓励"和"五个允许"上，特别是在鼓励非公有制企业参与国有企业改革、鼓励发展非公有资本控股的混合所有制企业、允许具备条件的民间资本依法发起设立中小型银行等金融机构等方面，率先进行试点或先行一步，得到了成功的经验。

（二）正视和破解"五个问题"

2002年10月，习近平同志调任浙江工作的时候，正值浙江发展遇到"成长的烦恼"，处在"爬坡过坎"的关键时期。针对当时遇到的"正在招商的缺地、正在建设的缺钱、正在生产的缺电"等问题，经过深入调研和深思熟虑，习近平同志高瞻远瞩，提出"跳出浙江、发展浙江"是浙江经济发展的必然要求，"我们要以战略的思维、开阔的视野、务实的态度，鼓励浙江人走出去投资创业，同时积极创造良好的发展环境，吸引国内外企业来浙投资"[①]，进而作出了实施"八八战略"的重大决策。

3月4日讲话是在我国经济发展进入新常态的形势下发表的，要充分认识到讲话背景之一就是面临的困难之多、问题之严重也是前所未有的。习近平总书记指出："为贯彻落实中共十八大和十八届三中、四中、五中全会精神，我们接续出台了一大批相关政策措施，可以说，已经形成了鼓励、支持、引导非公有制经济发展的政策体系，非公有制经济发展面临前所未有的良好政策环境和社会氛围。由于一些原因，这些政策的配套措施还不是很实，政策落地效果还不是很好，主要问题是：市场准入限制仍然较多；政策执行中'玻璃门''弹簧门''旋转门'现象大量存在；一些政府部门为民营企业办事效率仍然不高；民营企业特别是中小企业、小微企业融资渠道狭窄，民营企业资金链紧张，等等。"[②]习近平总书记进而提出如何破解这些问题：一方面要完善政策，增强政策含金量和可操作性；另一方面要加大政策落地力度，确保各项政策百分之百落到实处。强调"一

---

① 习近平.之江新语［M］.杭州：浙江人民出版社，2007：125.
② 习近平.习近平著作选读（第一卷）［M］.北京：人民出版社，2023：464.

分部署，九分落实"，破解"最后一公里"问题，要求各地区各部门细化、量化政策措施，制定相关配套举措，推动各项政策落地、落细、落实，让民营企业真正从政策中增强获得感。①

值得关注的是，从主政浙江时鼓励浙商"跳出浙江，发展浙江"，到总揽全局后引导民营企业参与"一带一路"建设和长三角一体化、京津冀协同发展、长江经济带发展等国家战略，习近平始终关注和鼓励非公有制经济抢抓各种战略机遇，加快自身发展。2016 年 4 月 29 日，习近平总书记在中共中央政治局第三十一次集体学习时的讲话中指出，推进"一带一路"建设，要注意构建以市场为基础、企业为主体的区域经济合作机制，广泛调动各类企业参与，引导更多社会力量投入"一带一路"建设，努力形成政府、市场、社会有机结合的合作模式，形成政府主导、企业参与、民间促进的立体格局。②2016 年 8 月 17 日，习近平总书记在推进"一带一路"建设工作座谈会上指出，坚持内外统筹，加强政企统筹，鼓励国内企业到沿线国家投资经营，也欢迎沿线国家企业到我国投资兴业，加强"一带一路"建设同京津冀协同发展、长江经济带发展等国家战略的对接，同西部开发、东北振兴、中部崛起、东部率先发展、沿边开发开放的结合，带动形成全方位开放、东中西部联动发展的局面。③

（三）把握机遇，有所作为

机遇稍纵即逝，对新常态下民营经济发展来说更是如此，习近平总书记特别强调要抢抓机遇、把握机遇。主政浙江期间，习近平继续鼓励非公有制经济人士抓住机遇、乘势而上。他强调指出，"两个毫不动摇"为浙江进一步发挥多种所有制经济共同发展的优势，加快建立完善社会主义市场经济体制，提供了良好的机遇，开辟了广阔的通途。④习近平精准研判浙江民营经济发展正在转型升级，孕育着企业制度、产业发展、经营模式和增长方式等方面的重大转变。

面对经济新常态，习近平总书记在 3 月 4 日讲话中指出，民营企业发展正迎

① 习近平.习近平著作选读（第一卷）[M].北京：人民出版社，2023：465.
② 借鉴历史经验创新合作理念　让"一带一路"建设推动各国共同发展[N].人民日报，2016-05-01（1）.
③ 吴秋余，兰红光.总结经验坚定信心扎实推进　让"一带一路"建设造福沿线各国人民[N].人民日报，2016-08-18（1）.
④ 习近平.坚持"两个毫不动摇"　再创浙江多种所有制经济发展新优势[N].经济日报，2003-03-15（1）.

来三大机遇：一是实施"一带一路"建设、京津冀协同发展、长江经济带发展三大战略，带来了许多难得的重大机遇；二是"十三五"规划建议提出了50项重大举措和300多项具体措施；三是我国经济发展韧性强、潜力足、回旋余地大的优势凸显。据此，习近平总书记判断，"我国发展一时一事会有波动，但长远看还是东风浩荡"，要求广大非公有制经济人士准确把握我国经济发展大势，提振发展信心。习近平总书记对广大民营企业提出三个新要求，即：新作为、新提升、新发展。[1]2016年7月26日，习近平总书记在中央政治局会议上说，要坚持引导市场预期，提高政策质量和透明度，用稳定的宏观经济政策稳住市场预期，用重大改革举措落地增强发展信心，特别要坚持基本经济制度，鼓励民间投资，改善企业微观环境，创造各类企业平等竞争、健康发展的市场环境。[2]在2016年12月召开的中央经济工作会议上，习近平总书记指出：要坚持基本经济制度，坚持社会主义市场经济改革方向，坚持扩大开放，稳定民营企业家信心。要更加重视优化产业组织，提高大企业素质，在市场准入、要素配置等方面创造条件，使中小微企业更好地参与市场公平竞争。[3]这些都为广大非公有制经济人士攻坚克难提振了信心、增添了力量。

（四）深化"五个着力"

习近平总书记在3月4日讲话中指出，当前，重点要解决好以下问题：要着力解决中小企业融资难问题，要着力放开市场准入，要着力加快公共服务体系建设，要着力引导民营企业利用产权市场组合民间资本，要着力进一步清理、精简涉及民间投资管理的行政审批事项和涉企收费。

在浙江工作期间，习近平同志高度重视优化浙商的发展环境，提出三个"彻底"（彻底破除一切影响非公有制经济发展的思想观念束缚，彻底改变一切影响非公有制经济发展的做法和规定，彻底消除一切影响非公有制经济发展的体制障碍和政策制约）、三个"给予"（对非公有制企业，在政治上给予关心，在权益上给予保障，在政策上给予扶持）、五个"平等"（对个私企业做到登记注册平等、税收管理平等、规费标准平等、金融贷款平等、市场准入平等）。[4]2003年12月，

---

① 习近平. 习近平著作选读（第一卷）[M]. 北京：人民出版社，2023：460-470.

② 决定召开十八届六中全会　分析研究当前经济形势　部署下半年经济工作 [N]. 人民日报，2016-07-27（1）.

③ 李涛. 中央经济工作会议在北京举行 [N]. 人民日报，2016-12-17（1）.

④ 习近平. 坚持"两个毫不动摇"　再创浙江多种所有制经济发展新优势 [N]. 经济日报，2003-03-15（1）.

首届浙江民营企业峰会召开，习近平同志在贺信中提出了三个"进一步"：进一步放宽领域、降低门槛；进一步完善金融支持、中介服务和人才保障体系；进一步优化舆论环境、政策环境、政务环境、法治环境。在 2004 年 2 月召开的全省民营经济工作会议上，习近平专门强调，要为民营经济发展优化良好环境，创造良好条件。这些环境和条件包括以下六个方面：一是积极创造公平竞争的政策环境；二是进一步优化政务环境；三是创造良好的法治环境；四是加快建立金融支持体系；五是加快各类中介服务机构的发展；六是加强人才引进和培养。

十八届三中全会以来，习近平总书记率先提出我国经济已进入新常态，提出加强供给侧结构性改革，促进民间投资——这对引导和促进非公有制经济健康发展有着重大意义。无论是"十三五"规划，还是 2015 年中央经济工作会议上的讲话，以及 2016 年 5 月份召开的中央财经小组第十三次会议上的讲话，都强调：供给侧结构性改革是稳定经济发展的治本良药，重点是要推进"三去一降一补"，即去产能、去库存、去杠杆、降成本、补短板。习近平总书记指出，政府要勇于承担责任，各部门各级地方政府都要勇于担当，干好自己该干的事。① 具体来说，全国人大要负责有关利改税法律的工作；国务院要制订改革方案、政策，抓好落实；全国政协要集思广益，献计献策；司法部门要依法实施市场化破产程序，加快破产案件的审理，解决好破产案件行政成本高、收费低、专业人员缺乏等问题；国资委和地方国有资产监管部门及中央企业，承担推动处置"僵尸"企业的责任；省级政府要负责本地"三去一降一补"的组织协调，并督促所辖市县工作落实；市县政府承担落实责任。讲话越是具体，越表明中央对"三去一降一补"决心很大。去产能，首先从钢铁、煤炭着手，国企没带好头，下一步中央要督查。在去库存方面，对房产企业要求较高，下一步也要督查。在去杠杆方面，主要是杠杆率过高，拖累实体经济发展，下一步对实体减轻债务有一系列动作。在降成本方面，实体经济特别是制造业的竞争力，中央很关注，主要有七个"降"：降制度上的交易成本，降人工成本，降企业税费负担，降社会保险费，降财务成本，降电力价格，降物流成本。这给实体经济、制造业发展带来新的机遇。补短板，主要是创新，还有就是要补绿色产品、高品质产品、生态产品、新兴产业、现代农业等短板。

---

① 坚定不移推进供给侧结构性改革　在发展中不断扩大中等收入群体［N］. 人民日报，2016-05-17（1）.

　　3月4日讲话发表后，习近平总书记继续在多个场合强调为民营企业减负降本、提质增效。2016年5月30日，习近平总书记在全国科技创新大会上的讲话中指出："企业是科技和经济紧密结合的重要力量，应该成为技术创新决策、研发投入、科研组织、成果转化的主体。要制定和落实鼓励企业技术创新各项政策，强化企业创新倒逼机制，加强对中小企业技术创新支持力度，推动流通环节改革和反垄断反不正当竞争，引导企业加快发展研发力量……支持依托企业建设国家技术创新中心，培育有国际影响力的行业领军企业。"①在2016年中央经济工作会议上，习近平总书记强调：要加强激励、鼓励创新，增强微观主体内生动力，提高盈利能力，提高劳动生产率，提高全要素生产率。要降低各类交易成本特别是制度性交易成本，推动企业眼睛向内降本增效。要引导企业形成自己独有的比较优势，发扬"工匠精神"，加强品牌建设，培育更多"百年老店"，增强产品竞争力。②

　　如考虑过程，我们不难发现，事实上中央和地方促进非公有制经济发展的一些政策落地几乎是与习近平总书记相关讲话同步进行的。如：2016年全国"两会"闭幕后不久，国家税务总局即出台"营改增"，为民营企业切实减轻税负。为进一步解决制约民间投资发展的重点难点问题，国家发改委于同年10月出台了《促进民间投资健康发展若干政策措施》，从促进投资增长、改善金融服务、落实完善相关财税政策、降低企业成本、改进综合管理服务措施、制定修改法律法规等6个方面提出了26条具体措施。2016年11月和12月，江苏和浙江两省相继出台了进一步减轻企业负担、降低企业成本的26条和20条政策举措，为民营企业减负达1000多亿元，其他省（区、市）也都有类似举措和成效。

三、突出一个主题：深刻阐述了"两个健康"的内在联系，强调非公有制经济要健康发展的前提是非公有制经济人士要健康成长

　　习近平总书记明确指出：促进非公有制经济健康发展和非公有制经济人士健

---

① 为建设世界科技强国而奋斗［N］. 人民日报，2016-06-01（2）.
② 李涛. 中央经济工作会议在北京举行［N］. 人民日报，2016-12-17（1）.

康成长是重大经济问题，也是重大政治问题。①《中国共产党统一战线工作条例》明确提出：促进"两个健康"是非公有制经济领域统战工作的主题。在 2015 年 5 月召开的中央统战工作会议中，习近平进一步阐述了"两个健康"的内在联系，要求一手抓鼓励支持，一手抓教育引导，既要关注非公有制经济人士的思想，也要关注他们的困难，切实增强工作的针对性和实效性。② 这是习近平同志在东南沿海非公有制经济先发地区的长期实践探索中不断完善发展的。

在福建和浙江工作期间，习近平同志亲力亲为"两手抓"，促进"两个健康"。一方面，切实加强对民营经济的引导和监管，进一步整顿市场秩序，坚决制止各种不正当竞争和侵犯消费者权益的行为，严厉打击假冒伪劣、偷税漏税等违法经营活动，规范企业经营行为和市场经营秩序；另一方面，习近平同志亲自为晋江正名，为浙商正名，为非公有制经济和非公有制经济人士正名。2002 年，时任福建省省长的习近平分别在《人民日报》《福建日报》发表署名文章，指出，晋江的成功经验，"就其自身而言，关键在于晋江的广大干部群众勇于探索，走出了一条'以市场经济为主、外向型经济为主、股份合作制为主，多种经济成份共同发展'的经济发展道路。有关专家称之为'晋江模式'"③。

在福建工作期间，习近平同志倡导企业家增强依法经营、照章纳税意识，积极参与下岗职工再就业工作，投身光彩事业。到浙江工作后，习近平倡导浙江企业家要树立强烈的信用意识。2003 年 1 月 16 日，浙江省十届人大一次会议召开，时任浙江省代省长习近平作《政府工作报告》，提出了加强"信用浙江"建设问题。同年 7 月，省委十一届四次全会把"切实加强信用建设"作为"八八战略"的重要内容，成为浙江发展的总纲之一。习近平还在 2003 年 9 月 15 日的《浙江日报》头版"之江新语"栏目发表题为《努力打造"信用浙江"》的短论，指出："人而无信，不知其可"；企业无信，则难求发展。④

习近平还十分重视非公有制企业构建和谐劳动关系。2010 年 8 月，时任中央政治局常委、中央书记处书记的习近平，对浙江著名企业传化集团构建和谐劳

---

① 习近平. 完整、准确、全面贯彻落实关于做好新时代党的统一战线工作的重要思想［J］. 求是，2024（02）.

② 马占成. 巩固发展最广泛的爱国统一战线　为实现中国梦提供广泛力量支持［N］. 人民日报，2015-05-21（1）.

③ 习近平. 研究借鉴晋江经验　加快县域经济发展［N］. 人民日报，2002-08-20（11）.

④ 习近平. 之江新语［M］. 杭州：浙江人民出版社，2007：18.

动关系的经验做法做出重要批示："构建和谐的劳动关系，是建设和谐社会的重要方面。"① 2011年10月，习近平同志在写给首届世界浙商大会的贺信中明确要求，将营造企业和谐文化同构建和谐劳动关系相统一。

党的十八大以来，习近平总书记强调民营企业和非公有制经济人士要积极承担社会责任。2016年4月19日，习近平总书记在网络安全和信息化工作座谈会上指出：一个企业既有经济责任、法律责任，也有社会责任、道德责任。企业做得越大，社会责任、道德责任就越大，公众对企业这方面的要求也就越高。只有富有爱心的财富才是真正有意义的财富，只有积极承担社会责任的企业才是最有竞争力和生命力的企业。办网站的不能一味追求点击率，开网店的要防范假冒伪劣，做社交平台的不能成为谣言扩散器，做搜索的不能仅以给钱的多少作为排位的标准。②

四、着眼一个目标：引导非公有制经济人士爱国敬业、守法经营、创业创新、回报社会，做合格的中国特色社会主义事业建设者

习近平总书记在2015年中央统战工作会议上强调，要引导非公有制经济人士特别是年轻一代致富思源、富而思进，做到爱国、敬业、创新、守法、诚信、贡献。③这些希望和倡导与习近平在福建和浙江工作时的主张和做法是一脉相承、接续发展的。习近平总书记在3月4日讲话中重申，希望广大非公有制经济人士加强自我学习、自我教育、自我提升，做合格的中国特色社会主义事业建设者。联系习近平总书记在福建、浙江工作期间的言行，我们可以领悟这一重要论述不仅寓意深刻，而且是一以贯之、一脉相承、不断深化发展的。

1998年4月，时任福建省委副书记的习近平同志在全省私营企业1996至1997年度纳税先进单位经验交流暨表彰大会上，要求广大非公有制经济人士也要正确处理国家与企业、全局与局部的利益关系，立足本职，发挥优势，为全省

① 许梦醒. 破译传化的和谐密码［J］. 中国工人，2022（01）：20-23.
② 习近平. 在网络安全和信息化工作座谈会上的讲话［N］. 人民日报，2016-04-26（2）.
③ 马占成. 巩固发展最广泛的爱国统一战线　为实现中国梦提供广泛力量支持［N］. 人民日报，2015-05-21（1）.

经济发展多作贡献。习近平同志指出，光彩事业的基本精神是互惠互利和互助互爱。通过光彩事业活动，可以让更多依靠党的改革开放政策先富起来的非公有制经济人士增强奉献社会和人民的历史责任感、爱国心，帮助他们树立正确的世界观、人生观和社会主义义利观。①

到浙江及上海工作后，习近平同志指出：浙商是中国特色社会主义事业的建设者，是发展先进生产力和先进文化的实践者，是参与国际经济合作与竞争的开拓者，是人民群众实现共同富裕的贡献者。要求浙商要做科学发展的实践者、和谐社会的建设者、改革创新的先行者。②

在3月4日讲话中习近平总书记指出，要深入开展以"守法诚信、坚定信心"为重点的理想信念教育实践活动，始终热爱祖国、热爱人民、热爱中国共产党，积极践行社会主义核心价值观，做爱国敬业、守法经营、创业创新、回报社会的典范，在推动实现中华民族伟大复兴中国梦的实践中谱写人生事业的华彩篇章。③习近平鼓励民营企业积极参与产业扶贫。2016年7月20日，习近平总书记在东西部扶贫协作座谈会上指出：东西部扶贫协作和对口支援，是推动区域协调发展、协同发展、共同发展的大战略，是加强区域合作、优化产业布局、拓展对内对外开放新空间的大布局，是实现先富帮后富、最终实现共同富裕目标的大举措。要加大产业带动扶贫工作力度，着力增强贫困地区自我发展能力。④

五、明确一个关系：致力构建"亲""清"新型政商关系，既营造"亲商、安商、富商"的氛围，又打造政治生态的"绿水青山"

习近平总书记指出：党政领导干部和非公有制经济人士不能搞成封建官僚和"红顶商人"之间的那种关系，也不能搞成西方国家大财团和政界之间的那种关系，更不能搞成吃吃喝喝、酒肉朋友的那种关系。⑤在3月4日讲话中，习近平

① 进一步发展光彩事业　为新一轮创业作贡献［N］.福建日报，1997-09-25（1）.
② 科学发展的实践者　和谐社会的建设者　改革创新的先行者［N］.浙江日报，2006-06-04（1）.
③ 习近平.习近平著作选读（第一卷）［M］.北京：人民出版社，2023：467.
④ 李涛.认清形势聚焦精准深化帮扶确保实效　切实做好新形势下东西部扶贫协作工作［N］.人民日报，2016-07-22（1）.
⑤ 习近平.习近平著作选读（第一卷）［M］.北京：人民出版社，2023：467-468.

总书记首次提出"亲""清"二字标准，为构建亲清政商关系指明了努力方向。

"官""商"交往要有道，核心要义就在于"亲"和"清"，需要政商两方面共同努力，其中"政"是主要方面，应该主动作为。习近平总书记指出，我们要求领导干部同民营企业家打交道要守住底线、把好分寸，并不意味着领导干部可以对民营企业家不理不睬，对他们的正当要求置若罔闻，对他们的合法权益不予保护。习近平总书记强调，为了推动经济社会发展，领导干部同非公有制经济人士的交往是经常的、必然的，也是必须的，明确指出政商关系的"三商"（亲商、安商、富商）和"三不能"（不能搞成封建官僚和"红顶商人"之间的那种关系，也不能搞成西方国家大财团和政界之间的那种关系，更不能搞成吃吃喝喝、酒肉朋友的那种关系）。习近平总书记特别对领导干部和民营企业家都分别提出要求，而且"亲"和"清"都有具体内容，特色鲜明，针对性强，且极具可操作性。

习近平总书记关于政商关系的论述，始见于20世纪80年代末，在福建、浙江工作期间多有提及。习近平同志对浙江的企业家十分熟悉，无论在浙江工作还是到上海工作，以及后来到中央担任重要领导职务乃至总书记后，对鲁冠球、宗庆后、徐冠巨、南存辉等企业家一直关爱有加。习近平总书记还多次带浙江的企业家参加国事出访活动，拓展国际市场。仅党的十八大以来，就有十余位浙江企业家随同习近平总书记出访，以多种方式引领浙江企业借船出海、创新发展。2016年3月4日习近平总书记参加全国政协民建、工商联界委员联组会时，与在场的徐冠巨、南存辉等浙商一一握手并亲切交谈；他们在聆听习近平重要讲话后，表示"像过大年那样高兴""吃了定心丸"，奔走相告，广为宣讲。是年3月12日，参加全国"两会"的部分浙商在京连夜召开学习习近平总书记3月4日讲话精神，并以浙商总会和浙江省工商联名义联合发出倡议书，提出10条倡议：坚定理想信念，融入改革开放时代洪流；抓住新机遇，主动适应新常态；爱国敬业、回报社会，谱写人生事业的华彩篇章；传承创新，积极培育新生代企业家群体；明确"亲""清"标准，致力构建新型政商关系；牢记安身立命之本，坚守守法诚信底线；推进供给侧结构性改革，优化产业结构；树立"两山"理念，做生态文明的践行者；抱团出海走出去，实施更高层次引进来；致富思源、报效桑梓，共奔高水平全面小康。

六、弘扬一种精神：激发和保护新时代优秀企业家精神

长期以来，习近平同志一直强调要弘扬企业家精神。早在 2006 年 6 月 16 日，习近平在《浙江日报》"之江新语"栏目发表短论《"浙商文化"是浙商之魂》，要求全省各地在新的发展阶段认真总结、提炼、培育"浙商文化"，大力弘扬"求真务实、诚信和谐、开放图强"的价值取向，使"浙商文化"成为发展先进生产力的重要力量，成为民营经济实现新飞跃的重要支撑。2011 年 10 月，时任中央政治局常委、国家副主席的习近平在给首届世界浙商大会的贺信中指出，要深入传承浙商文化、大力弘扬浙商精神。[1]2014 年 5 月 18 日，福建 30 位企业家以《敢于担当　勇于作为》为题，就贯彻党的十八届三中全会决定、加快企业改革发展建言倡议，并致信习近平总书记。习近平总书记回信鼓励他们继续发扬"敢为天下先、爱拼才会赢"的闯劲，进一步解放思想，改革创新，敢于担当，勇于作为，不断做大做强，促进联合发展，实现互利共赢，为国家经济社会持续健康发展发挥更大作用。[2]2014 年 11 月 9 日，习近平主席在亚太经合组织工商领导人峰会开幕式上的主旨演讲中指出："我们全面深化改革，就要激发市场蕴藏的活力。市场活力来自于人，特别是来自于企业家，来自于企业家精神。"[3] 在 3 月 4 日讲话中，习近平指出，要激发企业家精神，发挥企业家才能，增强企业内在活力和创造力，推动企业不断取得更新更好发展。[4]2016 年 12 月，习近平总书记在中央经济工作会议上指出，要稳定民营企业家信心。[5]

七、打造一个载体：不断完善非公有制经济人士综合评价体系，为促进"两个健康"提供制度和机制保障

10 多年来，非公有制经济领域的统战工作一直是浙江省统战工作的亮点。在习近平同志任浙江省委书记期间，非公有制经济人士综合评价工作、非公有制

① 首届世界浙商大会在杭隆重开幕［N］.浙江日报，2011-10-26（1）.
② 习近平总书记给福建企业家回信［N］.福建日报，2014-07-21（1）.
③ 习近平.谋求持久发展　共筑亚太梦想［N］.人民日报，2014-11-10（2）.
④ 习近平.习近平著作选读（第一卷）［M］.北京：人民出版社，2023：466.
⑤ 李涛.中央经济工作会议在北京举行［N］.人民日报，2016-12-17（1）.

企业构建和谐劳动关系、非公有制企业党建等，这些统战或与统战有关的全国性试点工作大都在浙江试点成功，并进而在全国推广。

2005 年，在发改委、工商联等 7 部门支持下，中央统战部在六省二市进行综合评价工作试点，这六省二市包括浙江省和浙江省温州市。其间，作为省委书记的习近平同志多次听取浙江省综合评价领导小组的工作汇报，并提出了"凡进必评"的明确要求。2006 年，中央统战部印发《关于开展非公有制经济代表人士综合评价体系工作的意见（试行）》，浙江省提出的综合评价模式被采纳，在总结试点经验的基础上向全国推开。2010 年，中央统战部等单位又下发《关于进一步做好非公有制经济代表人士综合评价工作有关问题的通知》，对综合评价体系做了进一步完善，此后又多次修订完善。经过 10 多年的实践探索，这项工作取得了积极进展和显著成效，为树立选人用人导向、严把人选质量关发挥了重要作用，得到各级党委、政府的高度重视和社会广泛认可。

在 3 月 4 日讲话中习近平总书记强调，要坚持标准、严格程序、认真考察，做好综合评价，真正把那些思想政治强、行业代表性强、参政议政能力强、社会信誉好的非公有制经济代表人士推荐出来。[①] 这既是对综合评价工作过去 10 年实践探索的充分肯定，也是对进一步做好综合评价工作的殷切期望和严格要求。2016 年 6 月，经中央统一战线工作领导小组会议审议通过，由中央统战部、中央组织部、全国工商联等 14 家单位联合制定的《关于加强和改进非公有制经济代表人士综合评价工作的意见》正式下发。文件结合实践发展和调研情况，对综合评价指标体系进行了必要的调整和完善。一是明确功能定位，即综合评价是非公有制经济人士推荐使用和重要评优表彰的基础性工作，是人选资格审查的重要关口，是确定组织考察人选的前置环节。二是降低评价成本，简化评价指标，精简评价单位，减少评价层级，延长评价周期。有效期由原来的 2 年延长为 3 年，节约了评价工作的时间成本和人力成本。三是扩大评价范围，明确人大代表候选人、政协委员人选必须经过综合评价，并覆盖到劳动模范、三八红旗手、青年五四奖章等重要评选表彰人选。四是增强工作权威性，把综合评价作为上述各类安排的前置程序，真正体现"凡进必评"。2020 年 5 月，综合评价指标体系再次迭代升级（详见本书第七章）。

---

① 习近平. 习近平著作选读（第一卷）［M］. 北京：人民出版社，2023：469.

八、建好一个组织：推进新时代工商联商会改革发展

工商联是党和政府联系广大民营经济人士的桥梁纽带，是政府管理民营经济的重要助手。党的十八大以来，习近平总书记多次对工商联工作做出重要指示，强调要发挥工商联群团组织的作用，强调行业协会商会要与政府部门脱钩。2018年7月，中共中央办公厅、国务院办公厅联合印发了《关于促进工商联所属商会改革和发展的实施意见》，提出要进一步推动地方商会与行政机关脱钩改革，完善商会的职能作用，探索创新地方商会和行业协会治理的运行模式。党的十九届五中全会通过的关于"十四五"规划的建议，明确提出要深化行业协会、商会和中介机构改革。当前，大力培育促进商会组织健康发展，围绕服务"两个健康"，实现统战工作向商会组织有效覆盖，对于理顺市场、企业、政府之间的关系，构建亲清政商关系，优化市场资源配置，助推新状态下民营企业稳定信心、提质增效、转型升级，促进民营经济高质量发展，构建新发展格局，都具有十分重要的意义（详见本书第六章）。

第二章　中国式现代化与"两个健康"的实现路径

　　党的二十大报告指出：未来党的中心任务是团结带领全国各族人民全面建成社会主义现代化强国、实现第二个百年奋斗目标，以中国式现代化全面推进中华民族伟大复兴。全面建设社会主义现代化国家的新征程中，中国式现代化既使民营经济面临重大发展机遇，也对促进"两个健康"提出了新的更高的要求。

一、全面现代化建设与民营经济和民营经济统战工作面临的机遇和挑战

（一）"黄金十年"民营经济跨越式发展及存在的短板问题

　　党的十八大以来，随着中国特色社会主义事业进入新时代，民营经济实现了跨越式发展。一是在数量上实现"翻两番"。截至 2022 年 8 月底，我国民营企业数量已从 2012 年底的 1085.7 万户增至 4701.1 万户，10 年间翻了两番多，民营企业在企业总量中的占比由 79.4% 提高到 93.3%，在稳定增长、促进创新、增加就业、改善民生等方面发挥了重要作用，成为推动经济社会发展的重要力量。其中浙江民企在全国民营企业 500 强中所占数量连续 25 年位居第一。二是在质量上取得显著突破。入围世界 500 强的民营企业由 2012 年的 5 家增长到 2022 年的 28 家；中国民营企业 500 强入围门槛由 2012 年的 65.69 亿元人民币增长到 2023 年的 275.78 亿元人民币。与此同时，我国中小企业发展取得显著成效，创新能力加速提升，10 年间累计培育 8997 家专精特新"小巨人"企业、6 万多家专精

特新中小企业。目前，全国 65% 左右的发明专利、70% 左右的技术创新和 80% 以上的新产品都来自民营企业。在民营经济大省浙江，科技进步贡献率从 2012 年的 52.75% 增长到 2021 年的 66%，先进制造业基地建设取得重大进展，制造业增加值占 GDP 的比重在高位基本稳定，专精特新"小巨人"和单项冠军企业数位居全国第一。三是数字经济异军突起。10 年间，我国数字经济从 11 万亿元增长到 44.5 万亿元，成为民营经济发展的新动能。浙江省 2021 年数字经济增加值占 GDP 的比重更是达到 48.6%，位居全国各省（区）第一；数字经济核心产业增加值 5 年里年均增长 13.3%，两倍于该省生产总值年均增速。但与此同时，我们必须清醒认识到，民营企业整体上仍然存在企业规模小、创新能力弱、产品档次低、发展后劲不足、家族企业占比高、现代企业治理程度低等短板，在新一轮创新创业浪潮中渐显弱势。

（二）当前民营经济面临外部风险和自身蜕变的双重考验和挑战

全球经济不确定不稳定因素显著上升，"三重压力"（需求收缩、供给冲击、预期转弱）以及国际形势对民营经济的发展带来重大影响。

一是面临世界经济衰退和全球金融风险挑战。在 2022 年 10 月 11 日发布的《世界经济展望报告》曾预计，全球三分之一以上的经济体将在 2022 年或 2023 年陷入衰退。国际货币基金组织（IMF）在 2022 年 11 月 11 日发布的《全球金融稳定报告》中指出，全球通胀将在 2022 年底达到峰值，但持续上升的时间将比此前预期的更长。在高度不确定的全球环境中，利率上升、美元升值、市场波动预示着金融稳定风险上升，直接影响着我国民营企业的发展信心。

二是面临全球贸易大幅下滑的考验。去全球化逆流、单边主义、保护主义抬头，严重冲击全球贸易。WTO 预测，全球贸易预计在 2022 年下半年失去增长动能，2023 年增速将大幅下降，2023 年全球货物贸易增速预期下调至 1%，大大低于其 4 月份预测的 3.4%。尽管我国经济对外贸的依存度从 2006 年的 64.2% 下降到 34.8%（2022 年第一季度数据），但美国发起的贸易战和芯片法案导致全球产业链、供应链部分断裂。浙江是市场大省也是外贸大省，外贸进出口总额位居沿海省市第一，其中民营企业进出口总值占全省外贸总值的 75.6%（温州占 90% 以上），外贸大幅下滑带来的影响占据首要地位。

三是面临国内经济发展结构性深层次调整带来的蜕变阵痛。树立新发展理念、构建新发展格局是我国经济领域一场系统性的变革，要从高速发展转向高质量发展，要实现国内大循环为主体、国内国际双循环相互促进，最关键的都是要实现自主创新、自立自强，提升产业链地位和供给链自主。而这恰恰是大部分民营企业的短板所在，民营企业要实现脱胎换骨、迭代升级，必须在科技、资金、市场、人才、能源、物流、现代企业制度等关键要素上攻坚克难，有效破解缺电、缺人、缺芯、缺箱（集装箱）等制约自身发展的问题。

总之，面对反全球化逆流和回头浪，面对新一轮科技革命、产业变革深入发展以及科技打压和芯片禁运，如何抢占世界科技制高点、抢抓全球科技发展先机，在基础前沿领域奋勇争先，如何打好安全发展的战略主动战，如何化危为机、赢得发展主动，是全面现代化建设中党和国家与民营企业共同面临的一个重大时代命题。

（三）中国式现代化建设中民营经济面临的重大机遇

党的二十大报告提出：中国式现代化是人口规模巨大的现代化，是全体人民共同富裕的现代化，是物质文明和精神文明相协调的现代化，是人与自然和谐共生的现代化，是走和平发展道路的现代化。[①] 中国式现代化更强调经济发展的质量、平衡、安全和可持续性，内涵更加丰富、完善和完整，符合外部环境新变化、国内经济发展新阶段的新要求。中国式现代化回应了时代命题，不仅极大提升了民营经济人士的发展信心，也指明了民营经济的根本发展方向。

一是新时代我国经济社会发展取得的巨大成就为未来民营经济发展打下了坚实的国力基础。2021 年中国 GDP 规模达 114.4 万亿元（17.7 万亿美元），占全球的 18% 以上；人均 GDP 达 1.26 万美元，接近世界银行所设定的高收入国家的门槛。其中创新研发投入不断加大，高端制造业增加，R&D 经费支出 27864 亿元，比上年增长 14.2%，研发支出占 GDP 的比重为 2.44%，已接近经济合作与发展组织（OECD）国家（疫情前)2.47% 的平均水平。与此同时，我国供给侧最为完备，拥有全世界所有目录，需求侧有 14 亿人口和 4 亿中等收入群体，孕育大量投资机会。特别是 2022 年 4 月《中共中央　国务院关于加快建设全国统一大市场的意见》出台，大大提升了作为全球最大消费市场效能优势。我们有世界上最强大的产业链，有世界上最完善的基础设施，有集中力量办大事的举国体制优势，有

---

① 高举中国特色社会主义伟大旗帜　为全面建设社会主义现代化国家而团结奋斗［N］.人民日报，
2022-10-26（1）.

富有韧性的经济体系，从长远看民营经济发展前景光明。

二是"构建高水平社会主义市场经济体制"和"坚持经济全球化"的提出有利于激发企业家精神。当前国际局势动荡多变，世界经济复苏不确定性上升，但中国经济韧性强、潜力足、长期向好的基本面不会改变，中国继续推进高水平对外开放、打造市场化法治化国际化营商环境的决心不会改变。党的二十大报告明确提出："构建高水平社会主义市场经济体制。坚持和完善社会主义基本经济制度，毫不动摇巩固和发展公有制经济，毫不动摇鼓励、支持、引导非公有制经济发展，充分发挥市场在资源配置中的决定性作用，更好发挥政府作用"；"中国坚持经济全球化正确方向，推动贸易和投资自由化便利化，推进双边、区域和多边合作，促进国际宏观经济政策协调，共同营造有利于发展的国际环境，共同培育全球发展新动能"。① 这些重要论断不仅进一步锚定了深化改革和扩大开放的国策，而且深化了关于我国经济所有制"一个坚定不移""两个毫不动摇""三个没有变"的一以贯之的思想，极大提振了民营企业发展信心，激发了广大民营企业家创业创新的热情和活力。中国是市场化、全球化的受益者，也是推动者和建设者，中国将始终坚持对外开放的基本国策，坚定奉行互利共赢的开放战略，不断提升贸易和投资自由化、便利化水平，稳步扩大规则、规制、管理、标准等制度型开放，市场机制活力将进一步释放，全球化的程度将越来越高，民营企业大有可为。

三是科教兴国、人才强国、绿色发展战略为民营企业创新驱动注入强劲动力。党的二十大报告强调：深入实施人才强国战略，完善人才战略布局，加快建设世界重要人才中心和创新高地，着力形成人才国际竞争的比较优势；坚持教育优先发展、科技自立自强、人才引领驱动；完善科技创新体系，坚持创新在我国现代化建设全局中的核心地位，完善党中央对科技工作统一领导的体制，健全新型举国体制；加快发展方式绿色转型，发展绿色低碳产业，积极稳妥推进碳达峰碳中和。② 这些事关核心竞争力提升的举国体制和重大战略举措无疑是我国新一轮经济发展的总引擎，将为民营经济的转型升级和高质量发展注入强大发展动能。近

---

① 高举中国特色社会主义伟大旗帜　为全面建设社会主义现代化国家而团结奋斗［N］. 人民日报，2022-10-26（1）.
② 高举中国特色社会主义伟大旗帜　为全面建设社会主义现代化国家而团结奋斗［N］. 人民日报，2022-10-26（1）.

年来，新经济形式涌现，新国潮、新能源等蓬勃发展，新基建勇挑经济发展大梁，无不展现出民营经济的重要贡献。目前全球共有114家"灯塔工厂"，其中42家位于中国，中国制造业转型升级、高质量发展取得的成绩得到国际认可。而未来"双碳"将会助力中国式现代化，推动高质量发展。总之，产业链、供应链加快优化，战略性新兴产业获持续支撑，产业转型升级步伐加快，绿色环保产业迎来新机遇，民营经济发展将驶往新的"蓝海"。

四是共同富裕、乡村振兴战略和住房制度、生育政策的完善为民营经济发展持续释放红利。党的二十大报告中提出的"推进共同富裕""实施区域协调发展战略""完善分配制度""促进机会公平""规范财富积累机制""实施就业优先战略"，无不体现着"以人民为中心"的思想，有利于"推动更多低收入人群迈入中等收入行列"，扩大我国的内需市场。而"加快建立多主体供给、多渠道保障、租购并举的住房制度"，既有利于人民安居乐业又确保房地产业的健康有序发展和对经济增长的直接贡献。"优化人口发展，建立生育支持政策体系，实施积极应对人口老龄化国家战略"，是重振"人口红利"的重大战略举措。"推进健康中国建设，把保障人民健康放在优先发展的战略位置"，一系列民生事业中蕴含大量发展机遇。

五是新安全格局为民营经济危中寻机、健康发展提供了有力保障。近几年民营经济发展信心不足，很重要的一个原因是外部环境发生重大而深远的变化，新冠疫情、贸易保护主义、俄乌冲突、欧洲能源危机等问题使全球经济面临重重挑战，也使得民营企业对不可预料之变数深感自危，维护和塑造国家安全、社会稳定以及市场主体和公民合法权益对于海内外中国民营企业来说至关重要。党的二十大报告强调，要"增强维护国家安全能力""加强重点领域安全能力建设，确保粮食、能源资源、重要产业链供应链安全，加强海外安全保障能力建设，维护我国公民、法人在海外合法权益"。这就从国家战略层面给广大民营经济人士吃了"定心丸"，特别是长期优化产业布局和提升产业链韧性与安全的国家战略，以及未来夯实粮食安全、做好粮食应急保障工作、保证农业流通高效顺畅等国策，极大化解了民营经济发展的中长期风险。

（四）以促进"两个健康"为主题的民营经济统战工作面临迭代升级

民营经济的主体是民营经济人士，"民营经济要健康发展，前提是民营经济人士要健康成长"。新时代以来民营经济的跨越式发展，是以习近平同志为核心的党中央高度重视、大力支持民营经济发展和民营经济统战工作的直接结果。当前，民营企业经营困难、民营企业家信心不足，部分地方助企纾困的精准性、操作性不够，效果不明显；部分工商联组织在服务企业方面发挥作用不够；非公有制经济人士综合评价体系有待进一步改进完善，理想信念教育"两张皮"的现象或多或少存在；营商环境还有待进一步优化，亲清不分、清而不亲的情况仍不同程度存在，民营企业家在涉企政策制定等方面参与度还不够。党的二十大报告强调"促进非公有制经济健康发展和非公有制经济人士健康成长"，并第一次明确提出"促进民营经济发展壮大"，"完善中国特色现代企业制度，弘扬企业家精神，加快建设世界一流企业"，"支持中小微企业发展"，"优化民营企业发展环境，依法保护民营企业产权和企业家权益"。为适应全面建设社会主义现代化国家的需要，民营经济统战工作必须守正创新、迭代升级，更加精准、切实、协同、有效地为引导和促进"两个健康"服务。

二、全面融入现代化国家建设是民营经济实现健康发展和新飞跃的根本途径

党的二十大已经擘画了新型现代化的宏伟蓝图和实现路径，民营企业要紧盯国家发展大势，始终把企业发展同国家战略联系在一起，在大趋势和大变化中抓住发展良机，聚焦聚力高质量发展、竞争力提升，做解决"卡脖子"问题的主攻手，做新经济、新业态的践行者，做全球市场中的创业家，做绿色发展的践行者，做共同富裕和乡村振兴的生力军。

（一）引领民营经济自觉融入现代化国家建设的"首要任务"

党的二十大报告指出，高质量发展是全面建设社会主义现代化国家的首要任务；要"强化企业科技创新主体地位，发挥科技型骨干企业引领支撑作用，营造

有利于科技型中小微企业成长的良好环境"①。这为民营企业科技创新和高质量发展指明了方向与路径。

一要积极投身建设现代化产业体系。引导民营企业聚焦实体经济，推进新型工业化，加快建设制造强国、质量强国、航天强国、交通强国、网络强国、数字中国，坚持质量为先，实现"中国制造"到"中国智造"的转型。二要提升民营企业核心竞争力。坚持创新是第一动力，通过创新研发、数字化智造、创意营销等方面，推动全产业链高质量发展，不断塑造发展新动能新优势，加快建设一批世界一流企业。既加大民营上市企业培育力度，又支持中小企业"专精特新"发展，加快培育一批专精特新"小巨人"和制造业单项冠军。三要以促进品牌质量标准重塑推动创新提升。支持民营企业、行业协会商会主导或参与制（修）订国际标准、国家标准等，为企业发展提供质量基础设施"一站式"服务，争创中国质量奖、中国标准创新贡献奖等。如：浙江省工商联创新成立浙江省工商联质量品牌标准委员会，帮助企业锤炼产品质量、打造企业品牌、制定各类标准，获取更多的话语权。创新定期发布"五个百强榜单"（浙江省民营企业商标百强榜单、标准制定百强榜单、发明专利百强榜单、研发费用百强榜单、就业贡献百强榜单），以激发广大民营企业推进质量品牌标准的积极性、主动性、创造性。四要引导民营企业推进数字产业化。数字经济是大变局下的发展新动能，民营企业是发展数字经济的主力军。要抓住国家高度重视发展数字经济的契机，鼓励民营企业加快推进数字产业化，大力发展数字安防、集成电路、网络通信、智能计算、高端软件等数字产业，推进全产业链数字化改造，参与全球数字贸易中心建设。

（二）引领民营经济自觉融入构建新发展格局

民营企业要主动参与新发展格局构建，提升产业链、供应链韧性和安全水平，借助国内国际双循环新契机实现发展壮大。一是鼓励民营企业在深耕"一带一路"中寻求发展机会。支持开展高质量跨国并购，深化国际产能合作，加快境外产业园区布局，大力培育本土民营跨国公司。抓住《区域全面经济伙伴关系协定》（RCEP）新机遇，构建国际营销服务体系，支持公共海外仓建设，推进跨境电商高质量发展，降低政策性出口信用保险费用，推广智能审图等通关便利化举

① 高举中国特色社会主义伟大旗帜　为全面建设社会主义现代化国家而团结奋斗［N］.人民日报，2022-10-26（1）.

措。二是更好地融入国家和地区重大发展战略。如：浙江省坚持在更高层次"跳出浙江发展浙江"，鼓励民营企业参与长三角一体化发展、长江经济带发展等国家重大战略，更好融入国内经济大循环。三是因地制宜引导民营企业在产业分布上实现双向互动。长期以来，苏浙两省的民营经济以县域经济（一县一品）为特色，广东省的大型民营企业则主要集聚在广州、深圳、东莞等一线和新一线城市。两种模式各有侧重、各有优势：前者有利于均衡发展、实现共富；后者有利于集聚发展，培育大型先进制造业民营企业。浙江的民营经济主要萌发于农村，直接的发展结果是浙江城乡差别小、共同富裕程度高，但较长一段时期浙江民营企业以小、低、散为主，大而强的民营企业少；近几年来，由于杭州等新一线城市的营商环境和人才吸引力等方面的显著优势，浙江民营企业重心北移、向大城市集聚。新发展格局下两种模式可以互鉴互补、双向互动，以实现拓展市场、做强民企、区域协调、资本下乡、共同富裕的多重目的。

（三）引领民营经济自觉融入国家关键核心技术攻关举国体制和国家人才战略布局

习近平总书记指出，只有把关键核心技术掌握在自己手中，才能从根本上保障国家经济安全、国防安全和其他安全。[①]党的二十大报告指出：完善科技创新体系，健全新型举国体制，加快实施创新驱动发展战略，加快实现高水平科技自立自强，坚决打赢关键核心技术攻坚战，增强自主创新能力；深入实施人才强国战略，完善人才战略布局，加快建设世界重要人才中心和创新高地，着力形成人才国际竞争的比较优势。[②]民营企业是创新发展和技术攻关的主体力量，同时也是薄弱环节。从浙江省民营企业的实际情况看，目前制约民营企业技术创新和参与关键核心技术攻关的突出问题包括：重点领域关键核心技术"卡脖子"问题普遍存在；科技与产业脱节现象依然存在；产业链上下游协同创新生态有待完善，专业技术特别是高端人才储备不足；金融支持科技创新仍存在堵点；科技创新政策支持的力度与精度需要提升。其中，高端人才短缺成为制约民营企业转型升级、高质量发展的主要因素，也成为新生代企业家面临的最大挑战。民营企业要抓住

①在中国科学院第十九次院士大会、中国工程院第十四次院士大会上的讲话［N］.人民日报，2018-05-29（2）.

②高举中国特色社会主义伟大旗帜　为全面建设社会主义现代化国家而团结奋斗［N］.人民日报，2022-10-26（1）.

国家构建核心技术攻关举国体制和国家人才战略布局的契机，着眼创造新需求和提高研发投入的有效性，努力成为科技研发的"主力军"、高端人才的"蓄水池"。一是鼓励企业自主创新，破解重点领域关键核心技术"卡脖子"问题。支持领军企业组建创新联合体开展协同攻关，带动上下游中小企业融通创新。二是支持民营企业承担"尖峰""尖兵""领雁""领航"重大项目，加快培育"链主"型企业等创新领军企业。三是鼓励企业积极参与重大科研平台建设，鼓励民营企业组建创新联合体开展关键核心技术攻关。四是在探索和深化"揭榜挂帅""包干制""里程碑""赛马制"等试点的过程中，积极支持企业参与重大项目"出题与解题"，开展联合攻关。五是要促进产研学一体化，聚焦数字化的基础研发人才、数字化的交叉融合型人才、数字化的治理型人才等关键人才的引进和培养。探索与国际接轨的人才政策，落实海外高层次人才支持政策，帮助协调解决企业人才的住房、医疗、子女入学等现实问题。

（四）引领民营经济自觉融入国家共同富裕、区域协调发展和乡村振兴战略

共同富裕是中国式现代化的必然要求，区域协调发展和乡村振兴是实现共同富裕的重要途径和保障，党的二十大报告将三者都提到国家战略的高度。民营经济是参与区域协调发展和乡村振兴、实现共同富裕的重要力量，也必将在参与中获得重大发展机会。要锚定共富重点领域与重点群体，以产业带动和公益帮扶为双重引擎，政、企、社多主体联结合作共建，创新公益产业创投模式，优化共富投资与收益分配机制，拓宽共富项目融资渠道，释放民营企业活力。一是支持民营企业培育壮大中等收入群体。引导和促进民营企业以高质量创业带动高质量就业，促进国家"就业优先战略"的实施。支持民营企业构建与员工共同发展的体制机制，实施灵活多样的股权激励和员工持股计划。构建和谐劳动关系，健全工资决定和正常增长机制，开展能级工资集体协商，逐步提高劳动报酬在初次分配中的比重，构建更好反映知识、技术、管理和一线劳动等贡献的分配体系。二是支持民营企业促进区域协调发展。引导民营企业积极参与东西部协作、对口支援和新型帮共体建设。发挥龙头企业的牵引作用，实施伙伴计划，带动产业链上下游、大中小企业协同发展。三是鼓励支持民营企业全面参与乡村振兴。推进工商资本下乡，促进乡村产业兴旺，加快农业产业化，增加农民财产性收入。四是支持民营企业积极参与三次分配。建立健全民营企业回报社会的激励机制，落实公

益性捐赠税收优惠政策，鼓励民营企业参与公益慈善事业，增强民营企业家履行社会责任的荣誉感和使命感。鼓励支持民营企业投身公共文化事业，促进人民精神生活共同富裕。

（五）引领民营经济自觉融入国家绿色发展战略

党的二十大报告强调，"加快发展方式绿色转型"，"实施全面节约战略"，"发展绿色低碳产业"，"积极稳妥推进碳达峰碳中和"，"立足我国能源资源禀赋"，"有计划分步骤实施碳达峰行动"。[①]绿色发展是中国式现代化的有机内容，民营企业只有自觉融入这一国家发展战略，才能在未来发展中赢得先机和主动。一要引导民营企业践行"绿水青山就是金山银山"理念，加快节能降碳技术改造，推进绿色低碳园区和绿色低碳工厂建设。二要鼓励支持民营企业积极投身绿色项目建设，参与清洁能源项目建设和城市绿色低碳运营，推广可再生能源应用场景。三要完善能耗"双控"政策，加快实现能耗"双控"向碳排放总量和强度"双控"转变，统筹推进碳排放权、用能权、电力交易等市场建设，构建绿色低碳循环发展机制。

（六）引领民营经济自觉融入国家新安全格局

一是坚持发展与安全并重，促进民营经济安全健康发展。着力防范化解重大风险，确保粮食、能源资源、重要产业链供应链安全。特别是在供给侧结构性改革的大环境下，民营企业转型升级中"向产业价值链高端转移"与"向智慧生产和智慧工厂转变"占比最少，这两项是比较高端的解决方法，也是最根本最彻底的方法，但是难度及风险较大，既要鼓励敢闯敢干又要引导科学精准。二是坚持发展与规范并重，推动民营经济规范健康发展。引导民营企业正确认识和理解国家给资本设"红绿灯"的决策是防范系统性金融风险的重要手段，可以有效激发资本的正向能量，防止资本无序扩张，有利于民营经济健康发展。深化平台经济监管创新，完善平台企业合规管理、健康"体检"机制，加强行业自律和社会监督。健全大型民营企业债务风险监测、预警和应对机制，坚持分类处置和纾困帮扶，多渠道化解大型民企债务风险，防范实体企业风险向金融领域传导。推动污染责任保险制度改革，深化绿色保险试点。加快建设企业信用综合监管体系，推

---

①高举中国特色社会主义伟大旗帜　为全面建设社会主义现代化国家而团结奋斗［N］.人民日报，2022-10-26（1）.

行信用风险分类管理，强化守信联合激励和失信联合惩戒，指导失信企业及时开展信用修复。三是坚持责任与保护并重，保障民营企业对外投资发展。未来高水平对外开放中，将会有更多的民营企业走出去发展，对外投资的安全和发展需要国家和企业双方共同努力。党的二十大报告提出要"维护我国公民、法人在海外合法权益"，政府要进一步完善"走出去"风险保障平台和信息服务平台的建设。与此同时，社会责任履行的优劣直接决定了企业在海外投资的声誉，间接影响企业海外投资是否成功以及是否顺利，民营企业除了履行在国内的社会责任外，更要融入所在国和当地的社会责任体系。

三、培育堪当中国式现代化建设重任的新时代优秀企业家是民营经济统战工作的核心战略任务

企业家是当今社会最有活力的群体，是中国式现代化建设最宝贵的资源。培育适应和担当中国式现代化建设重任的新时代优秀企业家群体，是实现民营经济人士健康成长的根本目标方向和民营经济统战工作的核心战略任务。

（一）大力培育新时代优秀企业家，进一步促进民营经济人士高素质成长

一是建立健全民营经济人士思想引领体系。不断加强对民营企业家的世情国情党情教育，强化民营企业家"自己人"意识和担当。根据民营企业家政治表现、承担社会责任及企业发展等情况，积极推荐符合条件的民营企业家担任"两代表一委员"或在工商联等人民团体中担任职务。加快培养发展企业家党员，通过上级党组织培养、群团推优入党等形式，把符合条件的企业家发展成为党员。

二是建立健全民营经济人士队伍建设体系。企业家的全球眼光、超前意识和创新精神至关紧要，要引导民营经济人士不断加强自我学习、自我教育、自我提升，实现从商人、企业主到企业家的转变提升，牢固树立全局观、全球观、未来观、创新观、责任观。一方面，要练好企业内功，特别是要提高经营能力、管理水平，完善法人治理结构，鼓励有条件的民营企业建立现代企业制度。另一方面，要拓展国际视野，增强创新能力和核心竞争力，开创具有全球竞争力的世界一流企业。

三是建立健全新生代企业家培育体系。深入实施新生代企业家"四有（政治上有方向、经营上有本事、文化上有内涵、责任上有担当）新人"和"双传承（政治传承、事业传承）"计划，分领域、分层次、分梯队、分步骤领航培养堪当大任的新生代企业家。建立健全新生代企业家传承导师制，发挥老一代民营企业家的"传帮带"作用。注重融合，形成契合新生代企业家特点的模式。

（二）不断优化民营经济发展环境，进一步激发优秀企业家精神

党的二十大报告明确提出，要"完善产权保护、市场准入、公平竞争、社会信用等市场经济基础制度"，"营造市场化、法治化、国际化一流营商环境"，"优化民营企业发展环境，依法保护民营企业产权和企业家权益"。[①]这对于激发和弘扬企业家精神，使他们放心投资、安心经营、专心创新、用心发展，将产生巨大的积极影响。

一是依法保障民营企业和企业家合法权益。进一步落实保护民营企业和民营企业家的法律法规和制度，确保企业和企业家合法权益保障相关法规政策落到实处。持续完善要素市场化配置机制，破除阻碍要素自由流动的体制机制。进一步加强治理不作为乱作为的制度建设。依法保护企业家个人合法财产和家庭成员财产，严格规范涉案财产处置的法律程序。加大知识产权保护力度，建立企业品牌知识产权保护快速响应机制。

二是优化营商环境促进稳进提质。全面提高服务民营企业的水平，完善创新公共服务平台体系，赋予民营企业更多的人才认定自主权，深入实施融资畅通工程，优化产业空间布局和土地供给，努力保障民营企业在科技、人才、资金、土地等方面的资源要素需求。以企业视角为评判标准，以企业需求为第一导向，发挥企业家参与营商环境评价主体作用。优化涉企服务，建立健全民营企业高质量发展政策服务体系。

三是大力弘扬企业家精神。引导民营企业家以推进中国式现代化建设为己任，做爱国敬业、守法经营、创业创新、回报社会的典范。强化对民营经济人士的正向激励，做好企业家人才支持和表彰工作。深化优秀民营企业家、个体工商户经营者选树活动，加强对优秀民营企业家先进事迹的宣传报道，营造尊重和激

---

① 高举中国特色社会主义伟大旗帜　为全面建设社会主义现代化国家而团结奋斗［N］.人民日报，2022-
　　10-26（1）.

励民营企业家干事创业的社会氛围。

（三）引导民营经济人士守法经营，以法治民企、清廉民企建设保障民营企业合规发展、行稳致远

当前对外不合规和内部贪腐问题已成为困扰和制约民营企业发展壮大的重要因素，这不仅给民营企业带来直接经济损失，对企业品牌战略和企业形象的危害更是无法估算。推进"法治民企"、清廉民企建设，是防止资本腐蚀"围猎"、引导民营企业合法经营走正道的需要，对于促进"两个健康"具有重要的基础和保障作用。

一是坚持党建统领。进一步发挥民营企业党建作用，推动阵地联建、服务联动、活动联办、品牌联创、信息联通。鼓励引导有条件的民营企业党委建强纪检反贪组织，建立普法和合规审查机构。

二是加强系统推进。构建法治民企和清廉民企建设的目标体系、工作体系、政策体系和评价体系。实施清廉民营企业培育计划，探索制订法治民企和清廉民企建设引导清单和标准范式，提升企业全员守法合规经营意识和水平。

三是引导主动融入。将法治民企、清廉民企建设与企业经营活动有机融合，成为企业高质量发展的"助推器"和"护航器"，能提升民营企业高质量发展的内生动力和获得感。鼓励民营企业加快建立现代企业制度，重视发挥公司律师和法律顾问的作用，提高企业现代化管理水平。

四是完善监管体系。形成推动民企防腐治腐工作闭环，加强对民营企业内部人员侵害企业利益犯罪行为的打击和监督力度；加大受贿行贿一起查力度，探索建立行贿人"黑名单"制度，进一步完善行贿联合惩戒机制；健全奖罚机制，实施评优"一票否决"。公安、检察机关、工商联建立常态化沟通协商机制，合力推进涉案企业合规第三方监督评估体系建设，促进警企、检企沟通协作更加顺畅，服务保障更加有力。

五是明确资本"红绿灯"边界、规则。市场竞争是企业经营的基础，近几年民营企业在参与国际国内市场竞争中遵守法律规则方面有了很大的提升，但在打破国内行业垄断这方面还有很大不足。要引导民营企业着眼"构建高水平社会主义市场经济体制"的目标，提升守法经营意识，自觉遵守和维护市场秩序，防止资本无序扩张和行业垄断、恶性竞争。

（四）着力推进先进企业文化建设，进一步促进"两个健康"融合提升

推进民营企业先进企业文化建设，是进一步促进"两个健康"融合的内在要求。企业家精神不仅仅是企业家个人的精神，新时代优秀企业家精神应成为企业全体员工的共同追求和自觉遵循进而上升为企业文化，成为引领企业不断向前发展的精神动力。

一是引导民营企业践行社会主义核心价值观。跟党走、听党话、爱国敬业、产业报国，践行社会主义核心价值观，应成为民营企业文化建设的核心和先导，成为民营企业家和全体员工的共同价值取向。要发挥企业党建统领作用，积极探索建立民营企业党委统战部（统战工作站）以及民企工青妇组织并发挥其政治引导的积极作用。

二是引导民营企业追求卓越文化建设。追求卓越的企业文化是推动企业从产品走向品牌、从品牌走向名牌的内生动力。要引导民营企业建立健全现代企业制度，制定规范的公司章程，推进结构性改革，提高企业治理效能，推动技术、质量、品牌等精细化管理，提高行业全球竞争力。

三是引导民营企业加强创新创造文化建设。党的二十大报告指出，要"在全社会弘扬劳动精神、奋斗精神、奉献精神、创造精神、勤俭节约精神"，要"完善分配制度"，"坚持按劳分配为主体、多种分配方式并存"，"坚持多劳多得，鼓励勤劳致富，促进机会公平，增加低收入者收入，扩大中等收入群体"，"规范收入分配秩序，规范财富积累机制"。①要鼓励民营企业完善内部激励约束机制，健全科学决策、内部监督和风险防控机制，形成创业创新、科学发展的良好氛围。

四是引导民营企业强化社会责任文化建设。履行社会责任是企业发展的内在要求，也是企业形象价值的外在体现，是民营企业核心竞争力的有机组成部分。党的二十大报告首次提出："引导、支持有意愿有能力的企业、社会组织和个人积极参与公益慈善事业。"②要进一步深化民营企业社会责任体系，使其有机融入民营企业文化建设和经营理念之中，成为民营经济人士做中国式现代化合格建设

①高举中国特色社会主义伟大旗帜　为全面建设社会主义现代化国家而团结奋斗［N］.人民日报，2022-10-26（1）.
②高举中国特色社会主义伟大旗帜　为全面建设社会主义现代化国家而团结奋斗［N］.人民日报，2022-10-26（1）.

者的内在要素。

四、建立健全坚强有力高效的工作体系是实现"两个健康"的组织保障

党的二十大报告重申强调:"促进非公有制经济健康发展和非公有制经济人士健康成长。"① 做好民营经济统战工作、促进"两个健康",是各级党委和政府重大经济工作与重大政治工作的有机统一,必须建立健全强有力的组织保障体系。

(一)加强党对民营经济统战工作统一领导

一是加强组织领导。党委政府要进行全局性定位推动,将"两个健康"作为牵引性、全局性、龙头性的工作。优化组织架构,完善领导体制机制,加大统筹力度。健全协同推进机制和督查考核机制。

二是创新民营企业党建工作机制。推进党的组织和工作有效覆盖,探索推行民营企业党建工作写入公司章程,健全落实企业党组织实质作用发挥机制,加强新兴领域党建,纵深推进互联网企业党建工作,推动新就业群体融入城市基层党建格局,推进民营企业党建创优跃升。

三是全链条构筑高效组织运行体系。建立先行先试政策制定实施机制,深入研究民营经济发展的基础和现状、机遇和挑战、优势和短板,制定"两个健康"工作责任清单。完善对民营经济的统计和监测,定期发布民营经济发展报告。

(二)以战略谋划系统促进民营经济统战工作的守正创新

一是引导融入。适应中国式现代化的要求,强化政治引领,引导广大民营经济人士自觉融入党和国家的发展大局。

二是加强培育。适应高质量发展和构建新发展格局、高水平对外开放的要求,打造终身学习教育培训体系,提升民营经济人士素质,培养新生代企业家队伍。

三是法治营商。适应"法治中国"建设的要求,开展"两个健康"立法,促进法治营商环境和法治民企建设。

---

① 高举中国特色社会主义伟大旗帜 为全面建设社会主义现代化国家而团结奋斗 [N].人民日报,2022-10-26(1).

四是激发活力。适应激发全社会创新活力的要求，完善激励机制，营造全社会尊重企业家的氛围，弘扬新时代企业家精神。

五是防范风险。必须适应推进治理体系和治理能力现代化的要求，针对国际国内宏观形势变化和民营经济自身存在的问题，建立健全风险防范和化解机制。

六是探索创新。适应顶层设计与基层探索相结合的要求，支持地方探索创新，鼓励引导支持基层探索更多原创性、差异化改革，进而因地制宜、由点到面、开拓创新。

（三）构建结构性层次性的亲清政商关系，打造党建引领的"发展共同体"

一是推进亲清关系构建落地落小落细。健全完善亲清政商关系正面清单、负面清单、倡导清单，规范政商接触交往行为，激励干部主动作为、靠前服务，督促干部守住交往底线、防范廉政风险。落实民营企业家参与涉企政策制定机制，充分听取民营企业家的意见，建立健全常态化政企沟通机制，用好"亲清直通车·政企恳谈会"等平台。

二是推进深层制度性政商关系建设。就是用制度固化政商关系，形成权力制约的法治型体制机制。建立服务民营企业长效机制、保护企业家合法权益机制、考核体系和评估监督机制、风险预警机制、企业家紧急状况应对制度。建立健全民营经济人士关爱机制和服务平台。

三是推进核心政商关系文化的形成。以党建为引领打造政企双方目标、事业、利益、价值、责任的共同体，让亲清关系内化于心、外化于行、固化于制。推进亲清文化建设，使其融入机关文化和职业道德进而上升为党性修养，融入守法意识和社会责任进而上升为企业家精神和企业文化。

（四）以"桥梁纽带"作为突破点，切实发挥工商联和商会作用

以党建为引领，深入推进工商联所属商会改革，进一步强化工商联作为党和政府联系民营经济人士的桥梁纽带和政府管理民营经济的重要助手作用。

一是推进商会组织拓展覆盖。适应治理现代化的需要，加大乡镇街道商会、行业商会和异地商会三类基层商会建设力度。适应数字经济发展的需要，探索建立新经济新业态商会，促进商会工作与时俱进、拓展覆盖。

二是推进商会改革发展。将商会改革重点放在行业商会的归口承接、培育发

展、规范管理上。引导工商联商会组织充实新鲜血液、增强发展活力，鼓励和引导新生代企业家和企业管理专业人才积极参与商会建设，真正让基层商会成为传承精神、孕育人才的大舞台。

三是推进商会职能提升。加强商会"一会一品"建设，凸显产业链商会服务行业功能。推进法院商会工作室建设和商会调解工作，探索以"商会企业发展互助资金会""商会工伤互助平台""异地商会联谊会"等为抓手，实现基层商会项目化管理，推动为企服务走心走深走实。

（五）优化综合评价指标体系，健全"两个健康"引领长效机制

对民营经济人士的综合评价是民营经济统战工作的重大制度性机制性创新，对促进"两个健康"有着长期引领性的作用。综合评价指标体系经过四次迭代升级，仍在不断探索发展之中。下一步的重点是，要将综合评价指标体系从主要作为政治安排、社会安排和各类授荣的前置程序和重要依据，转为党和政府对民营企业与民营经济人士正确引导、政策帮扶、依法管理的政策依据和民营企业家经营决策参考的重要依据，并不断加以完善和提升。

（六）推进数字化改革，赋能民营经济统战工作迭代升级

进一步发挥数字化赋能经济治理作用。探索构建数字化经济治理模式，推动数字化服务流程创新，推进涉企政务"一站式"服务。聚焦大场景、小切口，集成民营经济统战工作跨部门、跨层级系统应用，实现全方位流程再造、规则重塑、高效协同。把"数字工商联"建设同"数字统战""数字群团""城市大脑"等建设有机结合起来，推进变革型组织建设。以民营经济运行情况"数据驾驶舱"为基础，推动"云上集成"和"云上互动"，畅达民企诉求，促进政策落地，实现多方合作、分级服务，推动涉企服务的拓展和延伸，提升服务"两个健康"能力。

第三章　如何保护和弘扬企业家精神

党的十八大以来，习近平总书记在谈及鼓励和支持非公有制经济发展时，多次提到要"激发企业家精神"或"弘扬企业家精神"，为引导非公有制经济人士健康成长和促进非公有制经济健康发展提供强有力的理论指导与政策支持。党的二十大报告强调，要弘扬企业家精神，加快建设世界一流企业，支持中小微企业发展。激发和弘扬企业家精神，是民营企业树立新发展理念、融入新发展格局、实现转型升级和高质量发展的内在需要，有着深刻的时代背景和重大的现实意义。企业家精神需要提炼和构建，更需要培育和弘扬。这有赖于发挥企业家的主体作用，但党委政府要有所作为，统战部门和工商联更是责无旁贷。

一、"弘扬企业家精神"重要论述的缘起和发展

习近平同志长期在东南沿海工作，特别是在浙江和福建两个民营经济大省工作，对民营经济的发展有着自己独到的见解，对民营企业与民营企业家有很深的了解和感情。这20多年间民营经济经历大发展大跨越，也历经国际国内环境变化，特别是我国加入WTO后，民营经济面临着机遇挑战和国际金融危机带来的冲击考验。无论是闽商、浙商、沪商还是其他地区的民营企业家，他们身上都涌动着筚路蓝缕、"无中生有"的干劲，嗅觉灵敏、抢抓机遇的灵劲，敢为天下先、爱拼才会赢的冲劲，逆境中求进取、不屈不挠的韧劲，浴火重生、转型升级的冒劲，放眼全球、走出国门的闯劲。习近平同志对企业家精神的理解认识大致经历了以下三个发展层次。

第一个层次：看重民营企业家这个特殊群体，希望民营企业家有责任有担当

进而树立正确的价值观。

无论在福建还是到浙江工作，习近平同志对民营企业家这个特殊群体都寄予了特殊的期望。

一是指出民营企业家应是新的生产力发展的重要支撑力量。早在 1996 年 6 月 19 日，刚刚担任福建省委副书记的习近平同志在福建全省民营企业家座谈会上指出：民营企业家是民营经济的主体，是我国企业家队伍的重要组成部分。把民营企业家这支队伍建设好，团结在中国共产党领导周围，可以更好地为我国现代化建设服务，使之成为新的生产力发展的重要支撑力量。与此同时，提出通过光彩事业活动，可以让更多依靠党的改革开放政策先富起来的非公有制经济人士增强奉献社会和人民的历史责任感、爱国心，帮助他们树立正确的世界观、人生观和社会主义义利观。①

二是认为企业家有着"敢闯敢冒、艰苦创业"的特质。进入 21 世纪后，习近平同志对民营企业家的特质有了新的认识。2002 年，在调离福建赴浙江任职前，习近平同志专门就广为流传的"晋江模式"开展调研，在《人民日报》发表署名文章《研究借鉴晋江经验　加快县域经济发展——关于晋江经济持续快速发展的调查与思考》，为晋江的发展模式正名。②

三是希望企业家有诚信的价值观。到浙江工作后，习近平同志把对民营企业家的认识和希望上升到价值观的高度，要求民营企业家"进一步增强大局意识和责任意识，把企业的发展与全省全社会的发展紧密联系在一起，把实现个人价值和体现社会价值紧密联系在一起，继续担当改革开放和发展经济的先锋"③。习近平同志特别希望广大浙商"有诚信的价值观"，指出"诚信是和谐社会的基石和重要特征，也是企业的立身之本。人无信不立，商以诚待人，业靠诚信创"④。2003 年 9 月 15 日，习近平同志在《浙江日报》头版"之江新语"栏目发表题为《努力打造"信用浙江"》的短论，深刻指出："'人而无信，不知其可'；企

---

① 进一步发展光彩事业　为新一轮创业作贡献　福建省光彩事业促进会在福州成立 [N].福建日报，1997-09-25（1）.

② 习近平.研究借鉴晋江经验　加快县域经济发展 [N].人民日报，2002-08-20（11）.

③ 习近平.干在实处　走在前列——推进浙江新发展的思考与实践 [M].北京：中共中央党校出版社，2006：95.

④ 习近平.干在实处　走在前列——推进浙江新发展的思考与实践 [M].北京：中共中央党校出版社，2006：98.

业无信，则难求发展；社会无信，则人人自危；政府无信，则权威不立……我们一定要高度重视信用建设，努力打造'信用浙江'。"①此后，习近平同志在省内外多个场合反复强调诚信价值观对企业家的重要性。

四是特别欣赏浙商身上特有的"地瓜"精神。习近平同志指出：有人提出一种"地瓜理论"，非常生动形象地描述了"跳出浙江发展浙江"的现象。地瓜的藤蔓向四面八方延伸，为的是汲取更多的阳光、雨露和养分，但它的块茎始终是在根基部，藤蔓的延伸扩张最终为的是块茎能长得更加粗壮硕大。②2016年11月19日，习近平主席在秘鲁首都利马举行的亚太经合组织工商领导人峰会上发表主旨演讲时，再次提到"地瓜"经济。③

第二个层次：认为民营企业家（浙商）有独特的精神和文化，提出企业家文化是支撑企业发展的动力。

是认为浙商是全国最具活力的企业家群体。2006年6月，习近平同志亲临以"创新·合作·发展"为主题的浙商大会暨浙商论坛。习近平同志把浙商群体称作全国最活跃的企业家群体，指出，在浙商身上所体现的创业精神和商业智慧，集中反映了与时俱进的浙江精神，展示了浙江人的良好形象。浙商是中国特色社会主义事业的建设者，是发展先进生产力和先进文化的实践者，是参与国际经济合作与竞争的开拓者，是人民群众实现共同富裕的贡献者，是浙江人民的骄傲和自豪。希望他们继续弘扬与时俱进的浙江精神，争做科学发展的实践者、和谐社会的建设者、改革创新的先行者和优秀的中国特色社会主义事业的建设者。④

二是认为浙商不仅是经济概念也是文化概念。2006年10月，在上海市浙江商会成立20周年时，时任浙江省委书记的习近平同志专门发贺信，勉励在沪浙商"弘扬与时俱进的浙江精神，抓住机遇，加快发展，争做科学发展的实践者、和谐社会的建设者、改革创新的先行者"。⑤2007年9月，时任上海市委书记的习近平同志，在与前来考察的浙江党政领导一同看望在沪浙商代表时说：在社会主义市场经济大潮中培育和成长起来的浙商群体，是全国最活跃的企业家群体。

① 习近平. 之江新语［M］. 杭州：浙江人民出版社，2007：18.

② 哲欣. 在更大的空间内实现更大发展［N］. 浙江日报，2004-08-10（1）.

③ 习近平. 深化伙伴关系　增强发展动力［N］. 人民日报，2016-11-21（3）.

④ 习近平. 干在实处　走在前列——推进浙江新发展的思考与实践［M］. 北京：中共中央党校出版社，2006：99-101.

⑤ 雷全林. 浙商的下一个20年——上海市浙江商会20周年庆典活动隆重举行［J］. 浙商，2007（1）：42.

浙商已不仅是一个经济概念，也成为一个文化概念。[1]

三是认为浙商文化是浙商之魂。2006年6月16日，习近平同志在《浙江日报》头版"之江新语"栏目发表题为《"浙商文化"是浙商之魂》的短论，深刻指出："浙商是在社会主义市场经济的大潮中诞生并壮大起来的创业者和企业家群体。长期以来，浙商不仅创造了大量的物质财富，也形成了一种独特的'浙商文化'。"[2]他要求全省各地，在新的发展阶段，认真总结、提炼、培育"浙商文化"，大力弘扬"求真务实、诚信和谐、开放图强"的价值取向，使"浙商文化"成为发展先进生产力的重要力量，成为民营经济实现新飞跃的重要支撑。

四是系统分析论述了浙商精神。2005年6月5日，习近平同志在《浙商》杂志浙商论坛2005年峰会上的讲话中，提出了对浙商精神的发展愿景：广大浙商要有科学的发展观，要有不断创业的进取心，要有诚信的价值观，要有造福社会的责任感，积极适应新的形势，努力提升自身素质，推动技术创新、制度创新、管理创新和企业文化创新，在市场经济的大潮中完成浙商转型，使浙商群体真正成为具有现代化、市场化、国际化素质的企业家群体。[3]

第三个层次：希望民营企业家培育和发挥企业家精神。

一是困难时刻对企业家打气鼓劲、关爱有加。国际金融危机爆发后，2008年10月，时任中央政治局常委、国家副主席的习近平同志来到曾经工作过多年的浙江，先后到嘉兴、宁波、绍兴和杭州等地就企业升级转型、自主科技创新等的应对之策做调研，为浙商勇立潮头打气鼓劲。党的十八大后，习近平总书记对浙江的企业家十分关心，对鲁冠球、宗庆后、徐冠巨、南存辉等民营企业家关爱有加。万向集团创始人鲁冠球被习近平同志称为浙江民营企业家中的"常青树"，他到中央工作后，依然将鲁冠球这样的老一辈浙商视如故友。2018年11月1日，习近平总书记在北京主持召开民营企业座谈会，见到了鲁冠球的儿子鲁伟鼎，他如是评价鲁冠球："我总结，一个是心无旁骛，主业把握得牢；再一个思想不落伍，总在前沿探索。"[4]

二是明确提出要传承浙商文化、弘扬浙商精神。2011年10月，时任中央政

① 浙沪两省市领导看望在沪浙商代表［N］.浙江日报，2007-09-22（1）.

② 习近平.之江新语［M］.杭州：浙江人民出版社，2007：209.

③ 习近平.干在实处　走在前列——推进浙江新发展的思考与实践［M］.北京：中共中央党校出版社，2006：98-99.

④ 汇聚磅礴力量　同心勇立潮头［N］.浙江日报，2023-08-17（1）.

治局常委、国家副主席的习近平同志在给首届世界浙商大会的贺信中指出，敢为天下先、勇于闯天下、充满创新创业活力的浙商群体，是在社会主义市场经济大潮中应运而生的。他希望浙商群体审时度势、抓住机遇，深入传承浙商文化、大力弘扬浙商精神，继续用好国内国外两个市场、两种资源，把奋力向外拓展同积极向内拓展结合起来，把富而思进同富而思源、富而思报结合起来，做到形成健康的发展机制同坚持理性的投资导向相统一，做大做强主业同拓展新的发展空间相统一，调整产业结构同优化对外贸易结构相统一，营造企业和谐文化同构建和谐劳动关系相统一，追求经济效益、社会效益同生态效益相统一，为全面建设小康社会和创新型国家，为实现中华民族伟大复兴建功立业。①

三是最欣赏"敢为天下先"的企业家精神。2014 年 5 月 18 日，福建 30 位企业家致信习近平总书记，以《敢于担当勇于作为》为题，就贯彻党的十八届三中全会决定、加快企业改革发展建言倡议。习近平总书记回信鼓励他们继续发扬"敢为天下先、爱拼才会赢"的闯劲，进一步解放思想，改革创新，敢于担当，勇于作为，不断做大做强，促进联合发展，实现互利共赢，为国家经济社会持续健康发展发挥更大作用。②2014 年 11 月 1 日至 2 日，习近平总书记在福建调研时还专门走访民营企业，其中新大陆科技集团创始人王晶是位白手起家的优秀女企业家，与习近平 20 年前就认识，她说："习主席最喜欢脚踏实地做事的企业家，你做企业的就脚踏实地地做，把创新做到位，产品做到位，服务做到位。他最欣赏'敢为天下先'的企业家精神，就是敢拼、敢闯、敢于失败、敢于担当、敢于第一个吃螃蟹。"

四是正式提出要弘扬企业家精神。2014 年 11 月 9 日，国家主席习近平在亚太经合组织工商领导人峰会开幕式上发表了题为《谋求持久发展　共筑亚太梦想》的主旨演讲。在讲话中，习近平主席特别指出，我们全面深化改革，就要激发市场蕴藏的活力。市场活力来自于人，特别是来自于企业家，来自于企业家精神。③2016 年 3 月 4 日，习近平总书记在全国政协十二届四次会议民建、工商联界委员联组会上的重要讲话中提出：我国发展一时一事会有波动，但长远看还是东风浩荡。广大非公有制经济人士要准确把握我国经济发展大势，提振发展信

① 首届世界浙商大会在杭隆重开幕［N］.浙江日报，2011-10-26（1）.
② 习近平总书记给福建企业家回信［N］.福建日报，2014-07-21（1）.
③ 习近平.谋求持久发展　共筑亚太梦想［N］.人民日报，2014-11-10（2）.

心，提升自身综合素质，完善企业经营管理制度，激发企业家精神，发挥企业家才能，增强企业内在活力和创造力，推动企业不断取得更新更好发展。[①] 2016 年 12 月中央经济工作会议强调，要坚持基本经济制度，坚持社会主义市场经济改革方向，坚持扩大开放，稳定民营企业家信心。[②]

二、"弘扬企业家精神"重要论述的逻辑思维及现实启示

习近平总书记关于"弘扬企业家精神"的重要论述，内涵深刻、外延广泛，不仅有着长期丰富的实践基础，而且有着缜密深刻的逻辑。学习领会这一重要论述，必须在深刻理解和系统把握以下几对辩证关系上下功夫。

（一）文化性与创造性的辩证统一

企业家精神不是凭空产生的，而是有着特定的文化氛围，更重要的是企业家的实践创新。习近平同志阐明了浙商文化、浙商精神、浙江精神的历史性和时代性的关系，认为浙商的文化基因是一种宝贵的精神财富。在 2003 年 9 月的一次会议上，习近平同志深有感触地说，近年来浙江一跃成为经济强省，"浙江现象"唱响大江南北乃至边城雪域，除了政府层面主导的体制机制等一系列优势外，民间层面生生不息的人文优势是其他各个优势能够得以充分发挥的关键。[③] 他认为浙商有三点人文优势：一是浙江人在文化上敢于创新的传统；二是浙江人在计划经济年代"勿以善小而不为"的精神；三是浙江商人"白天当老板，晚上睡地板"的艰苦创业作风。习近平同志指出，浙商的文化基因是一种宝贵的精神财富，这一优势与浙江的其他优势结合，政府、民间互动，一定能使浙江的经济更加发展、民主更加健全、科教更加进步、文化更加繁荣、社会更加和谐、人民生活更加富裕。[④]

习近平同志认为："从文化渊源上看，'浙商文化'传承于浙江深厚的文化底

[①] 习近平.习近平著作选读（第一卷）［M］.北京：人民出版社，2023：466.

[②] 李涛.中央经济工作会议在北京举行［N］.人民日报，2016-12-17（1）.

[③] 柴骥程.浙江省委书记习近平三叹浙商文化基因［EB/OL］.（2003-09-03）［2020-08-23］.http://www.people.com.cn/GB/shizheng/14562/2070132.html.

[④] 柴骥程.浙江省委书记习近平三叹浙商文化基因［EB/OL］.（2003-09-03）［2020-08-23］.http://www.people.com.cn/GB/shizheng/14562/2070132.html.

蕴。从实践基础看，'浙商文化'形成于广大浙商的创造性实践，是支撑浙商开拓进取的精神动力。浙商的新飞跃，需要'浙商文化'的支撑。"①浙商精神、浙商文化和浙江精神既有地域文化特色，更是改革开放的一个生动写照，是改革开放中应运而生的一个符号和成果，体现着"宏大叙事"。

习近平同志对浙商精神的内涵做了深层分析，指出浙商源起于浙江独特的文化基因，源起于对传统计划经济体制的突破，源起于浙江资源环境的约束。从这个意义上说，浙商也代表了浙江广大干部群众的创造精神、创新精神和开放精神。他特别肯定"四千精神"，指出正是由于以浙商为代表的浙江人民走遍千山万水、说尽千言万语、想尽千方百计、吃尽千辛万苦，浙江才能够由一个陆域资源小省发展成为经济大省。②

中国企业家精神体现中国智慧，是中国文化自信的一个重要体现和落实。尽管当时习近平同志没有这样直截了当地提出"文化自信"，但他明确指出，"浙商文化"是浙商之魂，浙商要不断发展、不断飞跃，就必须有浙商文化的支撑。没有浙商文化的支撑，就不可能实现新的发展。浙商能否继往开来，与其是否拥有文化自信有很大关系。

（二）主动性与激发性的辩证统一

一方面，"在商才能言商"，企业家是企业家精神的主体，研究提炼企业家精神不能自说自话，必须围绕这个主体展开，充分发挥企业家的主动性和积极性。浙商是最有活力的企业家群体，是浙江最为珍贵的资源，是浙江最值得珍惜的"金字招牌"，也是浙江发展最为倚重的力量，企业家作用在浙江无可替代。浙商不仅创造了大量的物质财富，也形成了一种独特的"浙商文化"。由此可见，企业家精神不是简单定义出来的，也不是在书斋中研究出来的，而是企业家们在摸爬滚打中体会、摸索出来的。改革开放以来，在党和政府的号召鼓励下，积极投身市场经济大潮的企业家们对"企业家精神"这个话题是最有发言权的。鞋子合不合适只有脚知道，与时俱进地提炼、培育、弘扬企业家精神，是广大企业家共同的使命职责。

另一方面，企业家精神的培育和激发，需要一个良好的环境和氛围，需要党

---

① 习近平．之江新语［M］．杭州：浙江人民出版社，2007：209.
② 习近平．之江新语［M］．杭州：浙江人民出版社，2007：144.

和政府以及社会各界的鼓励支持，更需要机遇和挑战。如果说主体性体现的是企业家精神的一种内生性的话，那么激发性体现的则是企业家精神的外部逆向思维性——越是面临重大机遇、重大抉择、重大挑战，越是在困难、问题、危机和考验面前，越能激发起与众不同的精神特质。习近平同志称道的"敢为天下先，爱拼才会赢"的闽商精神和浙商"四千精神"及"新四千精神"的形成，有着改革开放机遇、资源小省困境、全球化挑战和金融危机倒逼的大背景，当然也离不开习近平主政闽、浙两省期间的大力鼓励和倡导。

（三）个性与共性的辩证统一

企业家精神既是每位企业家个体特质或者某个区域内涵的反映，也是从企业家群体精神中提炼出来的精华，这就决定了企业家精神兼具个性和共性的特征。

一方面，共性源自个性、离不开个性。由于企业家精神的形成受到家庭因素、企业内外部环境因素、企业家性格等因素的综合影响，并且这些因素总是处于不断变化和相互作用之中，从而导致企业家精神个性的多样化。习近平同志说过，从外出弹棉花、补鞋、当木匠起，每个草根浙商的创业史背后都有着自己传奇的故事，但无不传递着浙商文化和浙商精神特质。他在与鲁冠球、宗庆后、徐冠巨、南存辉、曹德旺、王晶等浙商和闽商代表人士的长期交往中，已对不同区域、不同类型、新老两代民营企业家鲜明的个性特质深有体会。

另一方面，个性基础上体现着共性，正是那些各具特色的个体精神构成了特定群体的精神和文化。习近平同志对浙江企业家群体的特质特点给予充分肯定，指出浙商不仅是浙江发展的活力所在，也是浙江经济的竞争力所系，特别是浙商身上所体现的创业精神和商业智慧，集中反映了浙江精神，展示了浙江人的良好形象。①

因此，企业家精神是个性与共性的辩证统一。随着经济全球化趋势的日益加强，企业家精神也互相融合借鉴，互相影响。

（四）层次性与整体性的辩证统一

如上所述，30多年来习近平同志在闽浙沪和中央工作期间，对"企业家精神"的认识和论述，呈现鲜明的层次性。以浙商为例，关于究竟什么是浙商精神

---

① 浙商是浙江人民的骄傲——浙江省委书记、省人大常委会主任习近平在浙商论坛2005年峰会上的讲话 [J].浙商，2005（7）：21-23.

以及怎样提炼浙商精神的讨论，在商界、学界和政界从来都没有停止过。20多年来大约可以概括为"四千精神"和"新四千精神"。第一个就是比较经典形象的"走遍千山万水、说尽千言万语、想尽千方百计、吃尽千辛万苦"，对这个老"四千精神"，习近平同志主政浙江时曾给予充分肯定、高度评价。第二个是进入21世纪我国加入WTO、融入经济全球化以及面对国际金融危机以后，提出的"千方百计提升品牌，千方百计开拓市场，千方百计自主创新，千方百计改善管理"，这是习近平同志直接倡导和鼓励发展的。新老两个提法都体现了时代烙印，体现了自身提升发展的现实需求，具有很强的引领导向作用，也为提炼和构建企业家精神提供了有益的借鉴和启示。

对"弘扬企业家精神"重要论述的逻辑思维的系统梳理分析，为当前研究、提炼和构建企业家精神提供如下启示：

一是要抓住核心。任何理论都来源于实践，提炼企业家精神，要抓住企业家的核心特点，即区别于别的行业、别的群体的最具特征性的东西，抓住了这个，提炼出的理论才真正站得住脚、传得下去。例如，美国独立战争期间，托马斯·潘恩撰写的《常识》一书广为流传，其对美国民众的影响力仅次于《圣经》。120多年后的1904年，美国《企业家》杂志创刊号摘录《常识》中的一段话作为发刊词："我是不会选择做一个普通人的，如果我能够做到的话，我有权成为一个不寻常的人。我寻找机会，但我不寻求安稳，我不希望在国家的照顾下，成为一名有保障的国民，那将被人瞧不起，而使我感到痛苦不堪。我要做有意义的冒险，我要梦想，我要创造，我要失败，我也要成功。……我的天性是挺胸直立，骄傲而无所畏惧，我勇敢地面对这个世界，自豪地说，我已经做到了。"这本杂志后来成为百年名刊，其每期都在扉页上印着这段话，没有读者表示过异议，因为它已被称为"企业家誓言"。这段话之所以流传百年、堪称经典，就是因为抓住了企业家的核心特质。尤其是我们在提炼的过程中，要非常注重优秀企业家的特质。

二是要传承发展。提炼中国企业家精神，必须从中国企业家所具有的文化根源出发，理出实践发展脉络，给出全貌，而不盲人摸象、以偏概全或割断历史、断章取义。以浙商精神为例，其起源最早可以追溯到宋代的"永嘉学派"，改革开放以来，"四千精神""新四千精神"也都是对浙商走过的艰辛坎坷和成功之路的准确概括，我们现在讨论"新浙商精神"，一定要把浙商的文化精神传承下去，有来处才有去处，有传承才有发展。

三是要紧贴时代。企业家是最有活力和影响力的群体，当代经济社会主要是由企业家组成的，企业家精神必定是一种引领时代引领潮流的精神。当前，全球化深入推进，新科技革命方兴未艾，人类的生存方式、世界的商业模式，正在发生深刻、剧烈的变化。新一代浙商群体主动适应时代、引领时代，取得的成绩既是他们运用聪明才智和努力的结果，也是这个时代造就的。人们都很佩服"弄潮儿"，"弄潮儿"除了要有过硬的本领外，更为重要的是敢于站在"潮"头。现在经济界很喜欢用"风口"这个词，"风口"是什么？就是"潮"，就是时代赋予的机遇。无论是研究讨论"新浙商精神"还是提炼构建企业家精神，一定要紧紧贴近这个时代，甚至要前瞻性地引领这个时代。

三、"弘扬企业家精神"重要论述的现实指导意义

企业家精神不是今天才有的，也不是中国特有的，但古今中外无论对企业家精神的表述有多少差异，都一致认为企业家精神是一种与众不同、有着独特作用的精神力量。那么，习近平总书记反复强调要"弘扬企业家精神"，在当前有着怎样的深层背景和现实意义呢？

首先，当前强调弘扬企业家精神，是适应和引领经济新常态的迫切需要，对于提振企业家信心、促进民间投资意义重大。我国经济发展由高速转入中高速后，如何适应和引领新常态，是每一个企业家必须回答的问题。国家统计局资料显示，2016年1—6月份全国民间投资增速比1—5月份回落1.1个百分点。民间投资占全部投资的比重为61.5%，比上年同期下降3.6个百分点。投资增速与占比下降原因很多，主要问题是：没有新兴的市场不愿意投，没有可靠的利润不敢投，没有核心的技术不会投，没有公平的待遇不想投，没有利益回报不肯投。这里既涉及政策制定落实、政府管理服务、市场环境建设等客观因素，也涉及民营企业自身发展信心不足的问题。民间投资发展和企业家信心中出现的问题和困境，引起了党中央和国务院的高度关注。习近平总书记在2016年3月4日的讲话和是年底中央经济工作会议上的讲话，都讲到一方面要帮助解决困难，另一方面要提振和稳定民营企业家信心。

提振和稳定企业家信心，离不开激发和弘扬企业家精神。正如约瑟夫·阿

洛伊斯·熊彼特所言，企业家与只想赚钱的普通商人或投机者不同，个人致富充其量仅是他部分目的，而最突出的动机来自"个人实现"的心理，即"企业家精神"。在当前"不愿投、不敢投、不想投、不肯投"的普遍心理下，尤其需要激发这种与众不同的企业家精神。以浙商为例，1994 年，浙江私营经济主要指标已经排名全国前列，但浙商的平均学历水平明显低于全国平均水平，当时浙商凭的是"走遍千山万水、说尽千言万语、想尽千方百计、吃尽千辛万苦"的"四千精神"，其核心是"肯吃苦"。2009 年金融危机席卷全球之时，在当时严峻的经济形势下，"千方百计提升品牌，千方百计开拓市场，千方百计自主创新，千方百计改善管理"被提炼为"浙商新精神"。"浙商新精神"即"新四千精神"，被视为浙江民企可持续发展的新"引擎"，也是正在危机中爬坡过坎的浙江民企的新坐标。当前强调弘扬企业家精神，对于广大非公有制经济人士提振信心，发挥逆境中求进、不屈不挠的韧劲，走出一时一事的波动和低谷，迎接"东风浩荡"的长远发展，意义重大而深远。

其次，当前强调弘扬企业家精神，是构建新发展格局和迎接新的科技革命的迫切需要，对于激发民营企业创新活力、发扬工匠精神、实现企业转型升级、高质量发展意义重大。在 2016 年 9 月举行的二十国集团杭州峰会上，习近平主席呼吁建设开放型世界经济，继续推动贸易和投资自由化便利化。[①]习近平主席2017 年 1 月 17 日出席世界经济论坛 2017 年年会并发表主旨演讲，强调要坚定不移推进经济全球化，引导好经济全球化走向。[②]但是，融入经济全球化，仅靠政府倡导是远远不够的，企业和企业家是融入经济全球化的主体。习近平同志在浙江主政期间大力倡导"跳出浙江发展浙江"，鼓励浙商走出去，包括走出国门。今日的浙商大都具有全球视野，浙江对外贸的依存度较高，民营企业的发展跟世界宏观经济的关联特别密切，民营企业在构建新发展格局、实现高质量发展中任重道远。

要构建新发展格局、实现高质量发展，必须迎接和适应新的科技革命的浪潮，着眼供给侧结构性改革，实现企业转型升级。2015 年 11 月 10 日，习近平总书记主持召开中央财经领导小组第十一次会议时指出，"在适度扩大总需求的同时，

---

① 习近平 . 构建创新、活力、联动、包容的世界经济 [N].人民日报，2016-09-05（3）.
② 杜尚泽，吴刚，兰红光 . 习近平出席世界经济论坛 2017 年年会开幕式并发表主旨演讲 [N].人民日报，
　 2017-01-18（1）.

着力加强供给侧结构性改革，着力提高供给体系质量和效率，增强经济持续增长动力，推动我国社会生产力水平实现整体跃升"①。2016 年 1 月，习近平总书记赴重庆考察时专门调研京东方光电科技有限公司，并于 18 日在省部级主要领导干部专题研讨班上，把这家公司作为推进供给侧结构性改革的典型案例。这家公司在 2003 年收购韩国现代的液晶显示业务之后，迅速消化吸收了韩国技术，并进行自主创新研发，几年后又成功将自主研发的产品返销给韩国。目前，这家公司是我国规模最大的半导体显示领军企业，市场占有率排名全球前五位。

由此可见，在推进供给侧结构性改革、实现企业转型升级过程中，企业家的全球眼光、超前意识和创新精神至关紧要。正如习近平总书记指出的，市场活力来自于人，特别是来自于企业家，来自于企业家精神。②以浙商为例，国际金融危机期间，著名浙商南存辉提出：看欧美的，听中央的，干自己的。广大民营经济人士要按照习近平的要求，"激发企业家精神，发挥企业家才能，增强企业内在活力和创造力，推动企业不断取得更新更好发展"。

最后，当前强调弘扬企业家精神，是实现民营企业家新老交接的迫切需要，对于促进非公有制经济人士健康成长意义重大。正如习近平总书记指出的，非公有制经济要健康发展，前提是非公有制经济人士要健康成长。③商人或企业主要变成企业家，很大程度上在于其在更高层次上对社会责任和企业家精神的理解与追求。当前，民营企业逐渐进入了传承接班的时期，估计未来几年中国有近 300 万家家族企业面临交接班，能否顺利传承交接，不仅关系到非公有制经济的可持续发展，也关系到民营经济人士队伍的接续发展。与老一辈相比，新生代非公有制经济人士知识面宽，与外界接触广，一般都具有高等教育学历，不少还具备国外留学的经历；但缺少老一辈艰苦创业的经历，缺乏对党和政府改革开放政策的亲身感受。传承不仅是传承事业，更是传承精神。习近平总书记在 2015 年 5 月中央统战工作会议上指出，要深化理想信念教育实践活动，引导非公有制经济人士特别是年轻一代致富思源、富而思进，做到爱国、敬业、创新、守法、诚信、

---

① 全面贯彻党的十八届五中全会精神　落实发展理念推进经济结构性改革 [N]. 人民日报，2015-11-11（1）.
② 习近平．谋求持久发展　共筑亚太梦想 [N]. 人民日报，2014-11-10（2）.
③ 习近平．习近平著作选读（第一卷）[M]．北京：人民出版社，2023：466.

贡献。^①浙江省提出要把新生代企业家培育为政治上有方向、经营上有本事、文化上有内涵、责任上有担当的"四有"新人。

四、当前如何培育和弘扬具有中国特色的企业家精神

无论是培育还是弘扬企业家精神，首要的是靠企业家发挥主体作用。以浙商精神为例，作为中国最具代表性和典型性的企业家精神之一，浙商精神首先需要的是广大企业家在不断实践、不断前行、不断拼搏、不断探索中，培育发展、传承弘扬。

坚守内核。就是浙商精神和浙商文化的不变性和可变性。浙商精神和浙商文化，肯定不应该一成不变，而是有可变性的。它应该在不同时代有具体且不同的表现。浙商内核性的东西不能轻易变，但具体的内容可以变。提炼、总结浙商精神，要体现老"四千精神"的传承，不忘初心。如，正泰集团董事长南存辉说："经典的东西不能丢，不能丢的是实质；但是也要放掉一些东西，比如路径依赖。在新的时代，有三点很重要，就是诚信、互利、互联。"

适应外部。就是要适应全球化和新技术革命浪潮，勇于变革创新，实现开放共享，体现宽广视野和前瞻性。要在继承老一辈浙商的传统精神的基础上，更加明确放眼全球的"新浙商精神"和"新浙商使命"。下一步要传承老"四千精神"，熔炼浙商新精神。浙商不仅要以成为中国民营经济代表来要求自己，还要继续成为全球化时代中国经济的代表。杉杉控股董事局原主席郑永刚说："要有全球化格局，要在工匠精神的基础上引入资本概念，学会共享经济的方法。这三点加上过去的'四千精神'，就是浙商新精神比较典型的内涵。"浙商总会秘书长郑宇民说："在国际化、全球化的背景下，我们必须有五种精神：爱国主义精神、理想主义精神、创意创新精神、匠心精神、协同互联的精神。"

愿景驱动。这是更高层次基础和目标上的一种企业家精神的培育发展。浙商文化是基础，浙商精神是核心。对内保持内功，对外适应环境，不断提升发展，这是当代浙商的共同特征——浙商精神，这也是当今中国一种典型的企业家精神。

---

① 马占成.巩固发展最广泛的爱国统一战线　为实现中国梦提供广泛力量支持［N］.人民日报，2015-05-21（1）.

与此同时，企业家精神的培育和弘扬不是一蹴而就的，而是一个系统工程，除了需要几代企业家用心用力共同打造传承外，也需要各级党委政府和有关部门以及社会各界共同关心支持。

首先，要从企业家典型人物身上挖掘和搜集"企业家精神"元素。文化是一群人的精神情怀、人生观、价值观，并决定一群人的行为方式和一群人的命运。宗庆后、鲁冠球、李书福、南存辉、徐冠巨、陈爱莲、丁磊等，都是当代浙商中的代表性企业家，他们几十年的创业史和奋斗打拼，彰显着一种特质。浙商文化就是他们身上所具有的精神情怀和人生观、价值观，是浙商群体文化的主要特质，这种优秀的特质进而影响整个浙商群体的格局和行为。我们在培育浙江企业家精神时，就需要特别关注当今浙江企业家群体在实践中所体现出来的新思想、新理念，这些思想和精神将充实和完善浙江企业家精神，成为浙商新精神的有机组成部分。应用各种方式方法，加大对他们这种特质的挖掘、搜集、研究、宣传力度，使一个个特质共同构成当代最具代表性的企业家精神——浙商精神。

其次，企业家精神要落地必须有具体的抓手。企业家精神应是看得见、摸得着的东西，而不能浮在空中，否则培育和弘扬企业家精神就会成为空中楼阁。换句话说，企业家精神要有具体的载体，也就是具体的文化产品。浙商已经有很好的抓手，也就是"三名"——名企、名品、名家，这就是浙商文化非常好的载体。包括《浙商》杂志、浙商博物馆以及各大名企的企业文化建设，都是很重要的阵地。

再次，党委、政府要积极为企业家精神的激发创造条件。企业家精神的主体当然是企业家，但与政府及官员的作为也是直接相连的。只有"看不见"的市场之手与"看得见"的政府之手共同发挥作用，才能有现实的市场经济活动。企业的活力来自创新驱动发展的供给侧，创新更多地依赖企业家精神，企业家精神的增强取决于政府行政干预的减少。习近平主席指出，激发市场活力，就是要把该放的权放到位，该营造的环境营造好，该制定的规则制定好，让企业家有用武之地。[①]自2014年以来，浙江打造服务型政府，推出"四张清单一张网"，特别是按照习近平打造"亲""清"政商关系的要求，提出政府要做服务企业的"店小二"，使企业"最多跑一次"，推出各项减负政策，努力营造亲商安商富商的氛围，

---

① 习近平.谋求持久发展 共筑亚太梦想［N］.人民日报，2014-11-10（2）.

大大激发了浙商的企业家精神和创业创新的活力。

最后，统战部门和工商联要发挥独特作用。在开展非公有制经济人士理想信念教育活动中，统战部门和工商联需要将工作目标落到培育企业家精神上来，才能让理想信念内化于心、外化于行，形成长效机制。通过运用综合评价机制、各类安排等渠道以及光彩事业等载体，做好非公有制经济代表人士的团结、帮助、引导、教育工作，引导他们履行社会责任，做优秀的社会主义事业建设者。这项工作要常抓常新，讲求实效。要在党委政府的大力支持下，主动牵头协调，充分借力大统战工作格局，动员各方力量，共同做好这项工作。

商会包括各种行业商会、异地商会，不仅是团结联系某一行业、某一区域企业家们的桥梁纽带，也是培育弘扬企业家群体精神的有效载体。要按照习近平总书记的要求，工商联不能割断与基层商会的联系，统战工作要向商会组织有效覆盖。

弘扬企业家精神，从长远看需要落脚到引导培养新生代企业家，实现企业家精神的接续发展上来。多年来，浙江着力培养新生代企业家，目前浙江省省、市、县三级普遍建立了新生代企业家联谊会，实现了组织全覆盖和工作全覆盖。通过新生代企业家与市领导结对子、新老浙商对话、省内外和境内外新生代企业家联谊等各种形式，加强对新生代企业家的教育培养，鼓励他们学习传承老浙商优良品德、弘扬新浙商精神。

总之，"弘扬企业家精神"是促进民营经济健康发展和民营经济人士健康成长的题中之义和有机组成部分，有着坚实的理论基础、深厚的文化基础和丰富的实践基础，立意深远、内涵丰富、针对性强、意义重大。当前，我们要把"弘扬企业家精神"有机融入民营经济人士理想信念教育活动，变"要他做"为"他要做"，使这项活动落到实处、常抓常新、抓出实效，从而激发广大民营经济人士创业创新的激情和活力，在爱国敬业、守法经营、创业创新、回报社会中谱写人生事业的华彩篇章。

五、延伸阅读之一：浙商文化与新时代企业家精神

党的十九大报告指出："激发和保护企业家精神，鼓励更多社会主体投身创

新创业。"① 党的二十大报告进一步指出，"完善中国特色现代企业制度，弘扬企业家精神"，"加快建设世界一流企业"，"支持中小微企业发展"。② 浙江是我国民营经济先发地区，挖掘、培育和弘扬浙商文化，对于激发和保护企业家精神，促进非公有制经济健康发展和非公有制经济人士健康成长至关重要。

（一）从"浙商文化"到"企业家精神"看习近平经济思想的萌发和发展

近几年来，习近平总书记在谈及鼓励和支持非公有制经济发展时，多次提到要"激发和保护企业家精神"。事实上，习近平同志关于弘扬企业家精神的思想论述发端和形成于他在福建和浙江两个民营经济大省工作期间，经历了民营经济的大跨越大发展和全球化、金融危机的挑战，吸收和融合了闽商"敢为天下先，爱拼才会赢"的冒险精神和浙商"四千精神""新四千精神"。在浙江和上海工作期间习近平同志就指出，浙商是全国最具活力的企业家群体；特别强调浙商不仅是经济概念也是文化概念，浙商有独特的精神和文化。③ 2006 年 6 月 16 日，习近平同志在《浙江日报》"之江新语"专栏发表题为《"浙商文化"是浙商之魂》的短论，要求全省各地在新的发展阶段，认真总结、提炼、培育"浙商文化"，大力弘扬"求真务实、诚信和谐、开放图强"的价值取向，使"浙商文化"成为发展先进生产力的重要力量，成为民营经济实现新飞跃的重要支撑。④

党的十八大后，习近平总书记先后在不同场合提出要"激发企业家精神"。2014 年 11 月 9 日，国家主席习近平在亚太经合组织工商领导人峰会开幕式上的主旨演讲中指出：我们全面深化改革，就要激发市场蕴藏的活力；市场活力来自于人，特别是来自于企业家，来自于企业家精神。⑤ 2016 年 3 月 4 日，习近平总书记在全国政协十二届四次会议民建、工商联界委员联组会上发表重要讲话，希望广大非公有制经济人士准确把握我国经济发展大势，提振发展信心，提升自身综合素质，完善企业经营管理制度，激发企业家精神，发挥企业家才能，增强企

① 决胜全面建成小康社会 夺取新时代中国特色社会主义伟大胜利 [N]. 人民日报，2017-10-28（1）.
② 高举中国特色社会主义伟大旗帜 为全面建设社会主义现代化国家而团结奋斗 [N]. 人民日报，2022-10-26（1）.
③ 浙沪两省市领导看望在沪浙商代表 [N]. 浙江日报，2007-09-22（1）.
④ 习近平. 之江新语 [M]. 杭州：浙江人民出版社，2007：209.
⑤ 习近平. 谋求持久发展 共筑亚太梦想 [N]. 人民日报，2014-11-10（2）.

业内在活力和创造力，推动企业不断取得更新更好发展。① 2016 年 5 月 16 日，习近平总书记在主持召开中央财经领导小组第十三次会议时指出，必须发挥好企业家作用，帮助企业解决困难、化解困惑，保障各种要素投入获得回报。② 2016 年 7 月 8 日，在主持召开经济形势专家座谈会时指出，要加快培养造就国际一流的经济学家、具有国际视野的企业家。③ 2016 年 12 月召开的中央经济工作会议指出，要稳定民营企业家信心，保护企业家精神，支持企业家专心创新创业。④ 2018 年 1 月 22 日，习近平总书记在致全国个体劳动者第五次代表大会的贺信中指出，广大个体私营企业经营者要认真学习贯彻党的十九大精神，弘扬企业家精神，发挥企业家作用，坚守实体经济，落实高质量发展，在全面建成小康社会、全面建设社会主义现代化国家新征程中作出新的更大贡献。⑤

2017 年 9 月，中共中央、国务院颁布了《关于营造企业家健康成长环境弘扬优秀企业家精神更好发挥企业家作用的意见》，首次系统提出：营造依法保护企业家合法权益的法治环境，营造促进企业家公平竞争诚信经营的市场环境，营造尊重和激励企业家干事创业的社会氛围；弘扬企业家爱国敬业遵纪守法艰苦奋斗的精神，弘扬企业家创新发展专注品质追求卓越的精神，弘扬企业家履行责任敢于担当服务社会的精神；加强对企业家优质高效务实服务，加强优秀企业家培育，加强党对企业家队伍建设的领导。"三营造""三弘扬""三加强"，为我们培育、激发和保护中国特色的企业家精神明确了目标、内涵、途径和工作要求。

（二）当前激发和保护企业家精神的时代背景和重大意义

一般认为，企业家精神（entrepreneurship）是由美籍经济学家、美国哈佛大学教授熊彼特（1883—1950）最早提出并系统论述的。其核心理念是，企业家与只想赚钱的普通商人或投机者不同，个人致富充其量仅是他部分目的，而最突出的动机来源于"个人实现"的心理，即"企业家精神"。在我国，自改革开放以来，企业家精神是经济获得快速发展的重要动力源泉。当前，中国特色社会主义进入新时代，我国经济正处在转变发展方式、优化经济结构、转换增长动力的攻

---

① 习近平. 习近平著作选读（第一卷）［M］. 北京：人民出版社，2023：466.
② 坚定不移推进供给侧结构性改革　在发展中不断扩大中等收入群体［N］. 人民日报，2016-05-17（1）.
③ 坚定信心增强定力　坚定不移　推进供给侧结构性改革［N］. 人民日报，2016-07-09（1）.
④ 李涛. 中央经济工作会议在北京举行［N］. 人民日报，2016-12-17（1）.
⑤ 弘扬企业家精神发挥企业家作用　坚守实体经济落实高质量发展［N］. 人民日报，2018-01-23（1）.

关期，在这个特殊阶段，更需要激发企业家的投资潜力和创新活力。

首先，当前强调激发和保护企业家精神，是适应和引领经济高质量发展的迫切需要。提振和稳定企业家信心，离不开激发和弘扬企业家精神。以浙商为例，1994年，浙江私营经济主要指标已经排名全国前列，但浙商的平均学历水平明显低于全国平均水平，当时浙商凭的是"走遍千山万水、说尽千言万语、想尽千方百计、吃尽千辛万苦"的"四千精神"，其核心是"肯吃苦"。在2009年金融危机席卷全球之时，在当时严峻的经济形势下，"千方百计提升品牌，千方百计开拓市场，千方百计自主创新，千方百计改善管理"被提炼为"浙商新精神"。"新四千精神"被视为浙江民企可持续发展的新"引擎"，也是正在危机中爬坡过坎的浙江民企的新坐标。当前，我国经济迈进新时代，开启了高质量发展新征程。广大民营企业必须推动质量变革、效率变革、动力变革，聚焦"高质量发展"，抓住机遇转型迎接挑战，在创新驱动、产业升级、质量效益、共享发展上实现新飞跃，从而驶入可以更有作为的新蓝海。要抢抓供给侧结构性改革的历史机遇，加快建设实体经济、科技创新、现代金融、人力资源协同发展的现代产业体系；抢抓新一轮科技革命和产业变革的历史机遇，超前谋划和布局人工智能、大数据和云计算等一批重要未来产业；抢抓军民融合的发展机遇，鼓励支持军工、民营企业与高校科研院所开展产学研合作。

其次，当前强调激发和保护企业家精神，是高水平对外开放和构建新发展格局的迫切需要。融入经济全球化和信息化，仅靠政府倡导是远远不够的，企业和企业家是融入经济全球化的主体。习近平同志在浙江主政期间大力倡导"跳出浙江发展浙江"，鼓励浙商走出去，包括走出国门。当前，民营经济约占浙江省总出口量的76%，企业的发展跟世界宏观经济的关联特别密切。民营企业和跨境电商，贡献了全省对共建"一带一路"国家近八成贸易额。由此可见，企业家的全球眼光、超前意识和创新精神至关紧要。中国经济要走出去开拓国际市场，需要依靠一批有国际视野、市场观念和开放意识的企业家。要抢抓共建"一带一路"的历史机遇，整合全球民营企业资源要素，形成面向全球的贸易、投融资、生产、服务网络。要树立全球战略眼光，致力于打造一批具有国际竞争力的民营企业和跨国公司。

最后，当前强调激发和保护企业家精神，是推动和实现民营企业家新老交接的迫切需要。正如习近平总书记指出的，非公有制经济要健康发展，前提是非公有制经济人士要健康成长。商人或企业主要变成企业家，很大程度上在于其在更高层次上对社会责任和企业家精神的理解和追求。当前，我国民营企业特别是家族企业面临战略性的新老交接。这种传承不仅仅是事业的传承，更重要的是老一辈非公有制经济代表人士优秀企业家精神的传承。习近平总书记在2015年5月中央统战工作会议上指出，要深化理想信念教育实践活动，引导非公有制经济人士特别是年轻一代致富思源、富而思进，做到爱国、敬业、创新、守法、诚信、贡献。①目前，浙江已提出并在积极实践，把新生代企业家培育成"政治上有方向、经营上有本事、文化上有内涵、责任上有担当"的"四有"新人。

（三）从新时代浙商精神的提出看如何提炼和培育企业家精神

企业家精神需要激发、需要弘扬，但前提是需要提炼和培育。从20世纪90年代以来，关于究竟什么是浙商精神以及怎样提炼浙商精神的讨论，在商界、学界和政界都从来没有停止过，先后概括出如前文所述的新老"四千精神"。当前，提炼一套新时代浙商精神，以与时俱进、富有特色的浙江内涵来弘扬企业家精神，不仅十分必要也正当其时。2017年11月10日，浙江省委、省政府召开民营企业家座谈会，把新时代浙商精神归纳为：坚忍不拔的创业精神、敢为人先的创新精神、兴业报国的担当精神、开放大气的合作精神、诚信守法的法治精神、追求卓越的奋斗精神。新浙商精神是对浙江改革开放40多年新老"四千精神"的继承发展，既体现我国优秀企业家精神的共性元素又体现浙商群体的特有基因，既传承了浙商的优良传统又倡导新时代浙商应有的先进理念和精神特质，为弘扬新时代企业家精神明确了浙江内涵和着力重点。时任浙江省委书记易炼红在2022年12月23日召开的第六届世界浙商大会上指出："浙商有千年传承，书写了无数传奇；浙商有卓越贡献，释放了无穷能量；浙商有市场灵性，打开了无疆空间；浙商有过人胆识，创造了无限可能；浙商有家乡情怀，展现了无私品格"；浙商"是浙江驱动发展的'金宝贝'，展示形象的'金名片'，打造亮色的'金招牌'，传播名声的'金话筒'，用心呵护的'金凤凰'"。②这些说法都体现了时代烙印，但始终贯穿着一条主线——就是体现了自强不息、与时俱进、坚忍不拔、提升发

---

① 马占成.巩固发展最广泛的爱国统一战线　为实现中国梦提供广泛力量支持［N］.人民日报，2015-05-21（1）.

② 第六届世界浙商大会在杭开幕［N］.浙江日报，2022-12-24（1）.

展的现实需求和精神特质，具有很强的引领导向作用，同时也为当前研究、提炼和构建各区域、各行业各具特色的新时代企业家精神提供了有益的借鉴和启示。

一是要坚守内核。尽管具体的内容和形式可以发展，但企业家精神内核性的东西不能轻易变。提炼企业家精神，要抓住企业家的核心特点。比如，奋斗、创新、冒险、坚忍以及社会责任是企业家精神中永恒的、不可或缺的因素，以浙商为例，无论各个时代的浙商精神有何不同，都必须体现"四千精神"的传承，不忘初心和本色。同时，要注重优秀企业家的特质，即区别于别的行业别的群体的最具特征性的东西。就浙江而言，就是要运用各种方式方法，加大对浙江企业家中的典型人物特质的挖掘、搜集、研究、宣传力度，使一个个特质共同构成当代最具代表的企业家精神——浙商精神。

二是要紧贴时代。企业家是当今社会最有活力和影响力的群体之一，企业家精神必定是一种引领时代、引领潮流的精神。紧贴时代，就是要适应全球化和新技术革命浪潮，适应人类的生存方式、世界的商业模式的变化，勇于变革创新，实现开放共享，体现宽广视野和前瞻性。浙商不仅要按照成为中国民营经济代表这一要求来要求自己，还要继续成为全球化时代中国经济的代表。以马云为代表的新一代浙江企业家群体主动适应时代、引领时代，取得的成绩既是他们运用聪明才智及努力的结果，也是新时代浙商精神造就的。因此，无论是研究讨论"新浙商精神"还是提炼构建企业家精神，一定要紧紧贴近这个时代，更要前瞻性地引领这个时代。我们在培育浙江企业家精神时，就需要特别关注当今浙江企业家群体在实践中所体现出来的新思想、新理念，以这些思想和精神充实与完善浙江企业家精神，使其成为浙商新精神的有机组成部分。

三是要传承发扬。弘扬企业家精神，从长远看需要落脚到引导培养新生代企业家，实现企业家精神的接续发展上来。2017 年中国民营企业 500 强中浙江占 120 席，连续 19 年居全国第一位。这 120 席中新生代接班企业有 21 家，占 17.5%；正在接班的有 67 家，占 55.8%。可见这项工作既方兴未艾又任重道远，其中关键是传承和弘扬企业家精神。要更加重视新生代企业家教育培养问题，把新生代企业家作为重点人群、重点对象予以重点关注，比如在各类节会、会展、宣传、评比、表彰活动中，应进一步明确新生代企业家这样一个界别概念，让更多年轻一代走向发展前台。要通过新生代企业家与市领导结对子、新老浙商对话、省内外和境内外新生代企业家联谊、选派新生代企业家到政府部门挂职锻炼等各种形式，加强对新生代企业家的教育培养，鼓励他们学习传承老浙商优良品德、弘扬新浙商创新精神。

（四）努力形成激发和保护企业家精神的工作合力

企业家精神的培育和弘扬不是一蹴而就的，而是一个系统工程，除了需要几代企业家用心用力共同打造传承外，也需要各级党委政府和有关部门以及社会各界共同关心支持。

首先，要从企业家典型人物身上挖掘和搜集"企业家精神"元素。无论是培育还是弘扬企业家精神，首要的是靠企业家发挥主体作用。企业家精神应是看得见、摸得着的东西，而不能浮在空中，否则培育和弘扬企业家精神就会成为空中楼阁。换句话说，企业家精神要有具体的载体，培育和弘扬企业家精神要落地必须有具体的抓手。浙商已经有很好的抓手，也就是"三名"——名企、名品、名家，要通过示范引领、激发和弘扬企业家精神。世界浙商大会、甬商大会、温商大会等各类节会、会展等，都可以办成体现和弘扬新时代浙江企业家精神的大会。

其次，党委政府要积极为激发和保护企业家精神创造条件。企业的活力来自创新驱动发展的供给侧，创新更多地依赖企业家精神，而企业家精神的充分发挥很大程度上取决于法治环境的优化和政府行政干预的减少。正如习近平总书记所说的，激发市场活力，就是要把该放的权放到位，该营造的环境营造好，该制定的规则制定好，让企业家有用武之地。①要保护和激发企业家精神，优化法治环境、市场环境和社会环境。着力构建亲清政商关系的三项机制，即建立各级党委政府主要负责人与民营企业家定期沟通、民营企业家列席各级党委经济工作会议制度，邀请优秀在外商会会长列席各级人大、政协会议制度，充分听取企业家意见建议制度，努力营造亲商安商富商的氛围。

最后，统战部门和工商联要发挥独特作用。在开展非公有制经济人士理想信念教育活动中，统战部门和工商联需要将工作目标落到培育企业家精神上来，才能让理想信念内化于心、外化于行，形成长效机制。要引导广大民营企业家系统学习贯彻党的二十大精神，特别是全面学习领会习近平经济思想，进一步坚定理想信念，提振发展信心。通过运用综合评价机制、各类安排等渠道以及光彩事业等载体，做好非公有制经济代表人士的团结、帮助、引导、教育工作，引导他们

---

① 习近平. 谋求持久发展 共筑亚太梦想［N］. 人民日报，2014-11-10（2）.

履行社会责任，做新时代中国特色社会主义事业优秀建设者。要寓教育引导于沟通联谊之中，寓弘扬企业家精神于助力企业发展之中。

总之，必须全面贯彻落实党的二十大精神，必须紧紧依靠各级党委政府的重视支持，必须充分发挥企业家群体的主体作用，必须与时俱进提炼企业家精神内核，必须精心谋划组织主题教育的各类载体。只有这样，才能激发广大非公有制经济人士充分弘扬企业家精神，做爱国敬业、诚信守法、创业创新、回报社会的典范，在为全面建成社会主义现代化强国作贡献中谱写人生事业的华彩篇章。

六、延伸阅读之二：从浙商与鲁商之比较看新时代儒商文化之重塑

习近平总书记指出，市场活力来自于人，来自于企业家精神。① 当前，在引领高质量发展和构建新发展格局进程中，引导企业转型升级至关紧要，政府的大力支持和营商环境的改善当然是必不可少的，但企业家精神的激发和弘扬是内在的决定性的因素。弘扬优秀企业家精神对于促进"两个健康"至关紧要，儒商文化是我国优秀企业家精神的有机重要组成部分，对这一问题的研讨正当其时。

（一）儒商文化与新时代企业家精神

儒商，是以儒家思想为核心价值观念的企业经营管理者，简言之指有德行与文化素养的商人。儒商文化，归根结底源于儒学。

儒学与现代企业家精神在内涵（价值观和理念）上有很多相契之处。一是家国情怀。儒家主张"齐家治国平天下""得其大者兼其小""大公成就小我"。新时代企业家，要把企业梦融入中国梦，树立产业报国远大理想，"做爱国敬业、守法经营、创业创新、回报社会的典范，在推动实现中华民族伟大复兴中国梦的实践中谱写人生事业的华彩篇章"。二是社会责任。儒学强调要有正确的义利观，义利兼顾、以义为先。而"一个负责任的企业才能走得远"，履行社会责任是新时代企业生存和发展的重要前提和基础，也是企业家安身立命之本。三是文化素养。儒家强调自省修身，要求个人有较高的文化素质和个人修养；现代儒商应该是具有科技专长，同时又具有儒家价值理想的，即具有"士魂商才"的经营管

---

① 习近平. 谋求持久发展　共筑亚太梦想［N］. 人民日报，2014-11-10（2）.

理者。

但毋庸讳言，传统儒学思想中的一些理念，如崇文轻理、中庸之道、重德治轻法治等等，与现代企业家精神所必备的创业创新、开拓进取、科技驱动、国际视野、法治营商等元素是不相匹配的。当前引领经济高质量发展，提振企业发展信心，离不开激发和弘扬企业家精神。由此，根据新时代企业家精神的总体要求，在挖掘弘扬传统儒商文化基础上，与时俱进地重塑新时代儒商文化，既意义重大又非常紧迫。

（二）浙商精神与鲁商精神之异同

苏鲁浙是我国三个经济大省，有着民营企业众多、县域经济特色鲜明等共同特点。从相关研究来看，将苏鲁两省或苏浙两省民营经济做比较的较多；而实际上相对江苏民营企业转型升级较早的情况而言，鲁浙两省民营企业都存在"多而不强"的特点，实现高质量发展的任务艰巨而紧迫。

同为著名商帮，鲁商与浙商的经济基础和文化底蕴有着较大的差异。山东是出圣人之地，是儒学发祥地，山东省民营经济较多发端于国有和集体企业的改制，有人将鲁商精神（文化）概括为"厚德载物、海纳百川、自强不息"，简言之为"厚道鲁商"；而浙江民营经济则主要由"草根经济"发展演变而来，原生代浙商文化程度大多较低。但与此同时，浙江市场经济体制比较完善，企业主体"不找市长找市场"，浙商群体在省内外、境内外比较活跃。一是"大众创业、万众创新"氛围浓厚。浙江法人单位万人拥有数量居全国各省区市之首，造就了"自主创业、藏富于民"的发展模式。二是浙江现代服务业处于领先水平。从"小商品、大市场"经济发展模式，到现代服务业成为经济新的增长点，直至电子商务产业蓬勃发展。三是浙商群体在海内外有着广泛影响和充裕的民间资本。目前，在省外经商办企业的浙江人超过 675 万人，创办各类企业 71 万家，累计总投资达 9.1 万亿元。

早在浙江和上海工作期间习近平同志就指出，浙商是全国最具活力的企业家群体之一；特别强调浙商不仅是经济概念也是文化概念，浙商有独特的精神和文化。[①]浙商精神（文化）大体上经历三个发展阶段：20 世纪八九十年代，浙商靠的是"走遍千山万水、说尽千言万语、想尽千方百计、吃遍千辛万苦"；进入

21世纪特别是面对国际金融危机的考验时，"千方百计提升品牌，千方百计开拓市场，千方百计自主创新，千方百计改善管理"，成为浙江民企可持续发展的新"引擎"；而新时代浙商精神的内涵为坚忍不拔的创业精神、敢为人先的创新精神、兴业报国的担当精神、开放大气的合作精神、诚信守法的法治精神、追求卓越的奋斗精神。从"四千精神""新四千精神"到"新时代浙商精神"，始终贯穿着一条主线，那就是浙商始终自强不息、与时俱进、坚韧不拔、提升发展的精神特质，具有很强的引领导向作用。

当前，我国民营经济面临着营商环境升级、公共服务优化、企业自身改革、政商关系重塑以及危中寻机、化危为机等现实考验。浙江创业创新氛围浓厚，与遍布海内外的浙商群体相比，齐鲁（儒学）传统文化浸润下的鲁商需要更多关注弘扬新时代企业家精神、激发企业家的活力。而浙商群体要实现从商人到企业家的转变提升，同样需要学习和融入儒商精神。

（三）传承创新新时代儒商文化

党中央、国务院将新时代企业家精神概括为三十六字，即：爱国敬业、遵纪守法、艰苦奋斗；创新发展、专注品质、追求卓越；履行责任、敢于担当、服务社会。[①]儒商有超功利的最终目标，对社会发展有崇高责任感，有救世济民的远大抱负和忧患意识，追求"达则兼善天下"。要从历史与时代、经济与人文、企业与人士等维度进行有机融合，审视和重塑新时代儒商文化。

一是坚守内核、注重特质。儒学思想是中华民族的优秀传统文化的重要内容，尽管儒商精神具体的内容和实现形式可以发展，但内核性的东西不能轻易变。提炼新时代儒商精神，要抓住儒家思想的核心特点，同时要注重优秀企业家的特质。要加大对海内外中华儒商中典型人物特质的挖掘和宣传力度，使众多的个性特质共同构成既硬核凸显又丰富多彩的当代最具代表性的企业家精神——儒商精神。

二是紧贴时代、与时俱进。研究讨论和重塑"新儒商精神"，一定要紧紧贴近这个时代，更要前瞻性地引领这个时代。面对当前国际社会的风云变幻，特别是美国挑起的贸易战和对我国经济、科技的打压，要着力引领和培育企业家的全

① 中共中央国务院关于营造企业家健康成长环境 弘扬优秀企业家精神更好发挥企业家作用的意见[N]．人民日报，2017-09-26（1）．

局眼光、超前意识、战略思维，着眼构建发展新格局，加大自主创新力度，打造全球先进制造业基地，提升产业链地位，抓住国家开发新基建、发展数字经济等政策机遇，以新思维开拓新业态，再创民营经济高质量发展的新辉煌。

三是传承发扬、培育新人。当前全国范围内的企业家新老交替既方兴未艾又任重道远，其中关键是传承和弘扬企业家精神。要依托"青蓝接力工程""新生代企业家领航工程"等，加强对新生代企业家的教育培养，让更多年轻一代走向发展前台。特别注重鼓励他们学习传承老儒商优良品德、弘扬新儒商精神，努力成为"政治上有方向、经营上有本领、文化上有内涵、责任上有担当"的一代新人。

四是内外兼修、多管齐下。培育"儒商精神"不是一句口号，而是一个科学、系统、艰巨的工程。要引导广大企业家跟党走、听党话，进而"把他们团结在党的周围"。要着眼高质量发展和新发展格局，培育优秀企业家，加强对企业家的优质高效务实服务和支持。要创建市场化、法治化、国际化的营商环境，营造尊重和激励企业家干事创业的社会氛围。要积极构建亲清政商关系，推进"清廉民企"和"法治民企"建设，建设优秀企业文化和和谐企业。要推进工商联所属商会改革，加强商会组织和治理建设，创新提升自律和服务能力，支持商会承接政府职能转移。

第四章 着力构建亲清政商关系

2016 年 3 月 4 日，习近平总书记在全国政协民建、工商联界委员联组会上的重要讲话，在海内外引起强烈反响。特别是对"亲""清"二字的精准提炼和概括，言简意赅，思想深邃，意义深远，既为各级党政领导干部明辨是非、廓清边界、积极有为、干净干事提供了重大方法论，也极大地增强了广大非公有制经济人士对中国特色社会主义的信念、对党和政府的信任、对企业发展的信心和在社会上的信誉。党的二十大报告强调："全面构建亲清政商关系，促进非公有制经济健康发展和非公有制经济人士健康成长。"[1] 构建亲清政商关系，已成为各级党委政府和党政干部以及广大民营企业与民营经济人士共同的责任和任务。

一、亲清政商关系的时代意义及脉络探析

（一）亲清政商关系重要论述的形成背景

关于新型政商关系的论述不是一时一事的看法，而是基于长期实践探索和深思熟虑后的深层认识，有着深刻的意义。

一是针对一些心态失衡、为官思富者。早在 20 世纪 80 年代末，时任福建省宁德地委书记的习近平同志在柘荣县考察时就曾谈及政商关系。他说，不要看到经商发财而感到怅然若失，如果觉得当干部不合算，可以辞职去经商搞实业，但

---

[1] 高举中国特色社会主义伟大旗帜 为全面建设社会主义现代化国家而团结奋斗 [N]. 人民日报，2022-10-26（1）.

千万不要既想当官又想发财，还要利用手中权力谋取私利。①

　　浙江是非公有制经济先发地区之一，习近平总书记关于非公有制经济特别是政商关系的论述有不少发端于他在浙江工作期间。任浙江省委书记时，习近平同志在《浙江日报》"之江新语"栏目《小事小节是一面镜子》《对腐败多发领域要加强防范》《要"干事"，更要"干净"》等文章中多次论及这一重要命题。

　　二是针对鼓励支持民营经济发展。习近平同志在浙江工作期间指出，浙江民营经济比较发达，各级领导干部一方面要支持民营企业发展，要亲商、富商、安商；另一方面，同企业家打交道一定要掌握分寸，公私分明，君子之交淡如水。②2014年7月8日，习近平总书记给福建企业家回信时说，希望你们和广大企业家一道，深刻领会、深入贯彻党的十八届三中全会精神，继续发扬"敢为天下先、爱拼才会赢"的闯劲，进一步解放思想，改革创新，敢于担当，勇于作为，不断做大做强，促进联合发展，实现互利共赢，为国家经济社会持续健康发展发挥更大作用。③

　　三是针对民营经济发展较快，少数官员可能把控不住交往分寸而进行提醒。习近平同志在浙江工作期间就说过，浙江民营经济比较发达，同企业家打交道一定要掌握分寸，公私分明，君子之交淡如水。④2013年3月，习近平总书记在参加十二届全国人大一次会议江苏代表团审议时说，现在的社会，诱惑太多，围绕权力的陷阱太多。提醒各级领导干部面对纷繁的物质利益，要做到君子之交淡如水，"官""商"交往要有道，相敬如宾，而不要勾肩搭背、不分彼此，要划出公私分明的界限。⑤

　　四是针对厘清政府与市场边界。习近平主席指出：市场活力来自于人，特别是来自于企业家，来自于企业家精神。激发市场活力，就是要把该放的权放到位，该营造的环境营造好，该制定的规则制定好，让企业家有用武之地。我们强调要更好发挥政府作用，更多从管理者转向服务者，为企业服务，为推动经济社会发

---

① 政商关系，习近平怎么看［EB/OL］.（2015-04-10）［2020-05-19］.https://news.12371.cn/2015/04/10/ARTI1428616636194811.shtml.
② 习近平.之江新语［M］.杭州：浙江人民出版社，2007：38.
③ 习近平总书记给福建企业家回信［N］.福建日报，2014-07-21（1）.
④ 习近平.之江新语［M］.杭州：浙江人民出版社，2007：38.
⑤ 政商关系，习近平怎么看［EB/OL］.（2015-04-10）［2020-05-19］.https://news.12371.cn/2015/04/10/ARTI1428616636194811.shtml.

展服务。①

五是针对企业家守法诚信。习近平总书记要求浙商有诚信的价值观，指出诚信是和谐社会的基石和重要特征，也是企业的立身之本。人无信不立，商以诚待人，业靠诚信创。② 要求浙商努力学习并践行社会主义荣辱观，在经营过程中坚持依法经营、诚信经营，主动接受政府监管和社会监督，切实做到"以诚实守信为荣，以见利忘义为耻"。③ 要求广大企业要自律自重，树立科学经营理念，理顺内外部关系，争做负责任的"企业公民"，使企业的发展壮大真正走上和谐健康的轨道。④

六是针对企业家履行社会责任。在浙江工作期间，他在多个场合要求民营企业家：要进一步增强大局意识和责任意识，把企业的发展与全省全社会的发展紧密联系在一起，把实现个人价值和体现社会价值紧密联系在一起，继续担当改革开放和发展经济的先锋。⑤ 要有造福社会的责任感。在企业发展的同时要回报社会，多为社会作贡献，多为当地人民做好事、办实事。⑥ 在构建社会主义和谐社会的进程中，浙商要努力把自身企业的发展与国家的命运结合起来，把个人的富裕与全体劳动者的共同富裕结合起来，把遵循市场运行法则与发扬社会主义道德结合起来，致富不忘国家，致富不忘人民，更加关注民生、关注社会进步，不断探索回报社会的方式。⑦

七是针对引导非公有制经济和人士"两个健康"。2015 年 5 月 20 日，习近平总书记在中央统战工作会议上指出：促进非公有制经济健康发展和非公有制经济人士健康成长，要坚持团结、服务、引导、教育的方针，一手抓鼓励支持，一手抓教育引导，关注他们的思想，关注他们的困难，有针对性地进行帮助引导，

① 习近平. 谋求持久发展　共筑亚太梦想 [N]. 人民日报，2014-11-10 (2).
② 习近平. 干在实处　走在前列——推进浙江新发展的思考与实践 [M]. 北京：中共中央党校出版社，2006：98.
③ 习近平. 干在实处　走在前列——推进浙江新发展的思考与实践 [M]. 北京：中共中央党校出版社，2006：100.
④ 习近平. 之江新语 [M]. 杭州：浙江人民出版社，2007：251.
⑤ 习近平. 干在实处　走在前列——推进浙江新发展的思考与实践 [M]. 北京：中共中央党校出版社，2006：95.
⑥ 习近平. 干在实处　走在前列——推进浙江新发展的思考与实践 [M]. 北京：中共中央党校出版社，2006：98.
⑦ 习近平. 干在实处　走在前列——推进浙江新发展的思考与实践 [M]. 北京：中共中央党校出版社，2006：100.

引导非公有制经济人士特别是年轻一代致富思源、富而思进，做到爱国、敬业、创新、守法、诚信、贡献。①领导干部同非公有制经济人士的交往是经常的、必然的，也是必须的。这种交往应该为君子之交，要亲商、安商、富商，但不能搞成封建官僚和"红顶商人"之间的那种关系，也不能搞成西方国家大财团和政界之间的那种关系，更不能搞成吃吃喝喝、酒肉朋友的那种关系。②

八是针对"中央八项规定"出台后少数领导干部忌与民营企业家交往的心态。习近平总书记在 2016 年 3 月 4 日讲话中指出："我们要求领导干部同民营企业家打交道要守住底线、把好分寸，并不意味着领导干部可以对民营企业家不理不睬，对他们的正当要求置若罔闻，对他们的合法权益不予保护。为了推动经济社会发展，领导干部同非公有制经济人士的交往是经常的、必然的，也是必须的"，"要坦荡真诚同民营企业接触交往，特别是在民营企业遇到困难和问题情况下更要积极作为、靠前服务"。③

以上这些论述是习近平以地方领导和主官、中央领导和总书记等各种身份在各种场合讲述的，但核心思想都离不开构建政商关系，这一思想根植基层、一脉相承、接续发展、日臻成熟，奠定了实践基础和理论基础。"亲"与"清"二字的提出及其科学内涵的系统阐释，为我们在新的历史条件下正确认识和处理政商关系提供了指导原则，指明了前进方向，极具时代性、现实性、实践性、针对性、指导性和可操作性。

（二）构建亲清政商关系的重要性和紧迫性

政商关系，是政府和市场、权力和资本相互关系的综合反映。政商关系既是一个古老话题，也是一个为政者必须做出回答的时代命题。当前，构建亲清政商关系具有长远重要性和现实紧迫性。

首先，亲清政商关系的提出，有利于形成政商双方各尽其责、共谋发展的格局，为引领新常态下民营经济的发展举起旗帜。

亲清政商关系是在我国经济发展进入新常态后，中央强调坚持基本经济制

---

① 马占成.巩固发展最广泛的爱国统一战线　为实现中国梦提供广泛力量支持［N］.人民日报，2015-05-21（1）.

② 中共中央党史和文献研究院.十八大以来重要文献选编（下）［M］.北京：中央文献出版社，2018：250.

③ 习近平.习近平著作选读（第一卷）［M］.北京：人民出版社，2023：467-468.

度，把公有制经济巩固好、发展好的同时，鼓励、支持、引导非公有制经济发展的背景下提出的。这是涉及民营企业家走什么路、非公有制经济如何发展的大问题。这种系统阐述尚属首次，旨在引导民营企业家"自强不息、止于至善"，从而推动非公有制经济健康发展和非公经济人士健康成长。

习近平总书记的讲话释放出了支持非公有制经济发展的重要信号，更加坚定了民营企业家的信心。"亲"和"清"着眼于非公有制经济和中国经济的长远发展，"亲"是驱动力，"清"体现规范的要求。"清"是"亲"的前提和条件，没有规矩不成方圆，现代市场经济是法治经济。政商不"清"，机会均等、公平竞争机制立不起来，经济不可能行稳致远。"亲"是"清"的着眼点和落脚点。"亲"是要保证大家劲往一处使，从而使中国经济获得强劲动力和活力。

习近平总书记用"亲""清"两字阐明了新型的政商关系的内涵，让企业家敢于讲真话说实情建诤言，遵纪守法办企业、光明正大搞经营，这对于激发企业家精神，发挥企业家才能，推动企业更好更快发展提供了坚实保障。例如，一位民营企业家说：习近平总书记要求政府官员主动体察民情，了解企业经营的困难，充分体现了中央加快转变政府职能，创建服务型政府以及致力营造更高效、更公平市场竞争环境的决心。官与商"亲""清"，我们民营企业家就能理直气壮地守法搞经营，光明正大办企业。

"亲""清"政商关系，既消除了民营企业顾虑，为民营企业家处理政商关系提供了崭新的思路，也驱散了政府官员心里的"雾霾"，能让大家放手去工作，为各级政府营造重商亲商的发展环境指明了方向。一位民营企业家说：稳经济首先是稳信心，振兴经济首先是振奋人心。习近平总书记提到"亲"和"清"，是在注重厘清人和人的关系，尤其是振奋中国最具有创造力的这些人的关系。经济新常态下，我们碰到这么多困难，后面的困难会更多；改革到了深水区，经济下行压力会更大。要攻坚克难，解决好这些问题，就是要把人心理顺，把"亲"和"清"的政商关系理顺。"清"了之后，没有腐败，本身就是解放生产力，让权力在阳光下运行。而"亲"对于民营企业也好，对于政府也好，一定要有担当、有作为。

其次，践行亲清关系，有利于厘清政府与市场的边界，营造公平有序法治的市场竞争环境，促进市场经济体制更加完善。

古今中外，政商关系往往是"剪不断理还乱"的复杂关系。政商关系，古今中外皆有之。清代"红顶商人"胡雪岩为我们诠释了非正常政商关系的最终结局。西方政客"弃政从商、由商入政"的"旋转门"现象以及政治献金丑闻，也一直为媒体所诟病。

政府和企业之间，既要有关怀与帮助，更要严守边界，"有形的手"和"无形的手"要摆放在各自的位置。营造公平环境，推行利好政策，政府义不容辞；追求经济效益，推进技术创新，企业当仁不让。政府和企业分工明确，也是国家治理体系现代化的题中之义。扶持而不产生纠葛，坦诚而不偏私，方能保障非公有制经济健康发展。

"亲"和"清"还是要建立在法律基础上，要做到有边界、有担当、有作为。习近平总书记说："企业经营遇到困难和问题时，要通过正常渠道反映和解决，如果遇到政府工作人员故意刁难和不作为，可以向有关部门举报，运用法律武器维护自身合法权益。靠旁门左道、歪门邪道搞企业是不可能成功的，不仅败坏了社会风气，做这种事心里也不踏实。"① 各级政府和民营企业都要有契约精神，一方面要厘清边界，另一方面要勇于承担责任，而这一切都要建立在尊重契约精神的法律框架里面。

再次，构建亲清新型政商关系，既有利于党风廉政建设，又破解了少数干部"为官不为"的问题，对于打造政治生态的"绿水青山"有着重大意义。

亲清政商关系的提出，澄清了困扰干部的一些模糊认识，如反腐败制约了经济发展，"中央八项规定"出台后多干不如少干，等等。习近平总书记指出，反腐败斗争有利于净化政治生态，也有利于净化经济生态，有利于理顺市场秩序、还市场以本来的面目，把被扭曲了的东西扭回来。② 构建亲清政商关系，有利于党风廉政建设和反腐败工作，减少腐败现象。

但一段时间内确实出现了少数领导干部不敢为、不愿为、不能为的为官不为现象。特别是不愿与民营企业家打交道，怕"湿鞋"，怕与他们走得近后说不清。习近平总书记明确指出，对领导干部而言，所谓"亲"，就是要坦荡真诚同民营企业接触交往，特别是在民营企业遇到困难和问题情况下更要积极作为、靠前服务，对非公有制经济人士多关注、多谈心、多引导，帮助解决实际困难，真心实意支持民营经济发展；所谓"清"，就是同民营企业家的关系要清白、纯洁，不

① 习近平. 习近平著作选读（第一卷）［M］. 北京：人民出版社，2023：468.
② 习近平. 习近平著作选读（第一卷）［M］. 北京：人民出版社，2023：469.

能有贪心私心，不能以权谋私，不能搞权钱交易。①这就明确划出党政领导干部与民营企业家交往的底线与高线。党政领导干部不仅要守住底线，而且要看齐高线，既不能乱"作为"，也不能不作为，只要出于公心，不但要与民营企业家常接触交往，而且要热情提供帮助。

最后，构建亲清政商关系，有利于促进非公有制经济健康发展和非公有制经济人士健康成长，进一步巩固和发展党领导的爱国统一战线。

亲清政商关系的提出，为统一战线正确处理一致性与多样性关系，在坚守政治底线基础上寻求最大公约数、画出最大同心圆，提供了鲜活生动典型范例。通过统一战线把更多的非公有制经济人士团结在党的周围，增强其对党和政府的信任，进一步巩固党的执政基础，扩大党的群众基础。

（三）关于构建亲清政商关系的内涵和外延

习近平总书记首次提出"亲""清"二字标准，为构建新型政商关系指明了努力方向。以"亲""清"二字界定新型政商关系，分别对领导干部和非公有制经济人士提出要求。如表4-1所示。

表4-1　亲清政商关系对党政领导干部及非公有制经济人士的要求

对象	要 求	
	亲	清
党政领导干部	多关注	要清白
	多谈心	要纯洁
	多引导	不能有贪心私心
	帮助解决实际困难	不能以权谋私
	真心实意支持民营经济发展	不能搞权钱交易
非公有制经济人士	多沟通	要洁身自好
	多交流	要走正道
	讲真话	做到遵纪守法办企业
	说实情	要光明正大搞经营
	建诤言	要运用法律武器维护自身合法权益
	满腔热情支持地方发展	

---

① 习近平 . 习近平著作选读（第一卷）［M］. 北京：人民出版社，2023：468.

　　从表 4-1 可以看出，习近平总书记关于"亲""清"二字的表述，无论是对领导干部而言还是对非公有制经济人士而言，要求都是十分全面系统、简洁明了而又极具可操作性的。可以说是既有丰富的内涵又易懂易学易记易做，既体现讲政治又能入耳入脑入心入行。亲清政商关系的内涵已十分明了，关键在于如何践行。

　　一是在指导思想上必须坚持中国特色社会主义方向。党的十八大以来，习近平总书记一方面反复重申要"亲商、安商、富商"；另一方面一再强调党政领导与民营企业家之间关系的"三不能"，即：1. 不能搞成封建官僚和"红顶商人"之间的那种关系——如晚清的官办、官督商办、官商合办等；2. 也不能搞成西方国家大财团和政界之间的那种关系——就是西方国家那种政治献金、利益代言的关系，实际上是较之行政性腐败危害更为严重的制度性腐败，使民主异化为"金主"；3. 更不能搞成吃吃喝喝、酒肉朋友的那种关系——现实中的行政性腐败、权钱交易、权色交易等。① 要深入贯彻习近平总书记系列重要讲话精神，贯彻落实党中央、国务院和地方党委、政府的决策部署，坚持"两个毫不动摇"方针，坚持"三个没有变"重要论断，构建亲清政商关系，建设法治、服务型政府，建设守法诚信企业，推动中国特色新型政商关系的建设和发展，最大限度维护和增加政商关系和谐因素，最大限度减少不和谐因素，促进非公有制经济健康发展和非公有制经济人士健康成长，在以中国式现代化促进中华民族伟大复兴中建功立业。

　　二是在工作原则上必须坚持法治与德治相结合。坚持"亲""清"为上、"亲"上加"清"，着力解决党政部门中出现的"亲"而不"清"、"清"而不"亲"现象。坚持法治为本，依法构建、依法保障非公有制企业产权和合法权益，依法打击侵犯非公有制经济人士人身、财产权利的刑事犯罪。坚持制度为要、规则至上，建立健全亲清政商关系的长效制度规范。坚持德治为先、文化引领，增强党员领导干部群众意识、服务意识、法治意识，引导非公有制经济人士强化法治意识、公平竞争意识。坚持社会参与、商会协同，发挥工商联、各类商会、协会组织等社会组织在建设新型政商关系中的重要作用，维护好党和政府、社会和人民的利益。

---

① 习近平. 习近平著作选读（第一卷）［M］. 北京：人民出版社，2023：467-468.

三是在工作目标上必须坚持有序有效。加强新型政商关系的法律、纪律、制度、机制和文化建设，加快形成公开透明、沟通有力、监督有效、考评合理、奖惩分明相结合的工作机制，建立"亲""清"有序、边界清晰、权责明确、交往规范、公私分明的新型政商关系。

四是在工作机制上必须坚持规范长效。要建立健全党政领导与企业经常性沟通联络机制。建立省市县各级党政领导与企业经常性沟通联络机制。如：省市县各级党政主要领导每年举行企业家座谈会听取意见建议不少于1次，每位党政主要领导挂钩联系重点企业不少于2家，挂钩联系行业商会、异地商会、园区商会、市场商会等不少于2个。省市县各级四大班子领导都要参与与企业、商会经常性沟通联络工作，建立长效机制。要建立各有关部门与企业间交流机制。请有关部门领导与各行业、各领域企业家开展定期座谈交流，解读政策、反映困难、共商对策。要建立司法机关与工商联、商会组织、企业的经常性沟通联络机制。要以法治营商环境建设为民营经济发展保驾护航。司法机关、纪检监察机关等对于涉及调查处理有关民营企业家的案件，要更加注重改进办案方式方法，严格规范司法行为。既要充分履行职能，严格依法依规办案，又要防止办案对非公有制企业正常生产经营活动造成负面影响。千方百计把不良影响和损失降到最低限度。主动加强与工商联组织联系，注重发挥工商联组织的作用，建立工作合作与交流机制，及时沟通和通报有关法律问题，提出有关企业风险防范的法律建议，切实共同维护民营企业的合法权益。要建立健全服务民营企业发展问题投诉处理机制。各级党委政府及有关部门，要立足当地实际情况，建立健全服务民营企业举报投诉的专门机构，及时处理和解决民营企业发展中的实际困难和问题，切实维护民营企业的合法权益。要建立领导干部改革创新中的容错纠错机制。对于各级领导干部在服务企业发展、推进改革创新中，由于经验缺乏、先行先试出现的一些非主观故意的失误和错误行为，要同明知故犯、谋取私利的违纪违法行为区分开来，把握好执纪执法的政策界限。要建立健全涉企政策宣传服务平台。各级相关政府部门要积极开展形式多样、主题鲜明的涉企政策宣传活动。要以数字化改革撬动，推进为企服务的迭代升级。

（四）构建亲清政商关系的路径选择

政商关系主要是政府与企业之间的关系，但共产党是执政党，企业与政府的关系必然涉及企业家与党政领导干部的关系。构建亲清政商关系，其核心就是把握中国特色社会主义新型政商关系的本质：党政领导干部与非公有制经济人士之间的关系，不是以利益为基础的互惠互利的合作关系，而是法治框架内的服务与被服务的关系；是党领导的统一战线同心圆内的挚友、净友关系。

统一战线在促进政商关系健康发展、构建亲清政商关系方面有着独特优势和作用。这一优势和作用体现在统一战线的理念、资源、网络、渠道、功能等诸多方面。因此，在构建新型政商关系中引入统战工作，不仅是可行的而且是必须的，统战部门和工商联组织在构建亲清政商关系方面重任在肩、大有可为。

一是坚持"和而不同"，努力营造亲清政商关系氛围。求同存异、和而不同是统一战线的根本理念。子曰："君子和而不同，小人同而不和。"习近平总书记多次强调，党政领导干部与非公有制经济人士之间的交往应该是君子之交。①"亲""清"二字，是对这种君子之交的最精准最到位的概括。统一战线是同与异的矛盾统一体，光有异没有同结不成统一战线，光有同没有异没必要结成统一战线。政商关系之所以能"亲"，是因为有"同"，这种"同"就是中国特色社会主义事业、全面建成小康社会和实现中华民族伟大复兴中国梦的共同理想。正如一名民营企业家说的，企业家把做好企业作为自己幸福感的主要来源，政府官员做好每日的工作同样觉得幸福，对家国之爱是政商关系"亲"的重要基础。要在爱国敬业、回报社会中谱写人生事业的华彩篇章。所以在这点上，绝大多数的政府官员和绝大多数的民营企业是可以"亲"得起来的，"因为我们有共同的价值观基础"。政商关系之所以能"清"，是因为两者有"异"，而且必须认识这种"异"、正视这种"异"。这种"异"集中体现在"为公"与"为私"上。党政领导干部手中的权力是公器，非公有制经济人士手中的财富从法律上说是私器，两者是有本质区别的。党政领导干部在与非公有制经济人士交往中，必须明确"不能以公器换取私器"，非公有制经济人士也必须明确"不能以私器换取公器"。按照统一战线求同存异的原则，双方都必须尊重这种"异"，包容这种"异"，恪守这种"异"，公器必须出于公心、用在公事（包括依法支持民营经济健康发展）上。只有这样才能真正做到"清"，在行为上做到守底线、分公私、讲责任，在结果上实现交往有道、于公有利、发展有益。习近平总书记提出的亲

---

① 习近平.习近平著作选读（第一卷）［M］.北京：人民出版社，2023：467.

清政商关系，解开了许多干部和企业家的困惑。有了底线和原则，干部与企业家就能坦荡真诚地办事、交友。

二是坚持联谊交友，广交深交非公有制经济界的挚友诤友。习近平总书记指出，做好新形势下统战工作，必须善于联谊交友，特别是要交一些能说心里话的挚友诤友。^①在革命、建设和改革年代，老一辈党的领导人曾与荣毅仁等一批"红色资本家"结成挚友诤友。但当前统一战线中一提挚友诤友，往往多指民主党派和无党派人士。非公有制经济人士能否成为党的挚友诤友呢？习近平总书记做出了明确回答。在2015年中央统战工作会议上，习近平总书记告诫各级党政领导干部，"发展经济要发挥非公有制经济人士作用，但不能就是一个劲地招商引资，见物不见人，要关注他们的思想"，"同他们交思想上的朋友"。^②在3月4日讲话中，习近平总书记指出："为了推动经济社会发展，领导干部同非公有制经济人士的交往是经常的、必然的，也是必须的。"^③"对领导干部而言，所谓'亲'，就是要坦荡真诚同民营企业接触交往，特别是在民营企业遇到困难和问题情况下更要积极作为、靠前服务。"^④要求党政领导干部对非公有制经济人士多关注、多谈心，帮助解决实际困难，真心实意支持民营经济发展。更为重要的是，这次讲话强调这种要求是双向的，第一次对民营企业家提出，所谓"亲"，就是积极主动同各级党委和政府及部门多沟通、多交流、讲真话、说实情、建诤言，满腔热情支持地方发展，这是对挚友诤友的十分明确的标准和要求。党政领导与非公有制经济人士交朋友需要制度化。按照中央统战部工作要求，注重搭建党委、政府与企业、商会沟通协商的制度化平台，建立健全党政领导干部与非公有制经济人士经常性沟通联系制度和机制。第一个层面是建立党政领导与企业界结对联系交友制度。请四套班子领导与重点企业、重点商会挂钩联系，利用年末年初、重大政策出台前等时机，进行走访座谈，或邀请约谈，了解实情、加深感情、帮办实事，广泛深入征求意见建议。第二个层面是建立统战部门与非公有制经济人士、工商联与企业和商会经常性联系机制。了解掌握他们的思想动态和困难问题，及时做好引导和帮助工作。

① 中共中央文献研究室.十八大以来重要文献选编（中）［M］.北京：中央文献出版社，2016：562.
② 给非公有制经济人士吃颗保证安全的"定心丸"［EB/OL］.（2015-06-12）［2020-05-19］.https://theory.gmw.cn/2015-06/12/content_15958680_2.htm.
③ 习近平.习近平著作选读（第一卷）［M］.北京：人民出版社，2023：467.
④ 习近平.习近平著作选读（第一卷）［M］.北京：人民出版社，2023：468.

三是坚持亲商、安商、富商，积极当好服务非公有制企业的"店小二"。照顾同盟者利益是统一战线的基本原则。当前，亲商、安商、富商，切实维护民营企业的合法权益，促进非公有制经济健康发展，就是对非公经济人士利益的最大的"照顾"。一些民营企业家说，听了总书记的讲话，感到国有企业和民营企业都是国家的"亲儿子"。党政领导和机关干部要当好服务企业的"店小二"，以问题为导向查补短板，为企业提供"保姆式服务"，促进民营企业加快实现转型升级。要着力解决好中小企业融资难题，着力放开市场准入，着力加快公共服务体系建设，着力引导民营企业利用产权市场组合民间资本培育大企业集团，着力清理精简涉及民间投资的行政审批事项和涉企收费，等等。统战部门和工商联组织，要积极做好协助和配合工作。要深入企业调查研究，树立问题导向，积极查补短板，加大对困难企业的关注力度，并展深度调研，实时了解掌握企业生产经营中的痛点和风险点，了解和反映非公有制经济人士的意愿要求，帮助解决企业特别是中小企业面临的实际困难和问题，进一步落实好相关政策规定，会同有关部门和单位共同研究、解决问题。

四是坚持团结引导，进一步促进"两个健康"。习近平总书记强调，促进非公有制经济健康发展和非公有制经济人士健康成长是重大经济问题，也是重大政治问题。[1]要坚持团结、服务、引导、教育的方针，一手抓鼓励支持，一手抓教育引导，关注他们的思想，关注他们的困难，有针对性地进行帮助引导，引导非公有制经济人士特别是年轻一代致富思源、富而思进，做到爱国、敬业、创新、守法、诚信、贡献。[2]统战部门与非公有制经济人士交朋友，引导帮助他们，促进"两个健康"，责无旁贷。当前要积极开展以"守法诚信、坚定信心"为重点的非公有制经济人士理想信念教育实践活动，进一步引导非公有制经济人士政治上自信、发展上自强、守法上自觉。特别是引导他们按照习近平总书记讲的，厘清政策与法律、政府与市场的边界，洁身自好、走正道，做到遵纪守法办企业，光明正大搞经营，要运用法律武器维护自身合法权益。要引导广大非公有制经济人士更好履行社会责任。鼓励和引导广大非公有制经济人士，积极投身光彩事业

① 习近平.完整、准确、全面贯彻落实关于做好新时代党的统一战线工作的重要思想［J］.求是，2024（02）.
② 马占成.巩固发展最广泛的爱国统一战线 为实现中国梦提供广泛力量支持［N］.人民日报，2015-05-21（1）.

和公益慈善事业，更多地回报社会、回报家乡，共享幸福生活，共奔全面小康。

五是坚持"凡进必评"，加强非公有制经济代表人士队伍建设。习近平总书记多次指出"非公有制经济要健康发展，前提是非公有制经济人士要健康成长"[1]，强调"要坚持标准、严格程序、认真考察，做好综合评价，真正把那些思想政治强、行业代表性强、参政议政能力强、社会信誉好的非公有制经济代表人士推荐出来"[2]。要继续抓好新生代企业家的培养引导工作，努力使其成为"政治上有方向、经营上有本事、文化上有内涵、责任上有担当"的现代企业家，促进代际传承。

六是坚持统战性、经济性和民间性相统一，充分发挥工商联桥梁、纽带和重要助手作用。工商联是党和政府联系非公有制经济人士的桥梁纽带，是政府管理非公有制经济的重要助手。工商联的统战性、经济性和民间性三位一体、缺一不可，这就决定了工商联在构建以"亲""清"为核心内容的新型政商关系中有着特殊的地位和独特的作用。统战性要求工商联在政治上要引导好广大非公有制经济人士，把他们团结在党的周围；经济性要求工商联和所属商会以"店小二"精神服务好会员企业，协助政府营造亲商、安商、富商的氛围；民间性要求工商联充分发挥自身优势，积极反映意见诉求，畅通非公有制经济人士与党和政府间沟通联系的渠道。要厘清政府与市场、社会的边界，工商联和商会要积极承接政府部分职能转移。支持工商联加强自身建设，不断增强凝聚力、影响力和执行力，推动工商联所属商会改革，切实担负起指导、引导、服务职责。

二、新时代政商关系中的若干领域和关系

习近平总书记关于构建亲清政商关系的重要论述发表后，各地纷纷出台"正负面清单"，细化政商交往正当行为，厘定"为"与"不为"界限。目前，"亲""清"理念渐成共识：一个"亲"字密切政商关系，另一个"清"字规范政商关系。但毋庸讳言，目前还不同程度存在"嘴（纸）上易、实际难，底线易、高线难，大企业易、小企业难"的现象，一些地方还存在"政界热、商界冷"，不同部门由于关注点不同而容易各执一端的问题。政商关系是政府和市场、权力

① 习近平．习近平著作选读（第一卷）［M］．北京：人民出版社，2023：466.
② 习近平．习近平著作选读（第一卷）［M］．北京：人民出版社，2023：469.

和资本相互关系的综合反映，涉及方方面面；新时代我国新型政商关系，不仅涉及政府、企业和社会，也是党的统一战线在非公有制经济领域的具体体现。2023年7月，中共中央、国务院印发的《关于促进民营经济发展壮大的意见》明确指出，"全面构建亲清政商关系"，把构建亲清政商关系落到实处，党政干部和民营企业家要双向建立亲清统一的新型政商关系。因此，构建亲清政商关系，不能"胡子眉毛一把抓"，必须以其内在众多具体关系的构建作为基础和支撑，务求细化深化、落地落小、取得实效。

（一）理论视域：破解形式重于内容的困惑

政商关系是个古老的话题，构建什么样的政商关系以及如何构建，是古今中外的为政者都必须做出回答的问题。长期以来，西方发达资本主义国家对这一问题的研究较多；相比之下，我国在这方面一直谈得较少甚至讳莫如深。习近平总书记关于构建亲清政商关系的重要论述发表后，各种研究文章铺天盖地，从中国知网查阅，相关研究文章达3000余篇，其中大部分是2016年以后发表的成果。这些理论成果无疑对我们加深对构建"亲""清"新型政商关系的理解和谋划有重要意义，但要把理论成果转化为现实力量，需要把握和处理好以下几对具体关系：

理论与实践的关系。也就是知与行的问题，要把握三点。一是在研究导向上既要着眼理论创新价值，又要着眼应用创新价值。现在的理论性研究往往从理论到理论，引经据典（有些甚至从《论语》和《易经》中找依据），分析西方政商关系，但对当下我国构建亲清政商关系缺乏相应的实践总结和案例佐证，亟须从经验研究转向实证研究，特别是结合各地探索实践的典型经验，提出具体的针对性强的工作原则、路径、关键点以及符合实际的长效保障举措，做到理论性与实证性研究相统一。换个角度看，解决好亲清政商关系问题，理论研究是一方面，更重要的是建立参照系，解决好如何做的问题，为今后工作提供有力实践指导。二是在研究方法上要注重点面结合、访研结合，善于从碎片案例中总结提炼普遍规律。要采取重点人士访谈法，集中时间重点访问各层级党政一把手和非公有制经济代表人士，广泛听取意见建议，摸清政商交往中的顾虑所在、症结所在。要采取重点地区调研法，重点选择近年来在构建亲清政商关系中具有典型性代表性的地区，力争从正反两个方面进行宏观把握。要采用对比法，如：区域内的调研，既要与发达地区比较，也要与其他发展潜力大的地区比较，从而更清晰地定位本地的优势和短板所在、方向和目标所在。三是在成果转化和运用上，既要追求深刻生动又要务求可行实效；既要有丰富的内涵又易懂易学易记易做；既体现讲政治又能入耳入脑入心入行。

经济与政治的关系。当前，非公有制经济人士在中国特色社会主义"五位一体"建设中都发挥着重要积极的作用。习近平总书记指出，促进非公有制经济健康发展和非公有制经济人士健康成长是重大经济问题，也是重大政治问题。[①]因此，构建亲清政商关系必须处理好经济与政治的关系。曾经有民营企业家提出"企业家要亲近政府、远离政治"，事实上这里的"远离政治"指的是"不干政"而不是"不问政治方向"。新型政商关系新在哪里？最本质的就是坚持中国特色社会主义方向。构建"亲""清"新型政商关系理论，毫无疑问，是习近平新时代中国特色社会主义经济思想的重要内容。寓政治于经济之中，以政治引领促经济发展，这需要各级党政领导和广大非公有制经济人士在认识上更加深刻，在行动上更加自觉。一方面，对于党委、政府来说，坚持以习近平新时代中国特色社会主义思想特别是经济思想引领民营经济新发展新飞跃，要着力营造风清气正的良好环境，营造有利于企业健康发展的社会氛围。另一方面，对于非公有制经济人士来说，要坚定不移地跟党走，做爱国敬业、守法经营、创业创新、回报社会的典范，在为实现中华民族伟大复兴中国梦作贡献中谱写人生事业的华彩篇章。事实上，现在"讲政治"的企业家在不断增多。如：正泰集团董事长南存辉在2009年国际金融危机时曾提出要"听中央的，看欧美的，干自己的"；2017年在学习中央关于弘扬企业家精神的文件后发出心声——新时代浙商精神呼唤企业家做"义行天下"的践行者，不忘初心，富而思进，富而思源，富而思报，心怀感恩，兴业报国，将企业的发展与时代命运紧密相连，勇当新时代弄潮儿，谱写创新发展新篇章。再如：富通集团董事长王建沂表示，要扎实做好非公有制企业党建工作，继续探索和实践"非公有制企业主动接受非公有制企业党组织领导和监督的制度"和"非公有制企业党组织监督和督促企业和企业主的制度"两个制度保障，自觉做遵守党的政治纪律、组织纪律、廉洁纪律、群众纪律、工作纪律、生活纪律的模范，走正道、讲真话、建诤言，为推动构建"亲""清"新型政商

---

① 习近平.完整、准确、全面贯彻落实关于做好新时代党的统一战线工作的重要思想[J].求是，2024（02）.

关系和"清廉浙江"建设做出贡献。

形式与内容的关系。这实际上就是"亲""清"二字的形与神的关系问题，具体涉及目标与途径、载体与内涵、平台与抓手等关系。实际上，有关"亲""清"二字的具体要求，习近平总书记说得清楚明了，分别为党政领导干部和非公有制经济人士列出了"5＋5"的正负清单。所以，无须做过多解读、把本来很明白的东西解释得很复杂，关键在于怎么践行"亲"和"清"，怎么设计切实可行、易于操作的具体载体、平台、抓手，使政商关系到达"亲""清"的彼岸。一是正负清单要更具可操作性。当前一些地方制订的正面清单和负面清单，要么过于烦琐细碎，要么不接地气。企业家普遍反映，实际中存在"亲""清"尺度难以把握等问题。我们理解构建亲清政商关系，对政府和企业的具体行为要有标准和规范，正面、负面清单内容要更科学合理可行，提供规范化标准。二是增强政务服务透明度和效率。研究制定涉及企业及其经营者重大利益的地方性法规、政府规章及其他规范性文件、政策措施、发展规划、重要决策，要采取听证会、论证会、座谈会等方式，充分听取企业家的意见建议。吸收更多企业家参与科技创新政策、规划、计划、标准制定和立项评估等工作，向企业开放专利信息资源和科研基地。企业财政扶持专项资金的申报、审批、拨付应当全程公开、决策透明、网上公布、公平公正。提高政务服务效率，全面实施市场准入负面清单制度，保障各类市场主体依法平等进入负面清单以外的行业、领域和业务。以市场主体需求为导向深化"放管服"改革，做好"放管服"改革涉及的规章、规范性文件清理工作。建立健全企业投资项目高效审核机制，大力开展企业投资项目承诺制改革探索，提高行政审批效能。优化面向企业和企业家服务项目的办事流程，推进窗口单位精准服务。三是出台的各种政策举措要让非公有制经济人士有获得感。如：浙江省着力在深化"最多跑一次"改革、依法保护企业家财产权创新权自主经营权、强化企业家公平竞争权益保障、健全企业家正向激励导向、健全企业家参与涉企政策制定机制、加强优秀企业家培育等关键性问题上精准发力，更好地服务于民营企业、民营企业家发展。这次改革，优化200多个项目清单，真正实现了寓教育引导于沟通联谊、寓弘扬企业家精神于助力企业发展。四是进一步搭好平台、健全机制、创新载体，做到对症下药、有的放矢、固本荣枝，促进亲清政商关系的构建。浙江的相关做法包括：完善党政领导干部与非公有制企业联系制度，每位领导干部联系1—2家非公有制企业，定期走访调研；搭建党委政府与非公有制企业、商会组织沟通协商的制度平台；建立帮扶非公有制企业发展的联动机制，定期会商解决有关问题。

（二）权责（结构）视域：打通执行中难以操作的瓶颈

底线与高线的关系。构建亲清政商关系的重要一环，是制订正面清单和负面清单。从以往实践看，这里需要破解三个问题。一是明确重点。事实上，负面清单（底线）一般不可能突破现行法律和党纪规定，制订的必要性值得商榷；正面清单（高线）涉及职业操守、社会责任和党性，但缺乏刚性制约，针对性、可操作性和监督评估工作都有待提升。目前，"清"的理念已深入人心，但"亲"的氛围还不够浓厚。因此，当前构建新型政商关系关键着力点要放在高线建设上。与此同时，由于高线刚性不强，要注重发挥企业家自主、自觉作用，对企业和企业家的正负面清单特别是正面清单，应由企业家集体联名或同工商联（商会）组织以倡议形式发布，党委政府从中起引领作用而不是包办代替。二是厘清边界。现在的突出问题是，实践中很容易造成"高线""底线"内容相混淆。亲清新型政商关系要树立"底线""高线"，其中"底线"为党纪底线、法律底线，"高线"为道德高线、责任高线。一些党政部门和企业把高线、底线的内容相互混淆。如，某企业倡导员工与政府部门交往要遵循"不远不近、不亲不疏"原则，与习近平总书记倡导的亲清政商关系精神实质明显不符合。三是消除盲点。当前"不能""不得"的禁止性规范意见多，而"可以""应该"的指引性规范意见少，对哪些属于合规的合作成分、哪些属于不合规的勾结成分等内容没有进行清楚说明，政商交往边界缺乏明晰的法律性、制度性表述，领导干部对政商关系的"度"难以把握，在具体工作中放不开手脚。应重视企业家和党政干部呼声，对"亲""清"划分明确具体可操作的正面清单和负面清单，规定什么事必须做、什么事不能做、什么事可以做，为政商交往架设"红黄绿"灯。

法治与德治的关系。促进法治和德治相辅相成，是构建亲清新型政商关系的应有之义和必由之路。政商关系涉及法律和道德，其中，"亲"的达成更多要靠德治，"清"的形成更多要靠法治。法律是60分的道德要求，但具有强制性；道德是100分的要求，但缺乏刚性。实践表明，两者不可偏废，只有将法治与德治有机结合起来，才能真正取得长效。中共中央印发了《社会主义核心价值观融入法治建设立法修法规划》，其中特别提到"加强道德领域突出问题专项立法，把一些基本道德要求及时上升为法律规范。使法律法规更好体现国家的价值目标、社会的价值取向、公民的价值准则"①。这为我们在构建亲清政商关系中处理好法治与德治关系提供了基本遵循和极大启示。

一方面，要坚持法治为本。市场经济本质上是法治经济，构建新型政商关系重在依纪依法依规、完善相关法律规章。党纪严于国法，构建新型政商关系要始终把党纪国法挺在前面，严明政治纪律和政治规矩。要夯实法治建设，规范权力使用，促进市场公平正义，依法保护企业的合法权益以及企业家的财产权、创新权益和自主经营权。要加快形成亲清新型政商关系的法律规范体系。要推动依法行政关键是要解决部分法律法规之间、法律法规和规章制度之间内容"打架"现象，消除其给依法行政、构建新型政商关系带来的阻碍。要积极完善相关法律法规的衔接配套，帮助民企建立完善风险控制体系和预防腐败机制。要走进企业开展普法宣讲、法律体检等活动，着力提高企业法治意识。公检法机关与工商联组织要加强沟通合作，合力依法保障和促进非公有制经济健康发展，切实为非公有制经济企业发展保驾护航，进一步营造非公有制经济发展法治环境。

另一方面，要坚持德治为要。要以社会主义核心价值观为引领，将"亲""清"要求自觉融入非公有制经济人士理想信念教育和社会主义核心价值观、企业家精神和企业文化建设。如：浙江省抓住庆祝改革开放40周年的契机，树立一批企业家典型，通过宣传教育和示范引领来弘扬企业家精神，明确和强化使命与担当；提炼一套新时代浙商精神，以与时俱进、富有特色的浙江内涵来弘扬企业家精神。总之，要发挥好道德的教化和支撑作用，将构建亲清政商关系作为培育社会主义核心价值观的组成部分，推动其成为机关、企业及社会各界人士共有的价值取向和行为规范。如：在浙江诸暨，以盾安为代表的民营企业主动将亲清新型政商关系转化为"亲""清"文化，纳入《盾安宪章》，使之成为企业文化和发展牢不可破的内核构成部分。

权力（利）与责任的关系。民无商不活，国无商不兴。以"亲"与"清"定位新型政商关系，不仅让政商双方交往厘清分寸、划出底线，也明确了各自职责。新型政商关系体现平等服务精神和守法诚信价值。健康、融洽的"亲""清"关系需要政府、企业双方共同发力。对政府来说，要为企业创造一个透明公平的竞

---

① 中共中央印发《社会主义核心价值观融入法治建设立法修法规划》［EB/OL］.（2018-05-07）［2021-03-25］.http://www.xinhuanet.com/politics/201805/07/c_1122796215.htm.

争环境，并要把权力关进笼子，需要破解市场经济体制不完善、政商交往渠道不畅通、审批"放"而不"简"、政府对企业的政策不作为等制度性障碍，正确引导自由裁量权；对民营企业来说，要破解现代企业管理制度不够完善以及企业家特别是新一代企业家远离政治、不愿与政府打交道的思维偏差，树立产业报国的情怀，做爱国敬业、守法经营、创业创新、回报社会的典范，在实现中华民族伟大复兴伟业中谱写人生事业的华彩篇章。通过政府和企业的良性互动，解决不平衡不充分、社会流动性下降、可持续发展这三大问题。具体来说，政府要在以下方面有所作为：要严格依法行政，培养"法商"；政府的权力界限要清晰；政府要加快转变职能；政府要增强服务意识；政府绩效考核机制要完善。企业要在以下方面有所担当：要依法经营，培养"法商"，强化社会责任；企业的角色要从依赖型转变为自主型；企业经营者要主动承担相应的社会责任。

政府的权力主要体现在监管和服务上，体现在依法维护企业的权利上。主要包括：在企业资格认定方面，对不同市场主体要一视同仁，只要资质条件符合，就给予同等待遇，而不能依据中资外资、公有民有、规模大小、利税多寡等标准区别对待，在市场准入、财政支持和补贴、贷款融资等方面，设置人为障碍；在企业权益保护方面，各级司法机关和相关部门对涉企债务纠纷、财物失窃、知识产权、工伤赔偿、劳资纠纷、劳动争议、网络侵权等申诉件要有诉必接、有案必查；在涉企政务服务方面，要按照中央"放管服"改革要求，以"最多跑一次"改革为引擎，减少审批事项并简化环评、水评、能评、安评等项目评估事项，进一步推进企业投资项目审批以及事中事后监管服务提速增效；在涉企监管执法方面，要细化、规范行政执法条件，明确和规范监管事项、依据、主体、权限、内容、方法、程序和处罚措施，全面实施"双随机、一公开"监管，减少自由裁量权，推进综合监管，加强跨部门跨地区的市场协同监管，有条件的领域积极探索跨部门综合执法；在政企沟通互信方面，各级领导干部要坚持亲商、安商、富商，积极作为、靠前服务，真心实意支持非公有制经济发展，要积极推动建立各级党委、政府与民营企业常态化的沟通协商制度，主要负责人要联系重点企业、商会，每年主持召开企业家座谈会听取意见建议，认真研究解决非公有制经济发展中的突出问题；在干部容错免责机制方面，要允许干净干事的干部试错，严格区分类型，制定容错免责办法，对在大胆探索、锐意改革中出现的失误，只要不属于有令不行、有禁不止、不当谋利、主观故意、独断专行等情形者，要予以容错，以解除党政干部在改革创新和支持民营经济发展中的后顾之忧。

由于政商关系中，政府处于主导地位，因此政府还要在以下方面主动作为：要发挥市场在资源配置中的作用；企业与政府之间的沟通渠道要畅通；探索建立政商交往的长效机制；引入市场竞争机制来弥补政府失灵。在实践中，浙江省强化服务意识，努力营造亲商、安商、富商的良好环境。省委省政府出台系列政策为企业减负，2016 年和 2017 年分别减负 1000 亿元和 1500 亿元。在以"四张清单一张网"为抓手的行政审批制度改革的基础上，进一步推进"最多跑一次"改革和数字化改革，倒逼新型政商关系的构建和公开公平公正政务环境的营造，打造"审批事项最少、办事效率最高、政务环境最优、群众和企业获得感最强"省份。宁波、台州等地还推出 "妈妈式"服务，体现了党委政府对民营企业的强烈责任。"妈妈式"服务的内核是"五心"服务——情感上暖心，就是以心换心、以情动情，视企业家如同家人，视企业事如同家事；行动上贴心，就是对企业发展全程关注、主动服务、跟踪服务、细致服务；措施上用心，就是不做表面文章，出台一系列企业急需、务实管用、精准到位的政策措施；机制上顺心，就是全面优化涉企审批流程、服务机制，为企业提供高效便利的一条龙服务；关系上无私心，就是坦荡真诚同企业接触交往，构建亲清新型政商关系。[①]

实践表明，权责分明有利于促进政商关系既"亲"又"清"。在这方面，民营企业家有切身感受，有企业家说："通过全面从严治党，企业和政府的关系不仅更'亲'了，而且更'清'了。不少民营企业不再把精力花在做好与政府部门的'公关工作'，搞吃吃喝喝，搞迎来送往上。这些年，我们感到正风反腐发挥了实实在在的作用，企业家和政府官员的关系也简单、清白得多了。比如，政府领导来企业视察，一杯清茶就解决问题。我认为，这才是正常、和谐的政商关系——我搞好经营发展，你做好监管服务，彼此亲密合作却又清淡如水。"[②]

制度与文化的关系。制度带有根本性、长效性，而文化带有融合性和导向性。制度管人，文化管心，以制度保障文化形成，以文化引导制度定型，可以促进"亲""清"二字在政商双方内化于心、外化于行、固化于制，在目标上坚持有序有效，在机制上坚持规范长效，从而营造有利于构建亲清政商关系的生态环境。

---

① 陈奕君. 推广"妈妈式"服务　打造最优营商环境［N］. 浙江日报，2018-03-26（6）.
② 宗庆后. 民营企业是从严治党受益者［N］. 中国纪检监察报，2017-08-22（4）.

一方面，要坚持制度为基。健全的制度是构建亲清新型政商关系的有力保障。重在促进地区层面"单体性制度创新"与宏观层面"整体性制度创新"相衔接。当前，要将权力关进制度的笼子，将好的政商交往行为和服务举措固化于制，更要用整体化、系统化的战略思维去谋划新型政商关系的制度设计，消除实践层面的"中梗阻"障碍。对改革中出现的新问题，需要通过深化改革和完善制度来解决。着重建立构建亲清政商关系的三项机制，即建立各级党委政府主要负责人与民营企业家定期沟通、民营企业家列席各级党委经济工作会议制度，邀请优秀在外商会会长列席各级人大、政协会议和党代会制度，充分听取企业家意见建议制度。

另一方面，要坚持文化为魂。要致力"亲清"文化建设，积极探索以"亲清"文化引领新型政商关系构建的新路子。"亲清园"是浙江省余姚市以"亲""清"新型政商关系为主题，以民营企业主和管理层为主要宣传教育对象的廉政文化基地。"亲清园"中除了展示王阳明家训之外，还特别收集展示了10余位当地知名企业家提炼的厂规家训。自建成以来，"亲清园"已接待各界人士50余批3000余人次，成为展现"亲清"文化建设的重要窗口，受到了企业家的广泛好评。同时，设立"亲清"讲堂，定期邀请知名专家、学者走上"亲清"讲堂为企业家讲课，已举办了廉政文化、"中国制造2025"、互联网经济、人才经济、财产保护、政商时事等授课活动，为广大企业家提供最新的前沿资讯、生产经营的新思路新策略，让企业家感受到"亲清"讲堂之"亲"的温度和"清"的力度，收到了良好的成效。

（三）治理视域：厘清政府、市场与企业、社会的边界

主体与客体的关系。"一个巴掌拍不响"，亲清新型政商关系只靠"政"或者只靠"商"是难以构建的，"政""商"双方共同努力并进行良好互动才能够更快更好地建立亲清新型政商关系。那么，政商双方，谁是主体谁是客体？这从理论上似乎较难廓清，因此，有些地方的做法是举行党政领导与民营企业家的"圆桌会议"，以政企同心促"清"上加"亲"。但是，政商关系涉及政府、市场与企业、社会众多关系，由于所处地位、所承担的责任和发挥作用的方式不同，实际上还是有主客体之分的。

一方面，政府要强化主体意识，在"亲""清"方面积极主动、有所作为。

构建亲清政商关系，需要政商两方面共同努力，其中"政"是主要方面，应该主动作为。政府是建立亲清新型政商关系的发动机，政府的引导、指导和积极动作是建立亲清新型政商关系的持久动力。在构建过程中，更多掌控公共资源的政方（包括掌控电、水、气、金融等重要资源的国企）要着力营造良好的营商环境，因此更处于积极主动的主体地位。当前"不能""不得"的禁止性规范意见出台多，而"可以""应该"的指引性规范意见出台少，领导干部对政商关系的"度"难以把握，具体工作中放不开手脚。一些企业反映部分政策随着地方主官的调整而难以延续下去，"新官不理旧政"给企业发展布局带来不利。构建亲清政商关系，对政府部门的监管服务行为和领导干部的引导沟通能力提出较高要求。习近平总书记强调：促进非公有制经济健康发展和非公有制经济人士健康成长是重大经济问题，也是重大政治问题。[①]领导干部要从讲政治讲党性的高度出发，增强政治责任感，切实担当起构建新型政商关系的主体责任，务求亲而有度、清而有为。

另一方面，对于企业家而言，要淡化客体意识，化被动为主动。非公有制企业和非公有制经济人士是建立亲清新型政商关系的接收器和最大受益者，从这个意义上讲是客体；同时又是亲清关系的参与者、维护者，非公有制经济人士积极参与构建和践行新型政商关系，遵守商业秩序和规则，是建立亲清新型政商关系的必要条件，从这个意义上讲又是主体。在亲清政商关系基本形成到完善、定型及维护发展阶段，商方的守法经营、产品供给、目标追求、社会责任、企业文化、企业家精神使其更处于相对主体地位。广大非公有制经济人士都是中国特色社会主义事业的建设者，在经济、政治、文化、社会和生态文明"五位一体"建设中都负有主要责任，不能被动等待政府"亲"和"清"，必须淡化客体意识，强化主体意识，积极主动参与构建新型政商关系，力求亲不逾矩、清不远疏。坚持主体为重，重在发挥企业家作用、发挥商会组织作用。事实上，凡是由优秀企业家领军的企业，不仅企业发展得好，在新型政商关系建设方面也同样走在前列。如：浙江海亮集团较早建立民营企业纪检监察机构，防控廉洁风险；浙江盾安集团在高层管理人员中开展"诚信档案管理制度""民主生活会制度"，培养高管自觉接受监督的意识。此外，当前商会在行业自律、规则制定、行为示范等方面的作

---

① 习近平. 完整、准确、全面贯彻落实关于做好新时代党的统一战线工作的重要思想［J］. 求是，2024（02）.

用越来越突出，已成为推动新型政商关系建设的重要力量之一。

总之，构建新型政商关系需要政商双方共同不懈努力。对此，富通集团董事长王建沂的愿景是：进一步优化营商环境，弘扬优秀企业家精神，让政企沟通更顺畅一些，让法治意识更强烈一些，让契约精神更多一些，让"干事、担当、奋斗"的氛围更浓厚一些。①政府和非公有制经济人士之间积极沟通和互动，政府及时了解情况，非公有制经济人士及时反映问题和效果并与政府良好互动，这样才能真正让政商关系转型。

中介组织与政府部门的关系。加快政府部分职能转移，充分发挥社会组织在社会管理中的作用，可以弥补政府社会服务的不足，让它们在一些政府无法管和管不好的领域发挥独特作用，也可以提高行政效率，降低行政成本。这是推进国家治理体系和治理能力现代化的需要，有利于政府转变职能，形成"小政府大社会大服务"的治理格局，有利于激发市场活力，提升各种市场主体创业创新能力，符合世界潮流。当前中介组织发展存在的问题为：营利性市场中介机构发展中与政府部门有着千丝万缕联系，行业协会发展中行政化倾向较明显、职能不健全、自我发展能力弱。特别是一些中介机构和市场化运营公司名义上顶着市场化运作的幌子，但都与相关部门保持着千丝万缕的联系，背后都有相关政府部门"站台"或公权力的影子，存在变相强制入会、垄断经营、收费高、服务差等现象，在一定程度上制约着亲清政商关系的形成。

一方面，要推进中介组织改革与发展。正确处理政府与中介机构的关系，建立独立、完备的中介组织体系；建立科学的内部运行机制，优化中介组织的治理结构，提高其治理水平；理顺政府管理部门之间的关系，建立科学合理的中介组织管理体制。发挥商会作用，引导行业协会、商会制定行业自律规范，促进民营企业诚信经营，通过行业协会、商会及时传达、宣传、解读各项政策，借助商会及时了解掌握企业发展现状，研究制定精准扶持政策。另一方面，要进一步规范中介机构服务行为。既要推进政府部门与中介机构在隶属关系上的脱钩，更要加速中介机构在企业服务关系上的挂钩。要全面加强对中介机构的监管，加大"红顶中介"的治理力度。要加强监督检查，对与中介机构"明脱暗不脱"、为其"垄断服务"提供条件的相关责任人，要依纪依规依法严肃处理。浙江省各地探索由工商联商会接纳从政府部门脱钩后的行业协会，承接部分政府职能转移，取得了较好的成效，从而使其真正成为畅通政企沟通的重要渠道。其中，宁海县商会服务中心承接了宣传培训、风险评估、预防整治、协调处置、善后服务、人民调解等工作，已成为该县沟通政商关系的"亲清家园"。

监督与评估的关系。在现行体制下，没有评价体系，就无法进行考核和评估；没有考核评估也就没有监督压力，就难以推进新型政商关系的落地。当前要对标国际营商环境指数评估办法，建立科学的评价体系和严谨的评估程序。可以参照"中国城市政商关系排行榜（2017）"从"亲""清"两个维度，设计一、二、三级指标。如：在"亲"的方面，重点关注三个一级指标，分别是政府对企业的关心（10%）、政府为企业提供的各类服务（40%）、政府降低企业税费负担（10%）。有了评价指标，就可以对该区域的营商环境和政商关系做出基本评估并提出改进意见。在此基础上，要加强三方面工作：

一是进一步加强督查和评价力度。建立健全政商交往多层监督体系，让政商交往在阳光下进行，对存在问题坚决整改，对严重问题坚决查处。特别是加大对各地推行"简政减税降费"政策的监督力度，发挥"互联网＋"的技术优势，提升行政透明度和效率。

二是引进第三方机构参与政策后评估。引进中立性的第三方评估机构参与评估，并适时对外公布政商关系健康指数，有利于政务公开公平公正，有利于根据评估结果及时进行调整优化。以聚集企业投资项目审批"最多跑一次"改革为例，浙江省政府授权省工商联作为第三方评估单位，客观公正评价各地"最多跑一次"改革成效。

三是建立完善领导干部容错免责机制。要允许干净干事的干部试错，严格区分类型，制定容错免责办法。对在大胆探索、锐意改革中出现的失误，只要不属于有令不行、有禁不止、不当谋利、主观故意、独断专行等情形者，要予以容错，以解除党政干部在改革创新和支持民营经济发展中的后顾之忧。

（四）统战视域：彰显中国特色新型政商关系的鲜明政治优势

亲清政商关系的提出，为统一战线正确处理一致性与多样性关系，在坚守政治底线基础上寻求最大公约数、画出最大同心圆，提供了鲜活生动典型范例。这有利于通过统一战线把更多的非公有制经济人士团结在党的周围，增强其对党和政府的信任，进一步巩固党的执政基础，扩大党的群众基础。政商关系主要是政府与企业之间的关系，但共产党是执政党，企业与政府的关系必然涉及企业家与党的关系。新时代新型政商关系的本质，一方面体现在党政领导干部与非公有制经济人士之间的关系，不是利益基础上的互惠互利的合作关系，而是法治框架内的服务与被服务的关系；另一方面体现在它是党领导的统一战线同心圆内的挚友、净友关系。可以说政商关系中的统一战线是我国新型政商关系的鲜明特色和政治优势，彰显了中国智慧和中国方案。新时代新型政商关系主要表现为以下三点。

一是依靠力量与团结力量的关系。习近平总书记指出，民营经济是我国经济制度的内在要素，民营企业和民营企业家是我们自己人[①]；要把广大民营经济人士团结在党的周围[②]。非公有制经济人士在中国特色社会主义事业建设中具有重要地位和作用，他们是举足轻重的经济建设者，积极参与的政治建设者，责任重大的社会建设者，优势明显的文化建设者，责无旁贷的生态文明建设者。毫无疑问，非公有制经济人士是中国特色社会主义事业建设的主力军，是我们党执政兴国的重要依靠力量之一；但与此同时，作为资本所有者，他们又是我们党的一支重要团结力量。这双重属性决定了政商关系既要"亲"又要"清"：在政策上要促进健康发展；在法律上既要加强保护又要规范管理；在政治上，要把对非公有制经济人士的思想政治引领工作的目标落在增进市场认同、法律认同、国家认同和社会认同上；在代表人士队伍建设上，要完善和强化综合评价体系，通过综合评价努力把非公有制经济代表人士培养成为非公有制经济人士中探路子的人、做表率的人、举旗帜的人。

非公有制经济人士的双重属性和少数人中存在的不稳定性提醒我们：各级党政领导和统战部门一方面要积极与非公有制经济人士交朋友，另一方面在联谊交友过程中必须讲究分寸，要为事业交友而不是为一己私利交友。作为党的领导干部，要加强政治修养，坚定理想信念，不断提高自身防腐拒变的免疫力，要时刻以人民的利益为重，在原则问题上能守住底线，不为金钱所动；非公有制经济人士作为商人，追求经济利益最大化无可厚非，但必须以守法经营为原则，切不可腐蚀政府官员以达到不正当的商业目的。官和商之间应该是法治框架内的服务与

① 在民营企业座谈会上的讲话 [N] . 人民日报，2018-11-02 (2) .
② 姜洁 . 坚持"两个毫不动摇" 把民营经济人士团结在党的周围 更好推动民营经济健康发展 [N] . 人民日报，2020-09-17 (1) .

被服务关系，而不应是利益格局中的互惠合作关系。

二是统战与行政（引导与服务）的关系。统一战线既是党的执政资源也是党的领导方式，我国新型政商关系更是集管理服务与政治引领于一体，是新时代统一战线的重要内涵。传统的统一战线强调去行政化，但构建亲清新型政商关系，必须处理好行政工作与统战工作的关系。

一方面，要寓思想引领于服务管理之中。构建亲清新型政商关系的过程中，"清"的理念已深入人心，但"亲"的氛围还不够浓厚。主要是构建亲清新型政商关系缺乏有效载体和平台，各级党政干部仍然心存顾虑。应制定政策法规对政商交往做出明确规定，完善党政领导干部与非公有制企业联系制度，每位领导干部联系 1—2 家非公有制企业，定期走访调研；搭建党委政府与非公有制企业、商会组织沟通协商的制度平台；建立帮扶非公有制企业发展的联动机制，定期会商解决有关问题。

另一方面，要为亲清政商关系的构建提供政治和组织保证。要加强对非公有制经济人士的政治引领，把理想信念教育活动的目标、任务、举措压实，切实加强对非公有制经济代表人士的培育，制订实施企业家队伍建设行动纲要，遵循企业家成长规律，将培养企业家队伍与实施国家重大战略同步推进，聚焦传统产业改造提升和高新技术产业培育发展，在实践中培养一批具有全球战略眼光、市场开拓精神、管理创新能力和社会责任感的优秀企业家。要加强新生代企业家教育引领工作，未来经济全球化、信息化趋势日益明显，中国经济要走出去开拓国际市场，需要依靠一批有国际视野、市场观念和开放意识的新生代企业家。要建立新生代企业家人才库，建立新生代企业家导师制，建立省市县三级新生代企业家培训机制，从人才选拔、政企交流、导师制设立、教育培训等方面制订培养规划，为新生代企业家成长成才打造平台、提供资源。

三是组织嵌入与政治吸纳的关系。这实际上是非公有制经济领域的党建与统战的关系：从企业层面讲，党建是统战的基础，统战是党建的延伸；从企业家层面讲，组织嵌入是促进企业科学发展、和谐发展的重要组织保证，政治吸纳是自身政治参与的诉求实现。非公有制企业和商会中的党建是我国非公有制经济领域的一个鲜明特色，而政治吸纳与中国旧式"红顶商人"和西式政商"旋转门"有着本质区别。两者互相作用、相得益彰，是构建亲清新型政商关系的重要政治组织保证。

首先，要进一步加强民营企业、商会、行业协会党建工作。大力倡导"党建强、企业强、发展强"的工作导向，充分发挥党组织在构建新型政商关系中的作用，增强民营企业的凝聚力和战斗力。要加强商会和非公有制企业党建工作，把党建工作与企业发展、商会建设紧密结合起来，与弘扬企业家精神紧密结合起来，与职工思想政治工作紧密结合起来，如：浙江在富通集团、传化集团实现了党建强、企业强、发展强，富通集团党委还被中组部评为全国先进基层党组织。金华市积极探索异地商会建立党组织试点工作，陕西省浙江金华商会党工委由金华市委组织部和西安市委组织部"联建共管"的模式，得到中组部高度评价。

其次，要在非公有制企业中建立"双向清单"导航。可以在当地纪委的指导下，依托企业党组织建立"双向清单"，即：既防勾肩搭背又防背靠着背，以"清廉企业"建设引领风尚。如：浙江诸暨市的富润集团、万安集团、海亮集团等一批企业，以"党建＋"引领清廉发展，以"纪检＋"共建清廉体系，以"制度＋"保障清廉运行，带动更多企业守法办实业、光明正大搞经营。

最后，要重视对非公有制经济人士的政治吸纳和政治引领。要把综合评价作为各类政治安排、社会安排和荣誉安排的前置程序。要在政治吸纳过程中加强政治引领，教育引导他们增强道德伦理意识（通过自律和他律进行参政道德建设）、社会责任意识（努力回报社会）、法治意识（守法经营，运用法律武器维护自身合法权益）、政治责任意识（积极参政议政，讲真话、建诤言）和商业精神（具备企业家精神和现代商业契约意识），做新时代中国特色社会主义事业合格建设者。

综上所述，构建新型政商关系是一项复杂的系统工程，牵涉方方面面，是不可能靠一个部门单枪匹马、一蹴而就的。要加强领导、明确职责，精心组织、扎实推进，强化宣传、扩大影响。要坚持党委的统一领导，建立统战部门牵头负责、党政有关部门协调配合、有关团体参与的践行亲清新型政商关系创新试点工作机制，确保创新试点工作政治方向正确，体现党委、政府意图，符合企业家意愿，反映新时代要求。

三、亲清政商关系的层次构建及保障

政商关系是政府和市场、权力和资本相互关系的综合反映，是近现代国家经济、社会和政治关系中的重大基础性关系。构建健康政商关系是一项系统工程，不可能一蹴而就，需要政商双方以及社会各界长期不懈地努力。

（一）问题的提出及价值

政商关系很复杂，牵涉到主客体方方面面的取向，涵盖经济、文化、社会、生态、政治、法律等，必须辩证施策、综合治理，才能奏效。从目前情况看，存在的一些问题也给了我们带来了启示。

人情文化使"亲而有度"的理念难以生根扎根。一些企业家特别是中小企业主思想观念和行为习惯仍停留在过去的政商交往模式中，信奉只有送卡送物才能好办事、快办事，在接待党政干部到企业调研和上门服务时常超规格、超标准。我国各地普遍存在"人情社会"的思维定式，"办事靠关系"观念根深蒂固，总觉得"不跑不送、难以成功"。

不求"有功"但求"无过"的从众心理使"清而无为"成为一些部门和干部的新常态。"不敢亲""不愿亲""不会亲"的现象还不同程度地存在。一些干部怀着"宁可不做事、绝对不出事"和"多做多错、不做不错"的心态与企业打交道。企业到政府办理服务事项，门好进，脸好看，话好听，但涉及具体事项办理时还是"事难办"。一些干部缺乏专业素养和能力，不敢决策，不知道怎么处理新情况新问题，有的甚至延误企业的发展良机。如：在维护企业合法权益，尤其是重拳打击侵害知识产权的违法行为方面，需要进一步树立和秉持"打击就是保护"的理念。

急功近利和明哲保身的思维定式影响了营商环境的公平公正。一些干部在扶持企业发展方面存在差异化和选择性对待现象，没有一视同仁。一是重视大企业轻视小微企业。对于辖区内规模大、利税多的企业主动服务得比较多，而对处于创业初期或发展遇到瓶颈的小微企业关注少，主动帮扶不够。二是对国有企业的戒心少一些，对民营企业戒心相对多一些。一些党政干部在与企业打交道时，抱着"国企是自己人，民企是外人"的心态，觉得"帮了国企是天经地义、没人说闲话；帮了民企总有点撇不清"。

上述三方面问题，浅层涉及行为和法律，深层涉及思想和文化，因此，单纯靠制订正负清单显然是不能从根本上破解这些问题的。事实上，近几年一些地方构建亲清新型政商关系实践中，易存在形式重于内容的问题：或者文章多、文件多、口号多，营商环境的改善效果并不明显；或者边界不清，高低不分，权责不明，存在"两张皮"现象；或者只见树木、不见森林，"头痛医头、脚痛医脚"，难以辩证施策、对症下药，"按下葫芦起来瓢"；或者使事情从一个极端走向另一个极端；或者主客体错位，行政化倾向严重，导致具体实践中无从下手、难以操作。因此，迫切需要从整体上把握构建新型政商关系的结构性和层次性，步步为营、稳步推进，由此及彼、由表及里，绵绵用力、久久为功，使亲清政商关系形成长效机制。

对于上述问题，目前已有学者开始关注。如，有的研究者提出，政商关系包括两个层次：宏观层面上即为政府和企业之间关系，微观层面上则表现为政府官员与商人之间关系。① 有的研究者提出，政商关系是一个国家政治与经济关系的集中体现，新时代中国特色社会主义新型政商关系的四个维度分别是：价值维度，亲与清；主体维度，党和政府与非公有制经济；结构维度，社会主义民主政治与统一战线；技术维度，组织嵌入与政治吸纳。② 笔者也曾提出，亲清政商关系，涉及政府与企业、领导干部与企业家、党和非公有制经济人士三个方面的关系。③ 从国家治理体系和治理能力现代化高度来审视政商关系，政商关系涉及政府治理体系、市场治理体系和社会治理体系，构建亲清政商关系是一个复杂艰巨的系统工程，需要以战略思维和系统思维，进行通盘科学谋划和有序有效推进。

（二）问题的探索及论证

亲清关系，有物质的也有精神的，有行为性的也有制度性的，有看得见的也有理念性的。我国新型政商关系，从涉及领域看，几乎涵盖经济、政治、法律、社会、文化（道德）各个层面；从工作维度看，涵盖平台、抓手、机制、队伍等载体。当前我国构建亲清政商关系过程中，毫无疑问，党和政府处于主导方，这也是中国特色社会主义的国情决定的。但是，同样毋庸置疑的是，政商关系好不好、营商环境如何，企业家有着直观感受也最有发言权，就像"鞋子合不合脚只有自己的脚才知道"那样。构建亲清政商关系，要以党政为出发点和主导，以企业和企业家为落脚点、归宿点和效果评判目标，对结构层次进行谋划，思路和方

① 赵泉民. 新时代"亲""清"新型政商关系建设的制度考量 [J]. 观察与思考，2018（03）：5-14.
② 韩阳. 新时代中国特色社会主义新型政商关系的探讨与建构 [J]. 江苏省社会主义学院学报，2018（01）：64-69.
③ 杨卫敏. 构建"亲""清"政商关系探析——学习习近平有关新型政商关系的重要论述 [J]. 江苏省社会主义学院学报，2016（03）：37-45.

略也就逐渐明朗起来。

一是表层关系：关系形式。这种形式，就是各地普遍见诸文字的正负清单。尽管各地的清单内容上会各有侧重，但一般不外乎政商之间要相敬如宾、不要勾肩搭背。有的还形象地提出"工作联系等距离，企业服务零距离，私人交往远距离"；有的明确坚持"四不"，即不搞政商勾搭、不搞庸俗关系、不搞利益输送、不靠关系靠政策。但问题的关键是如何实现，用什么来确保。因为清单毕竟是写在纸上的，负面清单的内容不会超出党纪国法的范围，而正面清单的内容是倡导性的，往往缺乏刚性。这就使得清单的意义大打折扣，形式重于内容。有的地方，把上述底线当作高线来操作，并以此作为构建亲清政商关系的目标；在实践操作中，也存在对正面清单和负面清单都未涉及的灰色地带无法操作的问题。事实上，正负两方面的清单，在内容上不可能涵盖所有问题，在实际操作中缺乏刚性和权威性，只能作为"座右铭"而已。

当然，必须明确形式是为内容服务的，适当的形式也是必要的且有现实意义的。如：2017年第四届世界浙商大会开幕会上，浙江省领导与浙商依次就座，亲清有道、相敬如宾的新型政商关系，溢于言表。浙商和媒体都认为，这张座位表，不仅是一张排座次的名单，更是浙江新型政商关系亲清有道、相敬如宾的具体而生动的体现。2017年12月27日，浙江省委首次邀请15位非公有制经济人士参加省委经济工作会议，听取工作报告，参加分组讨论，提出意见建议，使民营企业家感受到自己是经济主战场的主力军。2017年第四届世界浙商大会期间，40余位新生代浙商现场齐声朗诵第四届世界浙商大会《浙商宣言》，提出"历史眷顾坚定者、奋进者、搏击者，不等待犹豫者、懈怠者、畏难者"。关键是要明确形式是为内容和目的服务的，围绕目标，丰富形式，讲求实效。如：一些地方以通俗易懂、喜闻乐见的形式，诸如"百问百答"或百个案例或图解、PPT、动漫，列举正面清单、负面清单和典型案例，有利于相关规定入脑入心、落地实施。

二是浅层关系：关系行为。实际上就是政商双方将已有的清单提出的要求一一落实在行动上。写在纸上的条文只有落实到行动上才有实际意义，实际上"做"比"写"要难，当然这一步走好了，政商之间的"亲""清"关系才会有实质性的进步。

一方面，对于政府来说，要建设服务型政府，对非公有制经济加大政策支持和服务帮助力度，进一步优化营商环境。如：浙江省要求领导干部要当好亲商、安商、富商的"店小二",要守住法纪底线、把好交往分寸;各级党政主要领导要每年举行企业家座谈会,听取意见建议。特别是浙江省委、省政府把"最多跑一次"列为自身改革的最重要举措,以这个杠杆撬动各领域改革,再创浙江体制机制新优势。其中,深入实施"一窗受理、集成服务"的改革,统筹推进事项梳理归纳、数据共享、标准化建设、事中事后监管等工作,减少审批事项、优化审批流程、提升办事效率,努力变"企业跑"为"数据跑""政府跑";大力推进市场准入领域改革,目前已全面推进外贸出口、餐饮服务等 20 个领域"证照联办",12 个事项实现"多证合一、一照一码",据测算这将惠及 81.3% 的涉及准入审批的市场主体。与此同时,对损害营商环境问题实行零容忍,严肃查处;搭平台、破"梗阻",鼓励民营企业参与军民融合发展。近几年来,从全国范围来看,我国企业税费负担显著降低,中央和省级政府取消、停征和减免收费千余项,5年来累计为企业减负近 3 万亿元。构建亲清政商关系提出不到两年之时,世界银行发布的全球 2017 年营商环境报告肯定了我国全面深化改革成效,指出近 3 年中国营商便利度在全球排名跃升了 18 位,其中开办企业便利度大幅上升 31 位。可以说,我国的营商环境越来越好,为广大企业家发挥聪明才智提供了更加广阔的舞台。

另一方面,对于民营经济人士来说,要明确和履行好经济责任,牢固树立高质量发展理念,致力供给侧结构性改革和企业转型升级,满腔热情地支持地方发展。目前,创业创新热潮持续高涨,我国平均每天新设企业 1.66 万家,成为经济发展的强劲动力;新产业、新业态、新模式蓬勃发展,战略性新兴产业持续保持 10% 左右的快速增长。浙江一些地方推行"妈妈式"服务,为企业提供情感上暖心、行动上贴心、措施上用心、机制上顺心、关系上无私心的"五心"服务,着力构建亲清政商关系,引导企业家为再创民营经济新辉煌立下新的功勋。

三是深层关系:关系制度和机制。就是用制度固化政商关系,形成权力制约的法治型体制机制。市场经济是法治经济,要让市场的归市场,政府的归政府,社会的归社会。

首先是建立完善沟通机制。当前要建立构建亲清政商关系的三项制度,即建立各级党委政府领导与民营企业家定期沟通、民营企业家列席各级党委经济工作会议制度,邀请优秀在外商会会长列席各级人大、政协会议制度,充分听取企业家意见建议制度。各涉企部门要按照职能建立健全与工商联、行业协会商会和企业的定期沟通互动机制，充分发挥数字化改革的优势，注重采取座谈会、现场答疑会等面对面交流方式，认真听取企业意见，对本级办理的企业诉求，属于限时办结、需要上报的限时报出、不能办理的限时告知。

其次是建立保护企业家合法权益机制。建立依法解决民营企业产权历史遗留问题的机制，妥善处理涉产权保护案件；完善涉困企业挽救价值和再生可能识别机制，盘活优质资产；对各级政府规划调整、政策变化等因素造成企业合法权益受损的，建立依法依规补偿救济机制；完善查处知识产权侵权行为快速反应机制，持续形成严厉打击侵犯知识产权犯罪行为的高压态势；健全涉企纠纷多元化解机制，严厉打击破坏企业正常经营管理秩序的各类犯罪，为企业家依法自主经营保驾护航；全面实施市场准入负面清单制度，依法清理废除妨碍统一市场公平竞争的各项规定和做法；全面实施监管清单制度，明确"法无授权不可为、法定职责必须为"；建立完善涉企税费、监督检查等清单制度，积极开展"企业减负行动"，等等。要加强对企业负担情况的动态监测，严格落实国家和各级政府减轻企业负担的各项政策措施。建立完善涉企收费、监督检查等清单制度，清理涉企收费、摊派事项和各类达标评比活动，实施涉企收费目录清单管理并向社会公开，加快推进省定涉企行政事业性收费"零收费"。制订公布行政审批中介服务事项清单，规范中介服务收费标准，精简评估事项，防止重复评估。

最后是建立考核体系和评估监督机制。现行体制下，没有评价体系，就无法进行考核，没有考核压力，就难以推进新型政商关系的落地。要从"亲""清"两个维度设计评价体系，同时设计二三级指标，促进落地落小落实。为增强考核的客观性，可引进第三方进行监督评估。如浙江省委托省工商联作为"最多跑一次"改革的第三方评估单位，同时委托相关权威机构评估营商环境，收到了较好实效。

四是核心关系：关系文化。如果把"亲""清"关系看作是政商双方的共同核心价值观的话，那么内化于心是最高境界也是长远的保障。对于党政干部来说要融入机关文化和职业道德，使其上升为党性修养；对于非公有制经济人士来说，要融入法治意识和社会责任，融入企业文化，使其上升为企业家精神。如：近年来，浙江省余姚市提出"亲清"文化的概念，大力推进"亲清"文化建设工程，努力探索出一条以文化润政商关系、以"亲清"文化建新型政商关系的新路子、好路子。主要包括：抓"亲清"文化的理论研究；抓"亲清"文化的实践探索；

抓"亲清"文化的示范品牌；抓"亲清"文化的宣传推介。

通过以上四个环节，使"亲""清"关系表化于文、外化于行、固化于制、内化于心（如图4-1），形成党政干部自觉、民营企业向善、社会各界认同、营商环境优化、政风民风净化的状态，既让人实实在在感受到有获得感又能保持长效的新型政商关系。

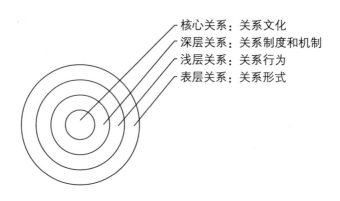

核心关系：关系文化
深层关系：关系制度和机制
浅层关系：关系行为
表层关系：关系形式

图4-1　政商关系结构层次图

（三）问题破解的原则和途径

政商关系的结构性和层次性，要求我们在构建亲清政商关系过程中需要处理好几对关系：理念与共识、形式与内容、目标与载体、制度与机制、有序与有效等。构建亲清政商关系，要统筹总体把握与分层谋划、顶层设计与基层探索、由此及彼与由表及里。

一是坚持亲而有度、清而有为。"亲""清"两字是构建新型政商关系的标尺，重在服务零距离、交往等距离、生活有距离。现实中主要问题是：一方面，优惠和扶持政策的指导性意见多，但具有可操作性的实施细则和相关部门配套政策没有及时跟上，政策无法落地落实，企业的"获得感""信任感"不强；另一方面，政商交往边界缺乏明晰的法律性、制度性表述，当前"不能""不得"的禁止性规范意见出台多，而"可以""应该"的指导性规范意见出台少，对哪些属于合规的合作成分、哪些属于不合规的勾结成分等内容没有进行清楚说明，领导干部对政商关系的"度"难以把握，具体工作中放不开手脚。浙江省以深化"最多跑一次"改革为抓手，当好民营企业"店小二"，创出"不叫不到，随叫随到，服务周到"的政务理念，为企业提供贴心、暖心、尽心的精细化、精准化、精益化服务，为构建"亲而有度""清而有为"的新型政商关系提供了生动鲜活的实践案例。

二是坚持重在发挥企业家主体作用。新型政商关系建设涉及方方面面，需要社会各界协同参与，其中关键是要发挥好企业家作用和商会组织作用。要强化企业市场主体地位，构建亲清政商关系，政府职能不能越位、缺位，要真正让企业成为市场主体，成为转型升级的主力军，在这过程中政府的"亲"体现在认真调研，多倾听企业的呼声，不能成为包办者。而"清"也要发挥民营企业的主观能动性，如：浙江民营企业中，海亮集团较早建立民营企业纪检监察机构，防控廉洁风险；盾安集团在高层管理人员中开展"诚信档案管理制度""民主生活会制度"，培养高管自觉接受监督的意识。商会在行业自律、规则制定、行为示范等方面的作用越来越突出，已成为推动新型政商关系建设的重要力量之一。与此同时，要大力激发企业家精神，鼓励和支持民营企业家创业创新，以高质量发展为促进地方经济发展和回报社会做出贡献。

三是坚持法治与德治相结合。一方面，要依纪依法依规、完善相关法律规章。市场经济本质上是法治经济。党纪严于国法，构建亲清政商关系要始终把党纪国法挺在前面，严明政治纪律和政治规矩。要夯实法治建设，规范权力使用，促进市场公平正义，依法保护企业的合法权益以及企业家的财产权、创新权益和自主经营权。另一方面，重在塑造先进性、引领性亲清政商文化。促进法治和德治相辅相成，是构建亲清政商关系的应有之义。当前要发挥好道德的教化和支撑作用，关键是要大力塑造"亲""清"文化，将其作为社会主义先进文化的组成部分，推动其成为机关、企业及社会各界人士共有的价值取向和行为规范。

四是坚持以制度建设为基本保障。健全的制度是构建亲清政商关系的有力保障。重在促进地区层面"单体性制度创新"与宏观层面"整体性制度创新"相衔接。当前，要将权力关进制度的笼子，将好的政商交往行为和服务举措固化于制，更要用整体化、系统化的战略思维去谋划新型政商关系的制度设计，消除实践层面的"中梗阻"障碍。对改革中出现的新问题，需要通过深化改革和完善制度来解决。

五是进一步加大督查和评估力度。建立健全政商交往多层监督体系，让政商交往在阳光下进行，对存在的问题坚决整改，对严重的问题坚决查处。建立科学的考核制度和评价体系，应从主体、制度和行为等几个维度建立健康政商关系评估指标体系，同时发挥中立性的第三方评估机构在建立新型政商关系中的作用，适时对外公布政商关系健康指数，并根据评估结果及时进行调整优化。打造企业信息实时监测系统，通过产值、税收等数据分析，全面掌握企业发展需求，定期反馈情况，按问题导向，想方设法出实招、办实事、求实效，为企业发展提供更精准的服务。

构建亲清政商关系，重在实践、重在探索。浙江省在宁波市开展践行亲清新型政商关系创新试点工作，围绕"亲""清"两大主题，坚持思想引领、制度规范、服务支持、文化培育和"互联网＋"，兼顾通俗性、创新性与实效性，抓住重点，突破难点，分步推进，积极探索创建"1＋3＋1"践行亲清新型政商关系新模式、新标杆。"1＋3＋1"模式是指："正负面清单"＋"联系沟通服务机制、容错免责机制、亲清新型政商关系评价机制"等三大机制＋"亲清家园"（亲清文化）。这不仅与亲清新型政商关系的结构性、层次性十分契合，而且属于主动适应、主动作为。

（四）营造着眼长远的亲清"生态"

亲清新型政商关系能够长久，关键是要挖掘、培育和建设、营造核心关系——关系文化，要以政治生态、政策生态、文化生态、人才生态的根本好转，带动和确保亲清政商关系和营商环境的根本和长远的好转。

一是要优化有利于构建亲清政商关系的"法治生态"。要加快形成亲清新型政商关系的法律规范体系。当前，国家法律惩防体系覆盖非公有制经济领域不够全面，大多只涉及对企业生产经营行为的监管，缺少对企业内部贪腐行为的治理和惩处。应将惩治民营企业内部的贪腐问题纳入国家惩治和预防腐败的体系当中，积极完善相关法律法规的衔接配套，大力打击民企内部贪腐，帮助民企建立完善风险控制体系和预防腐败机制；工商和公检法体系要联网，对有贪腐前科的企业和个人应当列入"黑名单"，以正本清源，形成市场公平竞争环境。要推进政府职能改革，突出重点抓、找准难点解、瞄着堵点破，从源头上优化营商环境。针对政商普遍存在的"亲""清"尺度难以把握的困境，既要政府自觉，用"权力清单"厘清政府职能边界，也要企业自觉，用"负面清单"划定企业经营边界，共同营造良好的法治环境。畅通政商沟通交流渠道，进一步搭建好政企沟通平台，实现政策共享、信息互通，在制定涉及企业的规章制度、政策措施、重大决策时，都应充分听取企业及其负责人意见，服务决策、优化决策。要加强"亲""清"政商关系舆论宣传引导工作，鼓励企业家现身说法、典型做法，自觉为构建亲清新型政商关系注入强大动能。积极营造一个依法保护企业家合法权益的法治环境，营造一个促进企业家公平竞争诚信经营的市场环境，营造一个尊重和激励企业家干事创业的社会环境。

二是要优化有利于构建亲清政商关系的"政策生态"。要提升政策的透明度。建立健全政策出台前后向企业家征求意见和政策反馈评估机制，明确政策规定和办理程序，全面提升政策的透明度与知晓率。进一步强化具体政策的普及，主动上门宣传政策、解读政策，让企业提前适应政策环境，及时为企业提供政策服务上的便利。要提高政策的含金量。政策制定过程中要根据实际、找准症结、精准下药，稳住企业家的预期和信心，增强企业家的政策获得感。针对用工成本、税费负担、融资难等企业重点难点问题，要深入调查研究，形成政策链条，细化配套措施，做到政策举措环环相扣、招招管用、条条有效，回应企业家政策关切。要保障政策的可持续性。要开展政策落地效果的督促检查，采取自下而上的倒逼机制和自上而下的专项督查手段，认真解决政策落实的"最后一公里"问题，逐步化解政策执行中的"堰塞湖""肠梗阻"。深入推行"最多跑一次"改革，减少行政审批，实行首办责任、一次性告知、限时办结、结果反馈制，提高服务企业办事效率，进一步降低税费负担，让企业充分享受改革的红利和便利。推进全面清单管理，推进政府依法履职，健全政商关系规范，千方百计帮助企业排忧解难。

三是要优化有利于构建亲清政商关系的"人才生态"。营造最优化的人才生态是构建亲清政商关系的根本性支撑、持久性动力。要尊重和激励企业家干事创业。营造全社会尊重企业家的好氛围，激发和保护企业家精神，让民营企业家安心谋发展、专心干事业。树立对企业家的正向激励导向，对企业家合法经营中出现的失误失败给予更多理解、宽容、帮助。把握好正确舆论导向，加强对优秀企业家先进事迹和突出贡献的宣传报道，展示优秀企业家精神，凝聚崇尚创新创业正能量，营造尊重企业家价值、鼓励企业家创新、发挥企业家作用的舆论氛围。引导金融机构为企业家创新创业提供资金支持，探索建立创业保险、担保和风险分担制度。要培育一支优秀企业家队伍。加强部门协作，创新工作方法，加强对企业家队伍建设的统筹规划，将培养企业家队伍与实施地区重大战略同步谋划、同步推进。把构建亲清政商关系引入综合评价，引领和鼓励企业家特别是新一代企业家"政治上有方向、经营上有本事、文化上有内涵、责任上有担当"。

四是要优化有利于构建亲清政商关系的"文化生态"。更形象地讲，亲清政商关系也是一种生产关系，处置得当可以转化为一种生产力。针对熟人社会、关系社会、人情社会的国情和现状，要把"亲""清"理念内化于心、外化于行、固化于制，不断深化制度、价值、责任等文化内涵。一方面，民营企业要深化"亲""清"价值文化建设。要积极倡导"亲而有度、清而有为"价值取向，摒弃传统人情社会、关系文化的弊病，自觉把亲清政商文化，作为企业先进文化的重要组成部分，作为企业家精神的重要组成部分，作为弘扬社会主义核心价值观的重要组成部分。另一方面，党政部门要深化"亲""清"责任文化，领导干部要成为构建亲清政商关系的典范，要把鼓励支持民营经济发展作为考察任用领导干部重要依据。要为干部筑牢纪律的"防火墙"，全面强化基层干部与企业家交往过程中的纪律意识，保护干部不逾法律红线、纪律底线、交往界线。要为干部提供担当的"定心丸"，针对干部"不敢亲""不敢为"问题，强化激励机制和容错机制。鼓励基层干部大胆探索、改革创新、干事创业，宽容改革失误，着力解决当前一些干部不担当、不敢为等问题。与此同时，还要构筑有利于创新发展、正向激励的社会导向。

四、构建亲清政商关系的方法论考察

党的二十大报告指出，要全面构建亲清政商关系。政商关系涉及党政端和企业端以及社会端，其中党政端处于主导地位。从某种意义上讲，"亲上加清"是推进党的建设新的伟大工程的重要内容，是党在新时代治国理政对各级领导干部素质和能力的必然要求。一项宏大工程的完成，不能急功近利，必须绵绵用力、久久为功，如此方能水到渠成、实至名归，其中，正确科学方法论的运用至关重要。如何构建亲清政商关系特别是以什么样的理念思维、方式方法和途径渠道打造这种"亲上加清"的政商关系，是各级党委政府必须研究和破解的问题。

（一）问题的由头：若干思维方法及综合分析

当前关于构建亲清政商关系方法论的论述，主要集中在法治思维、治理思维和统战思维三种方式上。

一是以法治思维构建亲清政商关系。持这种观点的论者认为：政商关系的实质，是法治与市场的关系，这对关系深刻影响着中国的当下和未来。每一次政坛反腐风暴，总会牵扯出一些企业。[①]"不断发展的市场经济、不断深入的法治建设，塑造着新型的中国式政商关系。在全面深化改革的背景下，政商关系将趋向于一种以法治为基准，以市场为导向的新常态。"[②]这一思维方式从理论上讲是完全正确的，可以说是指明了构建新时代新型政商关系的远大目标和人间正道。但是，无论市场体系的成熟还是法治社会的形成都需要一个循序渐进的漫长过程，对于党委政府来说，这一思维似乎有点忽视了民营企业和企业家在构建新型政商关系中的主体作用。

二是以治理思维构建亲清政商关系。持这种观点的论者认为：构建新型政商关系，是一项庞大复杂的系统工程。政商关系不仅仅是政府与企业的关系，也不仅是官员和商人的关系，其更涉及政府与市场的关系、政府与社会的关系。从根本上说，这是政府治理体系、市场治理体系、企业（公司）治理体系，以及社会治理体系的现代化问题，即我国国家治理体系和治理能力现代化的问题。政府治理、市场治理、企业治理、社会治理立体联动、综合发力，推进国家治理体系现代化。[③]这种观点提供的思维方式和路径选择无疑是管长远管根本的，也极具可操作性，其短板是忽略了中国特色政商关系中党和政府对民营企业家引领支持的重要性。

三是以统战思维构建新型政商关系。持这种观点的论者认为："统一战线作为一种政治联盟，它体现了各种社会上的政治力量的共同利益，因此其具有联系广泛、包容异质性强的特征，能够通过理念、资源、渠道、功能来起到化解矛盾、实现大团结的作用。而这样的特点使得统一战线能够在促进政商关系健康发展方

① 万建民.唯有法治方能厘清政商关系［J］.中国企业家，2014（21）：3.
② 佟德志.当代中国政商关系博弈复合结构及其演变［J］.人民论坛，2015（05）：16-18.
③ 杨典.政商关系与国家治理体系现代化［J］.国家行政学院学报，2017（02）：30-35.

面起到独特的作用。"①"必须发挥统战工作在构建新型政商关系中的优势和作用：积极营造良好政商环境、厘清政商交往明确界限、协调统合政商之间矛盾、发挥统战组织联结作用、以统战思维凝聚政商共识。"②要从统一战线、协商民主的角度，在组织嵌入、政治吸纳、履职表达、统战方略法治化等方面，提出构建积极、健康、向上的新型政商关系的对策建议。③持这种观点的论者以统战部门、工商联和社会主义学院系统的工作者为主，能较好地把握促进"非公有制经济健康发展"和引导"非公有制经济人士健康成长"之间的关系，克服了"见物不见人"和"见人不见物"的人为割裂的现象，有利于在助推"两个健康"中构建亲清政商关系。这一思维存在明显的短板，就是缺乏经济和治理主渠道分析论证，有片面强调思想引领的重要性之嫌。

综上所述，三种思维方式各有侧重、各有所长，但又各有短板、各自为战，迫切需要扬弃整合、进行方法论的重构。一是要增强学理论证与实证研究的有机结合。要着眼知行统一，力戒以纸上谈兵代替实证研究或满足于以工作总结指导工作的两种片面倾向，紧扣问题与办法、形式与内容、具体与抽象、合理性与可操作性等关系性问题，进行实践探索与理论攻关两手抓，努力实现"推动改革顶层设计和基层探索互动"④。二是要兼顾当前与长远，正确处理目标与手段之间的关系。从某种意义上说，构建新型政商关系既是目标也是手段，我们既不能坐等市场和法治的成熟以及国家治理体系的现代化，也不能寄希望于思想引领工作能立竿见影。要着眼长远、立足阶段性特征，鼓励和支持脚踏实地、先行与先试，化远大目标为一个个阶段性的小目标的接续。当前国内国际大环境下，破解民营经济发展中的难点刻不容缓，出台切实有效的制度规范和操作模式，克服当前存在的体制真空和缺陷是当务之急和重中之重。三是破解思维定式，突破"头痛医头，脚痛医脚"的局限。法治思维强调的是制度保障，治理思维强调的是方法创新，统战思维强调的是价值引领，只有三管齐下、辩证施策才能产生立体作

① 赵晔.统一战线处理政商关系的作用机制及其创新研究——以辽宁为例分析[J].党政干部学刊，2018（06）：44-49.
② 江阴市委统战部江阴市委党校联合课题组.新型政商关系构建中的统战策略研究[J].江苏省社会主义学院学报，2017（06）：64-73.
③ 李小娜，严志海，高学东.统一战线机制下新型政商关系的构建[J].河北省社会主义学院学报，2018（01）：56-61.
④ 鼓励基层群众解放思想积极探索　推动改革顶层设计和基层探索互动[N].人民日报，2014-12-03（1）.

用和溢出效应。在实务工作中，三种思维方式的综合运用还涉及点与面、局部与整体、主辅渠道以及部门与全局、职责分工与协调机制等，既要各尽所能又要通盘考量。

（二）破解之路径：方法论之耦合与提升

习近平总书记指出，各级党政领导干部要增强政治领导本领，坚持战略思维、创新思维、法治思维、辩证思维和底线思维。[①] 按照这"五种思维"的要求，重构新型政商关系方法论，可以使法治思维、治理思维和统战思维在耦合基础上得以提升，形成系统科学的方法论。

战略思维：总体把握与系统谋划。政商关系涉及各个领域、方方面面，而且亲清新型政商关系的形成需要一个较长过程，因此必须加强战略思辨、顶层设计、系统谋划、总体把握。一是坚持亲清为先。真正在政商和社会各界树起"亲""清"标尺，引导鼓励政企平等交往、相互信任，促使政商交往更具公平性、正义性、普惠性。二是坚持主体为重。重在发挥企业家作用、发挥商会组织作用，将构建新型政商关系与培育和激发优秀企业家精神有机结合起来。三是坚持法治为本。亲清关系提出近3年后的2018年底，国务院通报了全国严重损害民营企业合法权益的15件典型案例，从地区分布看，连广东、浙江这些市场经济先发的沿海地区也未能幸免。要夯实法治建设，规范权力使用，促进市场公平正义，依法保护企业的合法权益以及企业家的财产权、创新权益和自主经营权。党纪严于国法，构建亲清政商关系要始终把党纪国法挺在前面，严明政治纪律和政治规矩。四是坚持德治为要。要大力塑造"亲""清"文化，加强思想引领，推动其成为机关、企业及社会各界人士共有的价值取向和行为规范。五是坚持制度为基。重在促进地区层面"单体性制度创新"与宏观层面"整体性制度创新"相衔接。要用整体化、系统化的战略思维去谋划新型政商关系的制度设计，消除实践层面的"中梗阻"。对改革中出现的新问题，需要通过深化改革和完善制度来解决。六是坚持实效为标。鉴于构建亲清政商关系中容易存在的形式重于内容、企业获得感不强

---

① 习近平. 决胜全面建成小康社会 夺取新时代中国特色社会主义伟大胜利——在中国共产党第十九次全国代表大会上的报告［EB/OL］.（2017-10-27）［2020-11-18］. http://www.gov.cn/zhuanti/2017-10/27/content_5234876.htm.

的问题，当前要着眼高质量发展，把打造国际一流营商环境作为聚焦点和突破口，着力打造高质量发展的最佳创新环境、最佳人才环境、最佳要素环境、最佳审批环境、最佳政策环境、最佳开放环境和最佳法治环境。如：在中央统战部、全国工商联和浙江省委省政府支持下，浙江省温州市从2018年探索建立适应新时代新要求的民营经济"两个健康"示范区，已取得初步成效。其中，温州市委市政府关于创建新时代"两个健康"先行区的目标是：通过3年到5年的努力，质效提升、结构优化、动能转换、绿色发展、协调共享、风险防范等六大高质量发展指标总体水平明显提升，到2022年初步把温州建设成为引领民营经济高质量发展的先行区、创造一流营商环境的先行区、弘扬新时代优秀企业家精神的先行区、培育和发展中国特色商会组织的先行区，为全省带好头、为全国做示范。

辩证思维：有的放矢与分类施策。唯物辩证法告诉我们，要抓住主要矛盾和矛盾的主要方面。当前构建政商关系中凸显出来的主要矛盾就是"清而不亲"的问题。而在政商双方中，"政"是主要方面，应该主动作为。相比之下，"商"是矛盾的次要方面；但与此同时，企业家也是企业的主体，如果企业家在构建亲清政商关系中一直处于被动、等待的状态，构建亲清政商关系只能是一头热。浙江省宁波市的调研表明，"清而不亲"状态，较多出现在以下三类情况：一是新生代民营企业家与党政部门及官员之间比较疏远；二是职业经理人与政府及政府官员之间比较疏远；三是中小微企业及企业主与党政部门及官员的关系比较疏远。由此可见，破解"清而不亲"的主要矛盾，党政部门必须积极主动，抓住新生代民营企业家、中小企业主、职业经理人这三类重点群体开展工作。一是加大对中小企业的扶持引领力度。政府既要做对民营大企业锦上添花的事，更要做对广大中小企业雪中送炭的事。要针对中小微企业生产经营状况，帮助解决产品技术创新以及企业生产经营中遇到的困难和问题，引导他们主动拉高发展标杆，积极推进技术改造、新技术应用和新产品研发，完善优化企业管理制度，加快企业"转型升级"和"强身健体"。二是加大对新生代民营企业家的培育引领力度。浙江湖州、温州、绍兴、永康等市建立新老企业家导师传帮带、党政领导与新生代企业家导师培育等制度。促进新生代企业家接班和成长，也就促进了亲清政商关系的发展。三是加大对民营企业中职业经理人联系培养力度。职业经理人虽然不是企业主，但他们是企业的决策层和管理人员，对政商关系的走向有着重要影响。这方面的工作把新阶层人士工作与非公有制经济统战工作有机结合在一起，浙江各地也有很多积极探索。①

与此同时，辩证法还告诉我们，外因通过内因发挥作用，构建亲清政商关系，必须使民营企业和企业主强化主体意识，变"要他做"为"他要做"。一是政府要强化政策导向。政府作为社会管理者，要不断创新社会治理方式，建立健全相应体制机制，积极引导、稳步推进守法、责任、清廉民营企业建设。如：2018年10月，浙江省工商联与党政和司法机关等九部门联合印发《推进清廉民营企业建设的实施意见》，促进民营企业建立现代企业治理结构，推动民营经济高质量发展。鼓励大型民营企业党委建立纪委，加强制度建设，建立健全企业惩防体系，以制度保障清廉民营企业建设，促进企业在经营活动中不踩红线、不行贿、不欠薪、不逃税、不侵权、不逃废债。二是企业的角色要从依赖型转变为自主型。要建立完善的内部制度，改进企业自身的治理结构，能够依法进行经营和管理。三是企业和企业经营者要主动承担相应的社会责任。习近平总书记指出，只有积极承担社会责任的企业才是最有竞争力和生命力的企业。② 无数成功企业的实践经历都告诉我们企业承担的社会责任与其得到的经济效益是成正比的，即企业如果能自觉承担社会责任，就能赢得市场，赢得消费者。要让企业家都能认识到，这种软实力有助于企业的可持续发展。当前，我们要以习近平新时代中国特色社会主义经济思想为指导，全面打造新时代社会责任的升级版，引领广大非公有制经济人士激发优秀企业家精神，勇做破解不平衡不充分矛盾的生力军、构建现代化经济体系的生力军、促进高质量发展的生力军、践行"绿水青山就是金山银山"的生力军、投身乡村振兴战略的生力军、致力践行亲清新型政商关系的生力军，努力成为新时代中国特色社会主义"五位一体"建设者。

创新思维：顶层设计与基层探索。党的十八大以来，习近平总书记多次强调，推动改革顶层设计和基层探索互动。③ 亲清政商关系的构建，理论性、政策性和实践性、探索性都很强。一方面，习近平总书记关于构建亲清政商关系的精辟论

---

① 截至2022年底，浙江全省共有各类新阶层人士500万人左右，其中民营企业技术和管理人员以及外资企业中方管理和技术人员约360万人。各地对做职业经理人的工作进行了积极探索，如：杭州市部分城区在民营企业成立统战部，宁波市海曙区成立职业经理人俱乐部，绍兴市各地探索成立专做职业经理人工作的民营企业统战工作站，等等。

② 习近平. 在网络安全和信息化工作座谈会上的讲话［N］. 人民日报，2016-04-26（2）.

③ 鼓励基层群众解放思想积极探索　推动改革顶层设计和基层探索互动［N］. 人民日报，2014-12-03（1）.

述为我们提供了根本遵循①；另一方面，我国新时代构建亲清政商关系没有先例可循，必须在实践中探索，走"先从下而上，再从上而下"的路子。换句话说，在法律框架和大政策许可范围内应允许和鼓励各地大胆探索、先试先行，取得典型经验后进行宣介、推广，乃至上升到全国层面。2018年8月，国务院办公厅通报了部分地方优化营商环境典型做法，共涉及六大方面28项，浙江共有9项入选，具体做法包括：改革投资审批等制度方面共4项（并联审批和"多图联审"等改革、区域评估改革、标准地改革、限时联合验收改革）；提升贸易便利化水平方面1项（贸易服务事项只进"一扇门"）；创新监管理念和方式方面1项（跨区域网络市场协同监管）；推进政务服务"一网、一门、一次"改革方面共3项（政务服务一张网，不动产登记改革，建设统一政务咨询投诉举报平台）。②在此基础上，2018年12月3日，浙江省又推出进一步促进民营经济高质量发展的10方面31条举措，为民营经济高质量发展注入新动能。

与此同时，对基层实践探索中遇到的一些不合理、无法操作或不利于"亲"且"清"的政策规定和现行做法，要及时下情上达，在顶层设计中不断加以完善。一是为新型政商关系架设"红黄绿"灯。在对"亲""清"划分明确具体可操作的正面清单和负面清单基础上，进一步规定什么事必须做，什么事不能做，什么事可以做，为政商交往架设"红黄绿"灯。③二是进一步规范中介机构服务行为。在此过程中，既要推进政府部门与中介机构在隶属关系上的脱钩，更要加速中介机构对企业服务关系上的挂钩。要全面加强对中介机构的监管，加大对"红顶中介"的治理力度。三是进一步推进"最多跑一次"改革和数字化改革理念、目标的落实落细落小，倒逼亲清政商关系的构建和公开公平公正政务环境的营造。深化政府审批制度改革，减少审批事项和项目评估事项，推广"妈妈式"服务的理念和举措模式。四是进一步加大督查和评价力度。建立健全政商交往多层监督体系，让政商交往在阳光下进行，对存在问题坚决整改，对严重问题坚决

---

① 参见杨卫敏.构建"亲""清"政商关系探析——学习习近平有关新型政商关系的重要论述［J］.江苏省社会主义学院学报，2016（03）：37-45.

② 国办通报优化营商环境典型做法 浙江入选数最多［EB/OL］.（2018-08-04）［2021-02-16］.http://zj.cnr.cn/zjyw/20180804/t20180804_524323057.shtml.

③ 这方面，山东省青岛市已先行一步。青岛市印发《关于构建新型政商关系的意见》，鼓励全市党政机关及其公职人员在依规依纪依法前提下大胆开展工作，积极与企业和企业家接触交往，主动为企业发展搞好服务。详见何淼玲.把握好政商"亲""清"的辩证法［N］.湖南日报，2018-12-28（5）.

查处。五是进一步加强民营企业、商会、行业协会党建工作。大力倡导"党建强、企业强、发展强"的工作导向，充分发挥党组织在构建新型政商关系中的作用，增强民营企业的凝聚力和战斗力。

底线思维：问题导向与精准发力。党的十八大以来，习近平总书记多次强调在各项工作中要坚持底线思维，坚持问题导向，积极补齐短板，做到有备无患、遇事不慌，牢牢掌控防范风险、克服重大阻力、解决重大矛盾的主动权。① 构建新型政商关系是一项复杂艰巨而又充满矛盾、挑战和风险的工程，我们必须树立底线思维，不回避矛盾，不掩盖问题，凡事从坏处准备，努力争取最好的结果。要牢固树立问题导向，聚集点穴，精准发力，务求实效。一是抓住"痛点"，针对领导干部和公职人员中存在的"消极感""懈怠感"下猛药，针对相关政策难以落地落实的官僚主义、形式主义动手术，切实增强企业的"获得感"和"信任感"。二是打通"堵点"，明辨"高线""底线"的内容，其中"底线"为党纪底线、法律底线，"高线"为道德高线、责任高线，避免相互混淆代替或各执一端。同时，大力整治给构建新型政商关系"添堵添乱"行为，特别是事关国计民生的行业、国企和一些行业协会、中介机构既不"亲"又不"清"的行为。三是消除"盲点"。要廓清政商交往边界缺乏明晰的法律性、制度性表述，改变政企双方对政商关系的"度"心存顾虑、难以把握状况，解决具体工作中放不开手脚的问题，推动"有为政府"和"有效市场"良性互动。四是突破"难点"。政府部门监管服务行为要力戒简单粗放，切实提升服务能力和水平。五是着眼"重点"，就是助力民营企业高质量发展。据浙江省工商联调研，当前营商环境虽然总体上有所改善，但还存在创新支持不足、民企引才留才难、融资难融资贵、土地电力等生产要素制约以及企业退出机制不畅等问题。要积极推行政府审批"最多跑一次"改革，着力推进营商环境的改善。

法治思维：长远目标与发展环境。党的二十大报告指出，必须更好发挥法治固根本、稳预期、利长远的保障作用，在法治轨道上全面建设社会主义现代化国家。② 因此，在坚持全面依法治国、推进法治中国建设的大背景下，以法治思维

① 王坎，尚丹．习近平为什么强调"底线思维"［EB/OL］．（2019-01-30）［2020-04-20］．http://news.china.com.cn/2019-01/30/content_74424584.htm.
② 高举中国特色社会主义伟大旗帜　为全面建设社会主义现代化国家而团结奋斗［N］．人民日报，2022-10-26（1）.

构建亲清政商关系是根本保障。一方面，要加大依法护企的力度。如：加大知识产权保护力度，探索建立行业商会（协会）专家陪审团，建立更加规范的涉企执法制度，开展联合打击职业打假人的敲诈勒索行为，加大力度查处民营企业内部腐败，等等。从 2019 年开始，浙江省相继制定出台了《浙江省地方性法规草案征求企业和行业协会意见若干规定》（2019 年）、《浙江省民营企业发展促进条例》（2020 年）、《浙江省促进中小微企业发展条例》（2023 年），以法治护航营商环境，让每个市场主体都有法律顾问。另一方面，要引导企业增强诚信守法意识。要加强对民营企业家和民企职业经理人的法制培训，引导他们自觉遵守法律法规，依法纳税，履行社会责任，恪守商业道德，坚持诚信经营，保障员工合法权益，增强节能环保意识，为社会提供优质的产品和满意的服务，积极回馈社会。要在综合评价中突出社会责任，相关指标如环保、安全生产等实行一票否决，形成倒逼机制和导向效应。在此基础上，进而将民营企业诚信廉洁、守法经营的发展理念有效融入企业制度、文化、管理、经营活动中，进一步完善清廉建设的责任体系、教育体系、制度体系、惩戒体系等，建立健全现代企业治理结构和内控机制，使企业崇廉敬廉的氛围更加浓厚。

（三）全域探索：打造系统化、层次化、立体化工作机制

方法论是内化于心的理念和思维，要外化于行才能产生实际效果，而要保持长效还须固化于制。新型政商关系的构建是系统工程，涉及各个层次各个领域各个方面。博采众长的方法论，需要进行全方位的实践探索和机制保障。

系统化。政商关系涉及许多领域，新型政商关系的构建需要以一系列具体关系的构建为支撑，是一个从量变到质变的过程。[①] 因此，构建新型政商关系是个系统工程，必须从体系上着眼，从制度上推进，在载体上创新，着力打造亲清新型政商关系新模式。浙江省宁波市按照"找准重点、扣准难点、突出亮点、简便易行、环环相扣、整体推进"的原则，创新构建了"1 ＋ 3 ＋ 1"亲清新型政商关系新模式，[②] 取得了阶段性成果。宁波市在试点中的成功做法和遇到的问题，要求我们必须致力于系统性的机制建设。一是要建立健全政企联系沟通机制。重

---

① 详细参见杨卫敏. 论新时代政商关系中的若干领域和关系 [J]. 江苏省社会主义学院学报，2018（05）：4-13.

② 即："亲清新型政商关系的负面清单" ＋ "3 项机制"（联系沟通服务机制、容错免责机制、评价机制）＋ "亲清家园"。

点建立健全党政领导与重点企业的结对联系机制，党委政府主要领导和分管领导与企业家座谈沟通机制，政府有关部门和司法部门与企业对接服务机制，统战部门、工商联与企业和商会经常性联系机制。要着力打造以面对面开展政企对接、银企对接、税企对接等为主要内容的协商平台，组织企业家开展建言献策的议政平台，引导企业家奉献爱心、反哺社会的公益平台。二是建立完善亲清政商关系监督问责机制。除了对促进民营经济高质量发展举措落实情况进行督查和作风问效外，还可发挥民主党派和人民政协的民主监督作用，着力打通政策执行的渠道，确保政策落实落地。三是建立亲清政商关系容错纠错机制。在严格贯彻党政有关文件精神的基础上，明确容错情形、容错受理审议机制和容错免责认定机制，突出解决当前政商交往中党政干部不作为、不敢担当的问题。四是建立科学的考核制度和评价体系。吸取国际上关于营商环境评价的先进做法，从主体、制度和行为等几个维度建立健康政商关系评估指标体系，同时发挥中立性的第三方评估机构在建立新型政商关系中的作用，适时对外公布政商关系健康指数，并根据评估结果及时进行调整优化。五是探索把工作做细做实做深的延伸机制。温州市瓯海区推出"亲·清十条"指南，树立"亲近企业、帮助企业、呵护企业、服务企业"的工作目标，为助推亲清新型政商关系构建、优化营商环境提供了制度化、理论化、系统化的工作方法。[①]六是要建立立体化宣传机制，推动"亲清"文化进机关、进企业、进社区、进校园，广泛宣传、深入解读"亲清"文化的基本内涵、重要意义、原则目标，使弘扬"亲清"文化成为党员干部和非公有制经济人士的共识，成为全社会的价值规范。

层次化。从结构上看，政商关系包含了关系形式、关系行为、关系制度、关系文化，呈现出鲜明的层次性特征，构建新型政商关系必须由表及里、循序渐进、绵绵用力、久久为功。[②]这里需要处理好形式与内容、服务与引导、经济与政治等的关系，而关键是如何做到虚实结合、虚功实做，既见物又见人。浙江省宁波

---

① 即："亲清交友·探亲式入企""亲近企业·常态型政企互动""清朗环境·重点监督""清廉施计·刚需型护企""亲切培育·人才直通车""清醒认识·政策送上门""清楚症结·热线枢纽""亲力亲为·商协会安全自治""亲身体验·承接职能转移""清晰定位·建四好商会"十大机制。

② 详细参见杨卫敏.简析新型政商关系的层次构建及保障——以浙江省的实践探索为例 [J].广西社会主义学院学报，2018（04）：33-40.

市宁海县探索建立"亲清家园",成功打造综合性实体化"亲清"平台。①这一平台的总体目标就是"亲""清",具体有四大体系支撑:一是队伍支撑,建立"联建工作站""企业顾问团"和联络员队伍;二是渠道支撑,强化政企互动,创建"政商直通车""亲清会议厅""纠纷调解室";三是服务支撑,实施委托运行,健全由商会服务中心承接的便捷化服务受理机制、科学化的服务创新机制、全程化的服务监督机制;四是文化支撑,开设"亲清文化研究所"和"亲清文化展示园",培育亲清文化体系。实践表明,层次化的渠道解决了过去政企沟通中存在的"沟通机制有,具体渠道少;宽泛沟通有,深入沟通少;上层沟通有,底层沟通少;被动沟通有,主动沟通少"的问题,有效落实了政府安商惠商的举措,有效提升了社会辅商助商的能力。

立体化。政商关系在各个区域、各个领域、各个层级、各个阶段的全覆盖,要求我们必须统筹上层与下层、盆景与风景、硬件与软件、眼前与长远、分工与协作等关系,致力打造构建新型政商关系的立体化工作格局。一是建立可持续可复制可推广的试点工作机制。宁波市在试点过程中,着眼树立"标本、标准、标杆"的总体要求,坚持由点到面、逐步推广的原则,多层面全方位试点。一方面实施分层差异化试点,针对市、区县(市)、乡镇(街道)三级不同功能定位,分别开展负面清单拟定,机制制度建设,亲清家园、亲清文化建设,基层亲清政商关系践行。另一方面同步开展"软硬件"试点,"软件"方面建立健全负面清单和体制机制,发布亲清指数,设置企业服务热线,组建企业家智库,开展涉企服务质量监测评价等,全面优化营商环境;"硬件"方面,为服务企业提供人力、物力、财力保障,为全面践行亲清新型政商关系创造工作条件,通过优质服务为政府部门与企业搭建亲清关系的桥梁纽带。宁波的试点探索为我们提供了可持续可复制可推广的范本和经验,现在到了该进行顶层设计的时候了,国家和省级层面应及早制定出台构建新型政商关系的总体方案和实施办法。二是建立涉企问题化解"总开关"机制。调查表明,在实际工作中,企业反映问题的渠道不畅通、"不给力",各部门走访企业"倾听问题的多、解决问题的少"的现象依然存在。应整合涉企资源,搭建民营企业诉求直通平台,组建依法维护企业和企业家合法权益的跨部门联合工作机构,统一由企业家权益保护委员会这一"总枢纽",对

---

① 宁海县专门成立了"亲清家园"领导小组,制定出台了实施方案,并专门落实了工作场地和运营经费,配备了专职工作人员,全力推进"亲清家园"创建。

诉求平台和入企走访调研所收集的问题进行跟踪化解落实，做到件件有着落，事事有回应，谁负责谁办理，着力解决企业发展中遇到的问题，大力推动涉企政策落实落地，增强企业获得感，保证企业对政府的信心。企业家权益保护委员会，应由党委、政府垂直领导，行政部门、司法机关负责人及媒体记者和律师、企业家代表共同组成，采取召集人制开展工作，当企业发生侵权问题时，及时为企业家提供援助，为政企良性互动提供重要保障。与此同时，完善协会商会内部自治机制，引入市场竞争机制来弥补政府失灵。充分发挥行业自律组织的作用，建立涉企服务"红黑名单"机制。要注重发挥商会组织的调解作用，使调解成为化解民营经济领域矛盾纠纷的重要渠道；各级工商联和各级人民法院要完善诉调对接机制，建立信息共享机制。三是建立健全"党建带""统战推"的工作机制。在推动亲清新型政商关系构建方面，基层大统战工作格局的作用有待进一步发挥。从浙江各地的实践探索看，最有效的办法就是以党建为引领、以统战为抓手。浙江省嘉兴市工商联提出了打造红船旁商协会党建高地的工作目标，把党员副会长以上担任党组织书记作为标配，进一步打造商协会党组织阵地建设标杆。浙江省新昌县在非公有制企业建立统战工作站，建立政企挂职"双向交流"机制。与此同时，要精准选择合适的社会协作专业机构进行合作，提供强大的技术支持。通过完善机制，整合各级各方面资源，有效疏通政商沟通渠道，落实政府安商惠商举措，提升社会辅商助商能力，营造由统战部门牵头、各部门配合、全社会参与的构建亲清政商关系的机制格局和浓厚氛围。

五、延伸阅读之一：推进"清廉民企"建设——基于浙江省的实践探索

近年来，民营企业腐败案件层出不穷，对企业及经济社会发展都产生了一定影响，越来越多人意识到清廉民企建设的重要性和紧迫性。作为"清廉浙江"建设的重要一环，浙江省率全国之先，于2018年底全面部署开展清廉民企建设工作，形成了一些好经验、好做法、好典型。但在深化推进过程中，也面临着认识不平衡、标准体系不统一、配套政策不适应以及工作机制不健全等问题和短板。需进一步提高政治站位，加强顶层设计，明确目标导向，强化数字赋能，健全奖罚机制，引导主动融入，完善监管体系，切实推动清廉民企建设走深走实、提质

增效。

（一）推进清廉民企建设的重要性和紧迫性

清廉民企建设是推进"清廉浙江"建设的必然要求。

从近些年浙江省查处的违纪违法案件来看，民营企业从业人员行贿犯罪仍然多发频发，不择手段"围猎"党员干部是当前腐败现象发生的重要原因。特别是周江勇、马晓晖等案件教训惨痛，突出反映了党员领导干部与资本勾连、被资本绑架的严重危害。推进清廉民企建设，是防止资本腐蚀"围猎"，打造浙江清廉建设高地的必然要求。

清廉民企建设是构建亲清政商关系的现实需要。

当前推动构建亲清政商关系客观存在"党政一头热、企业一头冷"现象，尤其是二代民营企业家、职业经理人、中小微企业主和党政干部的关系较为疏远，推进清廉民企建设，对于打通工作堵点难点，持续深化构建亲清政商关系具有紧迫的现实需要。

清廉民企建设是民营企业高质量发展和促进"两个健康"的重要保障。

当前对外不合规和内部贪腐问题已成为困扰和制约民营企业发展壮大的重要因素，这不仅带来直接经济损失，而且对企业品牌战略和企业形象危害更是无法估算。比如，吉利集团下设纪检督察和合规审查部门，10年内查处不合规案件数百起，挽回直接经济损失数亿元。推进清廉民企建设，对于促进"两个健康"具有重要的基础和保障作用。

（二）浙江省清廉民企建设的基本现状

首先是工作全面铺开，基本形成有序推进的良好态势。由浙江省委统战部、浙江省工商联等9家单位联合下发《推进清廉民营企业建设的实施意见》，建立了14家单位参与的工作机制，召开全省清廉民企建设工作推进会，层层部署推动落实，基本形成了良好工作态势。

其次是创新载体抓手，各地典型亮点不断涌现。比如：省工商联按照3年计划分批次推进全省清廉民企培育创建；临海、平湖等地出台了清廉民企建设有关标准；富通、传化、吉利、正泰、海亮等一批大型企业先行先试、成效明显，起到了很好的示范带动作用。

最后是强化协同联动，清廉民企建设初见成效。以深化"三服务"等举措推动清廉民企建设，帮助解决政策落地难、公平竞争难、产权保护难、异地执行难、风险监测难、纠纷化解难等"老大难"问题。清廉民企建设不断扩面提质，部分市县率先实现了清廉民企建设全覆盖。

浙江省清廉民企建设虽已取得初步成效，但仍存在一些问题和短板：一是对清廉民企建设的认识还不够充分；二是清廉民企建设的目标导向还不够明晰，缺乏全省范围内的统一标准；三是相关政策法规和配套服务有待进一步优化，存在"公私有别"，如贪污同等金额条件下民企员工量刑明显轻于国企员工；四是与企业生产经营管理的融合度还不高，存在"两张皮"现象；五是全方位的监管体系仍需健全落实。

（三）对深化清廉民企建设的对策建议

针对上述主要问题，还需进一步加强顶层设计，强化数字赋能，推动清廉民企建设走深走实、提质增效。

提高政治站位，形成党建引领齐抓共管工作格局。进一步健全完善省级责任部门协调、省委统战部和省工商联双牵头、省市县三级联动、省工商联机关内部协作等工作机制。坚持以民营企业党建为统领，进一步推动阵地联建、服务联动、活动联办、品牌联创、信息联通。

明确目标导向，探索制定清廉民企建设省级标准。加快制定全省清廉民企建设企业创建标准和市县工作评价标准，系统构建清廉民企建设的目标体系、工作体系、政策体系和评价体系。

强化数字赋能，促进清廉民企建设扩面提质。积极运用数字化手段推动清廉民企建设核心业务领域的流程再造、制度重塑，系统谋划清廉民企相关应用场景建设，加快"浙里亲清直通"等应用迭代升级工作，为构建亲清政商关系、推动清廉浙江建设提供大数据支撑。

一是要健全奖罚机制，提升民营企业高质量发展的内生动力。充分发挥社会诚信体系、企业贪腐人员黑名单和信息共享机制等作用，根据企业清廉情况，探索在政府采购、招投标、评先评优、贷款税收等方面给予"奖优罚劣""一票否决"等激励惩罚措施，让清廉成为民企的共同价值追求。

二是要引导主动融入，切实增强企业清廉建设获得感。发挥企业党组织在清廉民企建设中的主体作用，加强清廉建设的培训、指导力度，鼓励引导规上企业党组织成立纪检组织，推广廉洁监督员、廉洁谈话、廉洁承诺、廉洁评议、廉洁责任承诺书等制度，开展系列清廉文化建设，让企业自觉把监督"探头"下沉到生产管理一线，与企业经营活动有机融合，成为企业高质量发展的"助推器"和"护航器"。

三是要完善监管体系，形成推动民企防腐治腐工作闭环。从省域层面加强顶层设计，明确公安、司法、纪检监察等相关部门与民营企业的职责边界，避免多头执法，形成反腐治理合力。出台防资本围猎相关制度，从省级层面健全完善亲清政商关系正面清单、负面清单、倡导清单。加大受贿行贿一起查力度，进一步完善行贿联合惩戒机制。

六、延伸阅读之二：开展"亲清健康指数"综合评价 迭代升级亲清政商关系宁波模式 ①

近年来，宁波市委统战部、宁波市工商联深入学习贯彻习近平总书记关于构建亲清政商关系的重要论述，以"亲清健康指数"综合评价为牵引，创新"1+3+1"宁波模式，获得全国统一战线实践创新成果奖、入选中组部改革创新优秀案例。

（一）主要做法

一是研究"亲清健康指数"本质本源。开展"关于进一步深化亲清政商关系"课题研究，系统溯源习近平总书记关于构建亲清政商关系理论的发展过程，全面梳理中央和省、市有关政策法规和工作部署，对照分析现有评价体系的问题和不足，把握综合评价工作的根本遵循、目标路径和结果导向。专题报告得到市委主要领导批示认可。

二是迭代"亲清健康指数"评价体系。借鉴国内外营商环境理论和实践经验，组织职能部门、区（县、市）、重点乡镇、企业家、专家智库等方面的调研座谈和集体会商31次，形成"亲清健康指数"评价体系，其中，市本级及区（县、市）指标体系共设置26项指标，包含20项定量指标、6项定性指标，涉及20家职能部门；重点乡镇（街道）指标体系设置15项指标，包含9项定量指标、6项定性指标，涉及15家职能部门。该体系与世界银行宜商环境评估体系、中央

---

① 原文载于"浙商之家"微信公众号，2023-08-11。

深改委营商环境评价体系的目标方向一致性分别达 80%、85%。

三是开展"亲清健康指数"综合评价。制定《宁波市"亲清健康指数"综合评价工作方案》，建立评价工作"2 ＋ N"联动机制，由市委统战部、市工商联牵头，20 家职能部门联动，第三方机构建模测算，有序推进数据甄别、评价赋分和等级评定工作。在试评价区（县、市）和开发区（园区）基础上，拓展至市本级和 15 个重点乡镇（街道及县属园区），形成点线面立体画像。在全市民营经济发展大会上发布"亲清健康指数"，并形成成绩、问题"双向清单"，纳入各地年度综合考核。

（二）实际成效

一是进一步推进政商关系可感知。指数推进"亲""清"二字定量化，从试评价结果看，指数能客观反映各地践行亲清政商关系整体水平、比较优势和短板不足，对持续优化营商环境起到"指挥棒""风向标""晴雨表"作用。

二是进一步回应民营企业关注点。指数坚持问题导向，围绕民营企业发展信心、保护民营企业合法权益、市场公平准入等设置评估指标，体现和反映企业获得感、体验感的指标占 60% 以上。如通过设置"市场准入公平性问卷""政府（国企）拖欠民营中小企业账款"等指标，促进民营市场主体的权利、机会、规则、待遇平等。

三是进一步激励领导干部敢担当。通过开展综合评价和公开发布，对各地政商关系精准"画像"，展现民营经济发展特点，刻画党委政府服务效能，激励党员干部积极作为、靠前服务。如通过设置 10 项"增速""增量"指标，较好反映各地纵向发展动态，避免"大基数吃老本"现象。

四是进一步增强民营企业家责任感。民营企业是构建亲清政商关系的主体。通过广泛参与评价工作，广大民营企业家积极主动同党委政府沟通交流，营造遵纪守法办企业、光明正大搞经营的浓厚氛围。2023 年 3 月以来宁波城市综合信用指数连续位列全国第一。

第五章 创新民营经济人士理想信念教育

党的二十大开启了全面建设社会主义现代化国家的新征程，广大民营经济人士要自觉投身和融入以中国式现代化实现中华民族伟大复兴的伟业中。2022 年 7 月 29 日，习近平总书记在中央统战工作会议上指出："要促进非公有制经济健康发展和非公有制经济人士健康成长，深入开展理想信念教育和社会主义核心价值观教育，帮助他们践行新发展理念，弘扬企业家精神，做合格的中国特色社会主义事业建设者。"① 对民营经济人士的理想信念教育，是新时代民营经济统战工作的重要渠道和抓手。

党的十八大报告提出要广泛开展理想信念教育，把广大人民团结凝聚在中国特色社会主义伟大旗帜之下。② 按照中央要求，中央统战部、全国工商联于 2013 年 5 月全面启动了非公有制经济人士理想信念教育实践活动，可以说这是新形势下加强和改进非公有制经济人士思想政治工作的重要途径，取得了丰硕的成果，成为具有鲜明特色的工作品牌。当前理想信念教育实践活动取得成绩的同时，覆盖面还不够广，还有待不断创新、持续深化。调研表明，企业家参与度不够，问题反映还比较突出，活动和企业发展需求结合不够紧密，存在"两张皮"现象。这说明一些地方最主要最核心的问题还是企业家参与度不够、活动和企业发展需求结合不够紧密。

2017 年 9 月，《中共中央　国务院关于营造企业家健康成长环境弘扬优秀企

---

① 姚大伟. 促进海内外中华儿女团结奋斗　为中华民族伟大复兴凝聚伟力［N］. 人民日报，2022-07-31（4）.

② 胡锦涛. 坚定不移沿着中国特色社会主义道路前进　为全面建成小康社会而奋斗［N］. 人民日报，2012-11-18（1）.

业家精神更好发挥企业家作用的意见》（以下简称《意见》）正式公布，充分体现了以习近平同志为核心的党中央对企业家群体的重视肯定，充分释放了激励企业家创新创业的强烈信号，在社会上引起了强烈的反响。《意见》指出："引导企业家树立崇高理想信念。加强对企业家特别是年轻一代民营企业家的理想信念教育和社会主义核心价值观教育，开展优良革命传统、形势政策、守法诚信教育培训，培养企业家国家使命感和民族自豪感，引导企业家正确处理国家利益、企业利益、员工利益和个人利益的关系，把个人理想融入民族复兴的伟大实践。"这就为在民营经济人士中进一步开展理想信念教育指明了方向。这里的关键是必须明确活动的主体是谁，要以《意见》为指导，处理好以下三对关系，从根本上解决重教轻化问题，才能使这项活动有实效和长效。

一、理想信念教育与社会主义核心价值观培育

理想信念从本质上说是一种价值观。价值观最显著的特性是主体性，是发自内心对事物的评判和看法。价值观是不能强加的，强加的不是价值观，外来的思想和观念只有内化为自己的理念才是价值观。因此，价值观的形成，从本质上说是靠培育而不是教育。由此可见，理想信念教育能否取得实效，关键不取决于如何教育（尽管教育是必须的）而取决于如何转化，要做到内化于心、外化于行、固化于制。

（一）契合点：民营企业家的中国梦与国家层面的价值观高度一致

社会主义核心价值观是推进全面深化改革的强大正能量，是实现中华民族伟大复兴中国梦的价值引领。习近平总书记指出，要深入开展以"守法诚信、坚定信心"为重点的理想信念教育实践活动，始终热爱祖国、热爱人民、热爱中国共产党，积极践行社会主义核心价值观，做爱国敬业、守法经营、创业创新、回报社会的典范，在推动实现中华民族伟大复兴中国梦的实践中谱写人生事业的华彩篇章。[①]开展非公有制经济人士教育实践活动，就是要以社会主义核心价值观为引领，把企业价值与社会价值、国家价值统一起来，实现个人梦、企业梦与中国

---

① 习近平. 毫不动摇坚持我国基本经济制度　推动各种所有制经济健康发展［N］. 人民日报，2016-03-09（2）.

梦的完美结合。非公有制经济人士要以强国富民为己任，在加快经济发展方式转变、保障和改善民生、提升自身素质上有更大作为，做到爱国、敬业、创新、守法、诚信、贡献，成为合格的中国特色社会主义事业建设者。

（二）着力点：以德治与法治有机结合推动非公有制经济人士守法诚信意识的增强

自由、平等、公正、法治是我国社会层面的社会主义核心价值观。其中，法治就是依法治理国家、管理社会，是公正的政治和法权形式，是社会有序运行的基本保障，是社会走向现代文明的重要标志。社会主义市场经济本质上是法治经济，合法经营是企业生存发展的底线。而诚信则是公民层面社会主义核心价值观的重要内容，是市场经济存在和发展的道德前提，是一切道德的基础，也是一个社会赖以生存和发展的基石，是社会和谐稳定的必要条件。诚实守信是"立人之本"，也是"兴业之道"。在全面深化改革和全面推进依法治国的大背景下，市场经济越发展，对守法和诚信的要求就越高。

开展守法诚信教育，是引导非公有制经济人士践行社会主义核心价值观的重要举措。突出守法诚信教育，就是要使理想信念教育的主题更加凸显时代特征，特别是彰显社会主义核心价值观，内容更加贴近企业发展的现实需要。法律是企业的基本遵循，企业家要进一步提高法律素养，增强法律意识，强化法治理念，增进法律认同。一方面要坚持依法办事、守法经营，用法律来规范企业，使自身的行为被法律所认可；另一方面要更加注重学法知法，学以致用，运用法律武器，保护自己的合法权益。以浙商为例，诚信原本就是浙商安身立命之本。历代杰出浙商，都十分注重诚信。如胡雪岩在胡庆余堂上悬挂堂规"戒欺"两字，晚清的"五金大王"叶澄衷拾金不昧，温州鞋商在武林广场烧的"三把火"，这些都体现了浙商精神血脉中的"诚信"精神。

开展守法诚信教育，有利于引导非公有制经济人士特别是新生代非公有制经济人士践行社会主义核心价值观。我们要通过开展教育实践活动，引导非公有制经济人士切实增强法治意识，完善公司治理，强化社会责任意识，努力做到政治上自信、发展上自强、守法上自觉。广大非公有制经济人士要把诚信当作企业立身之本、竞争之基，以诚信立于不败之地，努力取得市场认同、法律认同、社会认同和国际认同，进一步在促进经济社会发展、推动自主创新、提供就业岗位、增加国家税收、维护社会稳定和谐等方面发挥重要的作用，积极做合格的中国特色社会主义事业建设者。

（三）聚焦点：提炼和培育非公有制经济人士的特定价值观

社会主义核心价值观二十四字的表述，是全国各族人民的共同价值取向，在此前提下还可以有特定区域、行业、部门乃至单位结合具体实际"量身定做"的特定价值观。很长一段时期内，"义利兼顾、以义为先"成为非公有制经济人士的特定价值观，并对促进"两个健康"发挥了积极作用。但是，这种义利观的内容要求太为宽泛而且可以针对全体公民而言，作为非公有制经济人士特定价值观的识别度不强，迫切需要提炼出更为精准、契合、明了的非公有制经济人士的核心价值观。习近平总书记在 2015 年中央统战工作会议上指出："促进非公有制经济健康发展和非公有制经济人士健康成长……引导非公有制经济人士特别是年轻一代致富思源、富而思进，做到爱国、敬业、创新、守法、诚信、贡献。"① 这次讲话实际上为非公有制经济人士明确了自身特有的价值观：爱国、敬业、创新、守法、诚信、贡献。这一价值观是不断完善发展的，早在 1991 年中央就首次提出对非公有制经济人士进行"爱国、敬业、守法"教育的六字方针，之后又增加了诚信、贡献的内容。党的十八大提出二十四字的社会主义核心价值观，其中对公民提出了"爱国、敬业、诚信、友善"的价值准则。习近平总书记提出的新"十二字"方针，既体现了社会主义核心价值观的普遍准则，又结合非公有制经济人士的实际特点提出专门要求，体现了党和国家的殷切希望，成为激励民营企业家产业报国、自强不息的光荣使命和崇高责任。

（四）落脚点：培育和构建亲清政商关系

理想信念教育的目标是引导非公有制经济人士增强对中国特色社会主义的信念、对党和政府的信任、对企业发展的信心、对社会的信誉。其中，对中国特色社会主义的信念、对党和政府的信任，实际上是要求非公有制经济人士讲政治，积极参与构建亲清政商关系。因此，培育和构建亲清政商关系，应成为理想信念教育实践活动的落脚点和重要载体。

---

① 马占成.巩固发展最广泛的爱国统一战线　为实现中国梦提供广泛力量支持［N］.人民日报，2015-05-21（1）.

近年来，"要不要讲政治""要不要与政府打交道"，成为民营企业家们热议的话题。而事实上，正如一位有识之士指出的："一个不懂政治环境的企业经营者，就像'盲人骑瞎马'一样，企业能做好吗？当企业家恐怕更是奢望了。""近现代中国历史告诉我们，影响企业家事业功名的成败，主要不在于政治权术高低，而在于政治头脑正确与否。""今日中国企业家生存和发展的命运，是与中国特色社会主义理论、制度和道路这个大环境密切相关，并由之决定的。"①

当前，要把营造良好环境与正确引导有机结合起来，积极推动亲清新型政商关系的形成。一方面，要积极构建"亲而有度""清而有为"的政商互动局面，为民营企业发展营造更优的生态环境，让企业家精神得以弘扬，让创业创新热情充分涌动，让民营经济活力竞相迸发。另一方面，要引导民营企业家把"讲政治"落脚到积极参与构建亲清政商关系上来。习近平明确指出，对于民营企业家来说，所谓"亲"，就是积极主动同各级党委和政府及部门多沟通、多交流、讲真话、说实情、建净言，满腔热情支持地方发展；所谓"清"，就是要洁身自好，要走正道，做到遵纪守法办企业，要光明正大搞经营，要运用法律武器维护自身合法权益。②

习近平总书记对非公有制经济人士的要求，不仅明确了守法的底线，也树起了道德和责任的高线，可以说在合法基础上又高于合法。从某种意义上讲，法律是 60 分的道德，但是强制性的，应宣传普及而不是倡导；道德和责任是 100 分的要求，但却是缺乏刚性的文化准则，是需要大力倡导和培育的。因而，落实理想信念教育、构建亲清政商关系，难点不在底线的"清"而在高线的"亲"，必须积极探索有效的载体和渠道进行倡导和培育。浙江省余姚市委统战部 2017 年度开展的"培育'亲清'文化、提升企业家精神、促进非公有制经济'两个健康'"主题活动，用文化建设把亲清关系变成一种自觉的价值取向和行为遵循，不失为一种有效探索（如表 5-1）。这也有利于破解"人情社会""办事靠关系"的传统观念，树立良好的民风、政风。

---

① 昆仑岩. 企业家怎能不讲政治［N］. 环球时报，2014-09-23（15）.
② 习近平. 毫不动摇坚持我国基本经济制度　推动各种所有制经济健康发展［N］. 人民日报，2016-03-09（2）.

表 5-1　浙江省余姚市 2017 年度培育"亲清"文化主题活动安排一览表

序　号	内　　容	牵头单位	责任单位
1	筹建成立市统战文化研究会"亲清"文化研究分会	市委统战部	市工商联
2	组织开展"亲""清"文化理论研讨活动	市委统战部	市工商联 市侨办 市台办 市民宗局
3	搭建政商对话协商平台	市委统战部	市工商联
4	设立"亲""清"微讲堂	市工商联	有关乡镇街道
5	组织开展"政商新关系、亲清当模范"主题教育	市工商联	各乡镇街道
6	分行业、分领域组织开展"企业服务月"活动	市工商联 市侨办 市台办	有关乡镇街道
7	扎实推进"亲清文化"示范点建设	市委统战部	市工商联 各乡镇街道
8	组织开展创二代"重走长征路"红色主题教育	市工商联	市创二代联谊会
9	组织开展"企业走进企业"学习交流活动	市工商联	市直有关部门
10	组织开展"政商亲清好故事"专题报道活动	市委统战部	市工商联 市侨办 市台办
11	组织开展市外重点姚商及高层次人才在姚亲属关爱行动	市委统战部	市工商联 市侨办 市台办

余姚市委统战部率先在全市范围内开展"亲清"文化建设：多次召开由部机关、市侨办、市台办、市工商联、纪检组、乡镇街道等主要负责人参加的"亲清"文化部署会议和推进会议，成立了统战文化研究会"亲清"文化研究分会，确定了四个"亲清"文化工作试点乡镇（街道）。召开"'亲清文化'与统一战线"理论研讨会，旨在通过搭建"亲清"文化学研平台，深入研究、挖掘"亲清"文化的内涵、外延、价值意义，为"亲清"文化建设提供具有一定高度的理论支撑。余姚市委统战部通过探索提供了一些有益的启示：一是必须加强"亲清"文化建设的制度保障。建立健全促进政商互动的制度、规范政商交往的制度、密切政商

联系的制度、深化非公有制经济人士参政议政的制度等，用制度巩固"亲清"文化建设成果。二是必须加强"亲清"文化建设的平台载体搭建。搭建政府用得上、企业欢迎的平台载体，比如服务中小微企业的服务平台，基层协商平台，银企对接平台，异地商会、基层商会、行业商会等组织平台。三是必须加强"亲清"文化建设的宣传推介。让更多的非公有制企业和社会各界人士了解"亲清"文化，让更多的组织和个人参与"亲清"文化的建设，不断提高影响力和知名度，广泛凝聚共识和合力，在全社会打响"亲清"文化工作品牌。四是必须加强"亲清"文化的实践探索。特别是在优化涉企服务、保护企业合法权益、加强非公有制经济人士教育引导、明确领导干部和非公有制经济人士交往规则等方面加强实践探索。

综上所述，理想信念教育与社会主义核心价值观的培育在本质上是一致的，不能急功近利，而必须绵绵用力、久久为功，春风化雨、润物无声，必须把着眼点、着重点、着力点从教育引导转向培育教化，做到内化于心、外化于行、固化于制。只有这样，教育实践活动才能真正取得实效、确保长效。

二、理想信念教育与弘扬企业家精神

开展理想信念教育实践活动，必须明确主体是谁。一个时期一个地方之所以活动成效不明显，存在"一头热""两张皮"现象，一个很重要的原因在于把握活动主体上存在误区。这项教育实践活动是由各级统战部和工商联牵头组织的，但主体应是非公有制经济人士而不是统战部门和工商联。因此，开展教育实践活动必须彰显主体性，明确企业家是教育实践中的主体，注重引导教育与自我教育相结合，以企业家自我教育为主。同时要注重教育实践活动的社会经济效益的虚实转化，让企业家实实在在尝到教育实践活动的甜头和有获得感，变"要我参加"为"我要参加"。要想方设法用身边的典型带动身边的人，事迹要可信、可比、可学，要看得见、摸得着、够得上，使更多的企业家参与到活动中来。要让企业家实现"四信"的内化，进一步丰富、激发和弘扬企业家精神，使其成为促进"两个健康"的内在动力。

（一）激发企业家精神应是理想信念教育的归宿点

企业家是当今最有活力的群体和最宝贵的资源。习近平主席指出："市场活力来自于人，特别是来自于企业家，来自于企业家精神。"①广大非公有制经济人士要"激发企业家精神，发挥企业家才能，增强企业内在活力和创造力，推动企业不断取得更新更好发展"②。《意见》强调，要弘扬企业家爱国敬业遵纪守法艰苦奋斗的精神，弘扬企业家创新发展专注品质追求卓越的精神，弘扬企业家履行责任敢于担当服务社会的精神。改革开放以来，在党和政府的号召鼓励下，积极投身市场经济大潮的企业家们，对"企业家精神"这个话题是最有发言权的。"在商才能言商"，理想信念教育必须着眼于激发非公有制经济人士的企业家精神，才能真正取得长效和实效。

以浙商为例，在2009年国际金融危机严峻的经济形势下，在浙江省委省政府倡导和有关部门牵头组织下，以浙江省非公有制经济人士为主体的"浙商新精神"——"千方百计提升品牌，千方百计开拓市场，千方百计自主创新，千方百计改善管理"被提炼和弘扬。这一"浙商新精神"在原来"走遍千山万水、说尽千言万语、想尽千方百计、吃尽千辛万苦"的"四千精神"基础上延伸了浙商从草根走向国际，从创业走向创新的重要内涵。当时"新四千精神"被视为转型升级、可持续发展的新"引擎"，也是正在危机中爬坡过坎的浙江企业的新坐标。随着浙商群体的平均学历逐年提高，高学历、海归、高科技，成为新一代浙商与二代浙商的金名片，浙商要从昨天的全国化真正变成全球化。"无论面对怎么样的困难和挑战，只要浙商梦想还在、浙商精神还在，浙商发展的机会永远都在。"③

正如有专家曾说过，中国现代化建设最需要两类人才，一类是具有企业家头脑的科学家，另一类是具有科学家头脑的企业家。经济新常态需要创新宏观调控思路和方式，培育经济发展的持久动力，而大众创业、万众创新就是以改革创新激发发展活力。企业家之所以是最有创新活力的群体，最根本的原因在于其与众不同的特质——企业家精神。

① 习近平.谋求持久发展　共筑亚太梦想——在亚太经合组织工商领导人峰会开幕式上的演讲［EB/OL］.（2014-11-10）［2021-03-22］.http://gs.people.com.cn/n/2014/1110/c183343-22858907.html.
② 习近平.毫不动摇坚持我国基本经济制度　推动各种所有制经济健康发展［N］.人民日报，2016-03-09（2）.
③ 浙商的新使命是引领创新［N］.浙江日报，2014-12-08（1）.

（二）弘扬企业家精神：经济新常态下开展"四信"教育的目标要求

转型升级能否成功，关键在人，在企业家。发明是科学家的事，创新是企业家的事，企业家是不可替代的战略资源。在经济新常态下，"四信"教育的目标应落脚到激发非公有制经济人士的企业家精神上来。

首先，信念是激励奋斗的动力之源。习近平总书记指出，理想信念就是共产党人精神上的"钙"，没有理想信念，理想信念不坚定，精神上就会"缺钙"，就会得"软骨病"。①理想信念是企业转型升级、攻坚克难的强大精神力量。如果没有理想信念的引领，企业发展就会迷失正确的方向和丧失前进的动力，就不可能做强、不可能做久。广大非公有制经济人士是改革开放和中国特色社会主义道路的亲历者、实践者和受益者，是市场经济的先行者，是国民经济建设的生力军，也必将是这场全面深化改革的排头兵。面对深化改革"啃硬骨头"，面对经济新常态、供给侧结构性改革，困难越大越要激发非公有制经济人士 40 多年来积聚的企业家精神，不忘初心、继续前行，并与时俱进。

其次，要树立信心和信任，正确认识我国的"重要战略机遇期"。提振对企业发展的信心，一个重要的方面是要引领非公有制经济人士充分认识到"新常态"将给中国带来新的发展机遇。经济发展进入新常态，没有改变我国发展仍处于可以大有作为的重要战略机遇期的判断，改变的是重要战略机遇期的内涵和条件；没有改变我国经济发展总体向好的基本面，改变的是经济发展方式和经济结构。特别是共建"一带一路"和"互联网＋"带来新机遇。正如习近平总书记指出："我国发展一时一事会有波动，但长远看还是东风浩荡。"②"我们要看到我国经济发展正在出现积极变化，我国经济社会发展基本面是好的，经济供求关系正在发生实质性变化，企业预期和市场信心逐步好转，经济发展动力增强，对全球经济复苏起到重要拉动作用。更重要的是，新发展理念日益深入人心，政府和企业行为正在发生变化。"③当前，非公有制经济发展遇到一些困难，根

---

① 习近平. 坚定理想信念　补足精神之钙 [J]. 求是，2021（21）.
② 习近平. 毫不动摇坚持我国基本经济制度　推动各种所有制经济健康发展 [N]. 人民日报，2016-03-09（2）.
③ 中共中央召开党外人士座谈会 [N]. 人民日报，2017-07-25（1）.

本出路在于转型升级。

开展理想信念教育实践活动，不能光从理论和精神上为民营企业提振信心鼓劲，还要在政策上行动上让企业家吃定心丸。按照中共中央和国务院发布的《意见》要求，"着力营造依法保护企业家合法权益的法治环境、促进企业家公平竞争诚信经营的市场环境、尊重和激励企业家干事创业的社会氛围"。政府要创造良好的投资环境，重在落实习近平总书记3月4日讲话中提出的"五个着力"和在中央财经领导小组第十一次会议上提出的关于推进供给侧结构性改革的五大政策支柱，即：宏观政策要稳，产业政策要准，微观政策要活，改革政策要实，社会政策要托底。要扎实有效放宽行业准入，进一步破解玻璃门、旋转门、弹簧门，真正体现不同所有制经济间的平等、公平、公正。深入贯彻落实好《国务院关于在市场体系建设中建立公平竞争审查制度的意见》，以公平竞争审查制度激发民间投资新动能。要贯彻好《意见》，完善和落实产权保护制度，回应民营企业家的关切，这对他们形成良好预期、增强发展信心起到重要作用。与此同时，还要搬走阻碍民间投资的"市场冰山""融资高山""转型火山"。要贯彻好中央金融工作会议精神，坚决防控地方金融风险，深化金融体制改革，让资金流向实体经济，破解中小企业融资难问题。新常态下，政府要加大简政放权力度，进一步释放市场活力。如：浙江省政府在"四张清单一张网"改革基础上，又推出"最多跑一次"改革和数字化改革。要加大减负力度，让民营企业有实实在在的获得感。

统战部门和工商联在开展理想信念教育过程中，必须强化服务意识，寓提振信心于服务之中。积极协助党委和政府构建亲清新型政商关系，建立经常性的沟通联系制度，畅通非公有制经济人士反映诉求的渠道，帮助解决实际困难。工商联要积极主动承接政府职能转移，服务好非公有制企业。工商联在助推脱钩改革、承接职能转移的过程中，要看清大势，接得住、用得好。同时还要为企业提供各种服务，真正发挥桥梁、纽带、助手和娘家的作用。如：浙江省舟山市定海区工商联创建十大专委会精准服务会员企业。即全面梳理区工商联122名执常委各自业务范围和特长，科学编排并分别组建"参政议政、金融服务、法律维权、对外联络、经济服务、宣传培训、企业文化、光彩事业、会员联谊、青企工作"十大专业委员会，由其负责为会员企业提供专项服务，此举为全省首创。专委会成立一年来，先后组织融资服务、招商推介、企业经营管理等各类活动 12 场（次），惠及企业家 1000 余人次并获一致好评。

要推进理想信念教育实践活动向所属商会覆盖、向县级工商联覆盖、向企业家自组织覆盖。在此过程中要关心企业家，重视企业家身心健康。习近平总书记指出，非公有制经济要健康发展，前提是非公有制经济人士要健康成长。[①] 而非公有制经济人士健康成长也有双重含义，身心健康是基础。国务院发展研究中心的中国企业家调查系统所做的《中国企业经营者成长与发展专题调查报告》显示，有 53% 的中青年企业家存在不同程度的心理健康问题。[②] 要在企业家中普及心理健康知识，定期不定期地进行心理健康测试。通过专家讲课，有针对性地采用集体心理辅导、个体心理咨询等措施提高企业家的心理素质。有条件的企业可配备"企业总心理师"，企业老总个人可以配备心理咨询师。

最后，企业和企业家对社会的良好信誉，既是企业家精神的有机组成部分也是企业可持续发展的重要保证。随着全面深化改革和全面依法治国的推进，市场经济体制更加完善成熟，必然要求一切市场主体的经济活动都要在法治轨道上运行，守法诚信越来越成为企业持续健康发展的内在需要。守法律、讲诚信，是非公有制经济人士做好事业的先决条件。社会主义市场经济是契约经济、法治经济，更是信用经济，诚信是社会主义市场经济的基石。非公有制经济人士要在市场经济大潮和国际竞争中持续健康发展，做大做强做久，就必须坚持守法诚信。在过去粗放型经济高速增长时，一些企业可以依靠低成本、低价格、低质量来竞争，靠消耗资源、污染环境来发展，甚至可以依靠钻政策空子、打擦边球来谋利，但在新常态下，这些都不行了，必须守法诚信经营，依靠科技创新发展。所以，开展守法诚信教育，就是要引导非公有制经济人士尊法、学法、守法、用法，坚定发展信念，规范内部治理，防范法律风险，抓好转型升级，适应和引领经济新常态。统战部门和工商联要积极搭建平台载体，把理想信念教育活动融入当前企业家必须破解的短板、必须升级的理念中来，才能取得实实在在的效果。如：浙江省安吉县是习近平"绿水青山就是金山银山"重要论述的发源地，2017 年 8 月，

① 兰红光.毫不动摇坚持我国基本经济制度　推动各种所有制经济健康发展［N］.人民日报，2016-03-05（1）.

② 抑郁症？关注民营企业家的心理健康［EB/OL］.（2016-09-18）［2020-06-08］.http://www.sohu.com/a/114531758_478126.

"浙江省新生代企业家理想信念教育实践基地"落户安吉，目的就是通过实地考察体验，引领非公有制经济人士特别是新生代企业家，做绿色发展理念的实践者、先行者和示范者。

（三）新老企业家培育引领和交接班：传承的不仅是财富更是企业家精神

党中央对年轻一代非公有制经济人士的健康成长十分关注。习近平总书记指出，要注重对年轻一代非公有制经济人士的教育培养，引导他们继承发扬老一代企业家的创业精神和听党话、跟党走的光荣传统。[①]继承和弘扬创业精神、企业家精神，是年轻一代非公有制经济人士健康成长的关键所在，是党中央寄予的殷切期望，也是开展理想信念教育的重要目标。

家族企业的代际传承问题是一个世界性的难题，美国布鲁克林家族企业研究学院的研究表明，约有 70% 的家族企业未能传到下一代，88% 未能传到第三代，只有 3% 在第四代及以后还在经营。而另一项统计显示，家族企业的平均寿命是 24 年，碰巧创业企业的平均寿命也是 24 年。换句话说，多数家族企业甚至没有机会传给第二代，更没有机会成为真正意义上的家族企业。相当一部分家族企业面临接班问题，二代不想接班、接不了班的现象普遍存在。[②]著名浙商、方太集团董事长茅理翔曾于 2016 年坦言：当前民营企业正面临着改革开放近 40 年来最严峻的三大挑战——传承、转型、国际金融危机（经济新常态）。而"创二代"成功传承的过程就是转型升级、激发企业家精神的过程。茅理翔经过 20 多年数次放权，将管理权、营销权、研发权、决策权全都下放给他的儿子茅忠群，企业完成了从家族层管理转变成经理人管理和从家长制管理转变成制度化管理，引进了国际上最先进的管理模式，建立了一个由非家族职业经理人组成的高素质团队。

三、理想信念教育与企业文化建设

正如海尔集团创始人张瑞敏所说"企业是人，文化是魂"，从一定意义上说，

---

① 习近平. 毫不动摇坚持我国基本经济制度　推动各种所有制经济健康发展［N］. 人民日报，2016-03-09（2）.

② 家族企业代际传承的制度设计［EB/OL］.（2013-08-30）［2021-11-27］. http://news.hexun.com/2013-08-30/157581945.html.

所谓企业文化，就是企业的"人化"。企业文化不仅仅是企业家的，也是全体员工的。所以它的内容比企业家精神更为宽泛。虽然企业主在企业文化建设中有着主导作用，但只有全体员工共同认同并自觉践行的企业文化才是真正意义上的企业文化。理想信念教育实践活动，要融入企业文化建设，引导非公有制企业把中华优秀传统文化、社会主义核心价值观和廉洁文化融入企业文化建设，与企业的核心价值观、发展理念以及员工的职业规划有机融合。

（一）充分认识企业文化的功能

制度管人，文化管心。在市场经济的背后有两只看不见的手牵引企业发展，一只手是经济规律，另一只手是企业文化。企业文化理论自 20 世纪 80 年代在欧美国家问世以来，在短短的数十年内就风靡全世界，成为许多企业走向成功的强大动力和重要法宝。美国兰德公司、麦肯锡公司和国际管理咨询公司的专家通过对全球增长最快的 30 家公司的跟踪考察得出结论，世界 500 强企业胜于其他企业的根本原因，就在于这些企业善于给自己的企业文化注入活力。这些一流企业的企业文化最注重四点：一是团队协作精神；二是以客户为中心；三是平等对待员工；四是激励与创新。

企业文化是企业的核心竞争力。文化是软实力，对一个国家、一个企业均是如此。毛泽东曾说过，没有文化的军队是愚蠢的军队。[1] 同样，没有文化的企业是缺乏核心竞争力的企业。21 世纪是文化管理时代，是文化致富时代。企业文化是企业的核心竞争力所在，是企业管理的最重要内容。通用电气公司（General Electric Company，简称 GE），是世界上最大的提供技术和服务业务的跨国公司。曾任通用电气公司 CEO 的韦尔奇认为，文化是永远不能被替代的竞争因素，企业靠人才和文化取胜。这一点，已成为众多企业的共识。《财富》杂志上曾写道："世界 500 强胜出其他公司的根本原因，就在于这些公司善于给他们的企业注入活力，这些一流公司的企业文化同普通公司的企业文化有着显著的不同。"企业文化具有导向功能、约束功能、凝聚功能、激励功能、调适功能和辐射功能等（如图 5-1），这都是不可替代的独特功能。

---

[1] 李雨檬．毛泽东："没有文化的军队是愚蠢的军队"［EB/OL］.（2017−07−03）［2019−12−13］. http://dangshi.people.com.cn/n1/2017/0703/c85037−29377756.html.

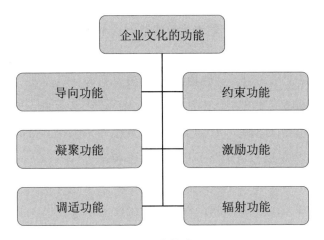

图 5-1　企业文化的功能示意图

　　这些功能也使企业文化能够成为社会主义核心价值观、理想信念（"四信"）教育实践活动的有效载体和归宿点。当然对于不同成长发展阶段的不同管理模式，企业界流传着一句话，即"一流企业做文化，二流企业做品牌，三流企业做产品"。经过改革开放 40 余年发展和国际金融危机及经济新常态、转型升级、供给侧结构性改革的洗礼，我国的民营企业爬坡过坎，正在从"做产品"向"做品牌"进而向"做文化"迈进。

（二）当前民营企业文化建设存在的问题及解决方法

　　进入 21 世纪以来，随着非公有制企业党建工作的蓬勃开展，我国民营企业文化建设取得了一定的进展。但与此同时，非公有制企业文化建设也面临不少值得关注的问题和难点。一是发展的不平衡性日益突出。如：企业文化与企业的发展不平衡，一部分企业的发展规模飞速膨胀，成为巨人，但企业文化还是矮子；企业文化内部的组成不平衡，与企业的特点不协调；重视表面形象，但实际内涵的挖掘与维护不够；种种不协调的现象还很大程度上存在。二是"标签化""口号化"现象客观存在。这在很多中小民营企业较为常见，重形式轻内容，企业文化没有融入人心。三是理念雷同现象较为普遍。有统计显示，当前我国企业口号中，"团结"的使用率高达41%，"创新"与"开拓"的使用率超过了20%，"进取"的使用率也达到了10%。这些笼统的、抽象的、千篇一律的用词，反映在企业精神及企业价值观方面，在一定程度上抹杀了非公有制企业文化的个性和特色。

四是单向度思维现象严重。企业领导特别是企业的主管领导，没有真正抓以人为本的企业文化建设，缺乏身教重于言教的意识，不注意自己的影响力，凡要求员工做到的，自己不能身体力行，挫伤了员工的积极性。如有的企业在车间挂上横幅："今天不好好工作，明天好好找工作。"五是家族化负面效应显现。如有的企业主要求员工拼酒量、剃光头，还有录用员工看八字、重属相，等等，不一而足。六是社会支持力量相对薄弱。社会上存有仇富心理，认为无商不奸，不相信企业文化。要破解这些短板，须从以下几方面反思和谋划：

一是企业文化必须是企业真正信奉的东西。如著名浙商、奥康集团董事长王振滔提出：传承文化，赢在未来。他认为做企业必须有文化，企业一年发财靠机遇，两年获利靠领导，三至五年发展靠制度规范，而企业想基业长青、永续经营必须靠企业文化建设。企业的核心是产品和服务，而本质却是背后强大的文化魅力。他进而指出，"总结奥康发展的历史，可以用四个词来概括：诚信、创新、人本、和谐。这也是奥康的企业核心价值观。这个核心价值观决定着我们企业形成了丰富多样又高度统一的文化"。

二是企业文化必须与企业最高目标（企业愿景）相协调。如：浙江著名民营企业德力西集团的核心文化是"尽责、合作、高效、卓越"。再如，华为总裁任正非指出，氛围是一种宝贵资源，文化是明天的经济，这个导向性的氛围就是共同制定并认同的《华为基本法》。华为第一次创业，是靠企业家个人行为，为了抓住机会，不顾手中资源，奋力牵引，凭着第一、第二代创业者的艰苦奋斗、远见卓识、超人的胆识，使公司从小发展到初具规模。第二次创业的目标就是可持续发展，要用10年时间使各项工作与国际接轨。它的特点是淡化企业家个人色彩，强调职业化管理。把个人魅力、牵引精神、个人推动力变成一种氛围，使它形成一个场，以推动和引导企业的正确发展。

三是企业文化必须与社会主流价值观相适应。企业文化具有民族性。日本松下公司的七条价值观念中，第一条就是"工业报国"。我国老一代企业家卢作孚（民生公司创始人）倡导的"民生精神"，就是基于"服务社会，便利人群，开发产业，富裕国家"这一为国为民的价值观念。再看当代民企文化，如：浙江娃哈哈集团塑造的"家"文化，其核心内容包含了"小家"即员工个人，"大家"即企业，以及"国家"三个方面的含义，凝聚"小家"、发展"大家"、报效

"国家"。

"爱国"是大多数非公有制企业文化的核心理念，"和谐"是很多非公有制企业文化的重要内容。北京汇源集团、浙江泰隆商业银行等企业倡导感恩文化，把感恩、孝顺作为员工文化教育的内容，给员工父母写感谢信、发红包、解决生活困难等，把企业感恩文化延展到员工家属和社会，成效十分明显。再如："敬业报国，追求卓越"是海尔的第二代企业精神，但海尔并不是把企业精神当作口号来喊，而是用案例来诠释企业精神，并以此来教育企业员工自觉地实践企业精神。正是海尔人有这样的企业精神，并在这种精神的激励下不断地开拓进取，才使得海尔成为中华民族工业的骄傲。

四是企业文化必须充分反映企业家价值观和企业家精神。企业家要有"亮剑精神"，能够将自己的理念变成全体员工的行为准则，将企业文化建设纳入企业的日常工作。以浙商为例，企业家的思想往往在企业中触目可见，如："为顾客创造价值，为员工谋求发展，为社会承担责任"（正泰集团董事长南存辉）；"送你一份吉利，无论你在哪里"（吉利董事长李书福）；等等。华立集团从2005年开始，推行企业软实力（即企业文化）的建设，这是董事长汪力成亲自抓的两件大事之一。万向集团董事局前主席鲁冠球创业40年来每年都推出企业格言、员工格言，在新年报告中一讲成绩，二讲目标，三讲文化。

五是企业文化必须与员工的个人价值观相结合。企业价值观不能脱离多数员工的个人价值观，否则难以实现群体化，也就不能成为员工的行动指南。企业核心价值观的确立，要使企业文化在企业生根，必须"融"价值观于生活哲学，"化"价值观于情感交流，"树"价值观于内部沟通，"立"价值观于身体力行。如《华为基本法》有这样一段表述：认真负责和管理有效的员工是华为最大的财富。尊重知识、尊重个性、集体奋斗和不迁就有功的员工，是我们事业可持续成长的内在要求。爱祖国、爱人民、爱事业和爱生活是我们凝聚力的源泉。责任意识、创新精神、敬业精神与团结合作精神是我们企业文化的精髓。实事求是是我们行为的准则。这样的企业价值观和企业文化从某种意义上也成为企业的生产力。如：娃哈哈倡导的"家文化"，对2006年至2007年公司赢得与达能公司的官司起到了非常大的作用。

（三）民营企业核心文化及其构建

企业文化特别是企业核心文化建设必须通过共同的价值观的引领。现代西方管理学有句名言：领导者的唯一定义是拥有追随者。然而，靠什么让员工追随你呢？企业制度、企业规范只能在有限范围内和常规情况下告诉员工"干什么"和"不干什么"，一旦超出这个范围，遇到特殊情况，员工则会无所适从。制度是60分的道德，同时又是刚性的准则；而企业价值引领和文化建设如同市场之无形之手。当前，要以开展理想信念教育为契机和载体，以社会主义核心价值观为引领，引导非公有制企业切实构建和打造先进的企业文化，使之成为民营企业核心竞争力的重要组成部分。

民营企业核心文化应该是科学的文化。科学的企业文化，注重企业的科学发展。科学的企业文化，具有开拓创新的激励功能、提高素质的催化功能、奋发向上的凝聚功能、规范行为的约束功能、促进发展的辐射功能。企业一年成功靠促销，十年成功靠产品，百年成功靠管理。管理成功背后是科学的企业文化成为稳固核心竞争力。品牌源于产品高于产品，而科学的企业文化推动着企业从产品走向品牌、从品牌走向名牌。要在民营企业中营造尊重科学、尊重创新、尊重人才的文化氛围。

民营企业核心文化应该是和谐的文化。美国管理大师彼得·德鲁克认为，一个好的企业就像一个温暖的大家庭。企业家是民营企业的第一设计者、组织实施者、身体力行者、宣传倡导者，在企业文化建设中处于主导地位。但真正的企业文化不应该仅仅是"老板文化"，更应该是老板和员工共同的文化。浙江的企业家们已彻底摒弃20世纪90年代曾经流行一时的"今天不好好工作，明天好好找工作"一类的企业文化糟粕，致力于打造以"和谐""家"为主题的企业核心文化。如：传化集团的"企业把员工当主人，员工把企业当成家"；浙江华达集团的"人在华达，情在华达，志在华达"；娃哈哈集团的"家文化"；浙江庆盛集团的"员工人生发展规划"；宁波利时集团的"舍得"文化，舍得往员工口袋里装钞票、舍得往员工脑袋里装知识；等等。十二届全国人大代表、宁波维科精华家纺有限公司制品分厂二车间质检员杨晓霞是一名农民工，她说："要想让农民工找到家的感觉，应从满足他们的需求角度来把握。"有专家认为，在这样的企业文化中，"劳资利益共同体"取代了"劳资对抗"。

这一和谐文化还体现在以德治与法治相结合构建和谐劳动关系，即法治要求与自觉行为。对于企业家来说，构建和谐劳动关系，首要的就是要严格遵守劳动合同法，切实维护和保障员工的合法权益。企业要创新对员工的管理理念和方式，努力实行民主管理。在整个工资协商过程中，企业要从被动参与转向主动参与。同时，企业家还要支持企业党、团、工、青、妇组织建设并发挥作用。如：2017 年浙江省党代会代表沈雪萍，是浙江巨人控股有限公司的一线技术工人，有着 20 年的工匠经历。她说，建设一支与经济社会发展要求相适应的知识型、技能型、创新型工匠人才队伍，是湖州这座"中国制造 2025"试点示范城市的基石。她表示将认真履行代表职责，把省党代会精神第一时间带回车间，依托车间微党课等平台，深入学习贯彻省党代会精神，继续发挥先锋模范作用。

以人为本是企业文化建设的重要原则和方向。体现在企业核心价值观上，就是实现企业所有员工对"应该做什么、觉得什么好、什么不许做"有明确的共识，引导企业员工树立正确的人生观、价值观，营造和谐奋进的工作氛围；体现在企业愿景中，不仅有对员工物质上的关怀，更有立足培养员工自我实现的文化理念，把员工的个人发展与企业的远景目标有机统一起来，促进企业和员工共同发展。如：浙江庆盛集团的员工人生发展规划。另外，要关注企业职工自组织及其领军人物。

民营企业文化应该是感恩的文化。懂感恩、会感恩既是一种处世哲学，也是人生大智慧。把感恩的思想、理念融入企业经营管理之中，形成企业感恩文化，通过企业与企业相关人员（如企业主、员工、客户）及社会之间的良性互动，以保障企业及相关方增进共同利益，更好地履行社会责任，从而实现企业效益最大化和社会形象最佳化。企业感恩文化包括企业和员工之间的相互感恩，企业和员工之间的双向感恩，企业和员工与客户之间的感恩，企业和员工对社会的感恩。

民营企业文化应该是清廉的文化。清廉，对于民营企业来说，不但要有制度机制保障，而且要成为一种文化导向。当前，"清廉民企"建设方兴未艾，对于新形势下民营企业合规经营、健康发展至关紧要。关于这一点，前面已有详述①，此处不再重复。

① 详见本书"第四章 着力构建亲清政商关系"中的"五、延伸阅读之一：推进'清廉民企'建设——基于浙江省的实践探索"。

当然，民营企业文化建设是个系统工程，既要着力于企业核心文化，同时又要兼顾其层次性，以核心文化引领其他文化，以其他文化体现和促进核心文化建设。其层次性主要体现在：（1）表层的物质文化，即企业环境、科技状况、企业产品、文化设施；（2）浅层的行为文化，即科技行为、文化教育、技术培训、文娱活动；（3）中层的制度文化，即规章制度、领导体制、组织机构、识别系统；（4）深层的精神文化，即企业目标、企业哲学、企业理念、企业精神、企业品质、企业素质、价值标准、道德规范、工作态度、行为取向、生活观念。其中（1）和（2）属于外显文化，（4）属于内隐文化，（3）兼有两者特征。与此同时，要明确载体、渠道和流程，由业主带头、全员动员、多管齐下，着力构建民营企业健康企业文化，把理想信念教育实践活动落小（处）、落实（处）、落全（过程）、落长（效）。

四、理想信念教育与新生代企业家队伍培育

当前，持续深化非公有制经济人士理想信念教育，一定要将主体与客体、引导与服务、经济与政治、教育与内化、德治与法治有机结合起来。只有这样，才能使这项活动取得实效、确保长效。要按照党中央和国务院《意见》的要求，加强对企业家优质高效务实服务，加强对优秀企业家的培育，加强党对企业家队伍建设的领导。

要将理想信念教育与践行核心价值观、弘扬企业家精神、建设企业先进文化、构建和谐劳动关系等活动有机结合起来，引导广大非公有制经济人士做到政治上自信、发展上自强、守法上自觉，将"个人梦""企业梦"主动融入"中国梦"的远大理想中，做爱国敬业、守法经营、创业创新、回报社会的典范，在推动民营经济发展实现新飞跃和实现中华民族伟大复兴中国梦的实践中，谱写人生事业的华彩篇章。

统战部门和工商联要协助党委政府加强对新生代非公有制经济代表人士的培训，引导他们顺利交接班，从战略上解决接不了班和不愿接班的问题。要努力在非公有制企业中培育一批示范样本，精心打造一批"百年老店"。这方面浙江等省市做出了探索，已实现省市县三级新生代企业家联谊组织全覆盖。通过学习、培训、交流等活动提高他们的能力和水平，努力打造一支"政治上有方向、经营

上有本事、文化上有内涵、责任上有担当"的新一代非公有制经济代表人士队伍。例如：2014年开始，浙江省湖州市委统战部主动作为，联合市委组织部、市委宣传部、市工商联、市经信委、市财政局、市人力社保局等七部门共同制订并实施《湖州市新生代企业家培养"311"领航计划》，采取市领导导师帮带、举办创新论坛、开展挂职锻炼等十大培养措施，用3年时间力争培养领航新生代企业家30名左右、骨干新生代企业家100名左右，辐射1000名左右新生代企业家，为湖州市场经济发展注入新的生机和活力。目前这项工作成绩斐然，一批新生代民营企业家已顺利实现传承，成为市重点、明星企业的接班人。

与此同时，从某种意义上讲，综合评价也是全面考量非公有制经济人士弘扬企业家精神、履行社会责任和践行社会主义核心价值观的重要而权威的载体。习近平总书记多次强调，要坚持标准、严格程序、认真考察，做好综合评价，真正把那些思想政治强、行业代表性强、参政议政能力强、社会信誉好的非公有制经济代表人士推荐出来。[1]要用综合评价这个重要载体，为促进非公有制经济代表人士健康成长提供目标导向、形成激励机制。

统战部门和工商联要不断丰富"摸底调查、正面引导、政企沟通、培训互动、协调推进、强化服务"这六个长效机制，用长效机制固化理想信念教育实践活动成果。关键是要把教育实践活动融入统战部门、工商联调查研究、经济服务、法律服务、信息服务、宣传教育、社会扶贫等工作之中[2]，渗透到非公有制经济领域统战工作的日常事务之中，不断促进"两个健康"。

五、延伸阅读：实施"浙商青蓝接力工程" 引领新生代浙商永远跟党走

（一）目标成效

习近平总书记多次强调要注重对年轻一代非公有制经济人士的教育培养，为

---

① 习近平.习近平著作选读（第一卷）[M].北京：人民出版社，2023：469.

② 做好统战工作，有利于营造"诚信守法"的良好社会环境。比如新阶层人士中"四师"（律师、注册会计师、税务师、评估师），既是游戏规则制定的参与者也是游戏规则执行的参与者，是当前社会最有影响力的群体之一，而且与民营企业关系密切或直接为民营企业服务，因此这"四师"的诚信守法程度直接影响到社会特别是民营企业和非公有制经济人士的诚信守法程度，必须加强对他们的引导培养。

此，浙江省委统战部实施"浙商青蓝接力工程"，聚焦思想政治引领、能力素质提升、队伍结构优化、创业创新扶持、成长环境打造，着力培育一支政治上明方向、经营上强本领、责任上敢担当、精神上勇奋进的新生代企业家队伍，引领新生代浙商永远跟党走，为高质量推进"两个先行"，推进中国式现代化贡献力量。

（二）实践内容

一是要开展理想信念教育，推动政治传承。加强世情国情党情教育，教育引导新生代企业家用习近平新时代中国特色社会主义思想武装头脑、指导实践，增强政治定力，坚定发展信心。发挥民营经济人士理想信念教育基地、红色教育基地作用，组织开展"新生代浙商永远跟党走"主题活动，省市县三级各组建一支"80、90"新生代浙商青蓝宣讲团，全省形成"1＋11＋90"宣传矩阵，开展党的二十大、省第十五次党代会等重要会议精神宣讲活动，引导新生代企业家在学习领悟中坚定理想信念，厚植家国情怀，深刻认识"两个确立"的决定性意义，增强"四个意识"、坚定"四个自信"、做到"两个维护"。杭州录制《听见·杭商》音频节目，宁波开展"红色书香"党史分享解读，温州开展"党史百年天天读"活动，丽水开展弘扬践行"浙西南革命精神"活动。加大政治关爱力度。加强对新生代企业家的政治培养和政治激励，推荐其担任各级党代表、人大代表、政协委员、工商联执常委，明确在各级工商联企业家执委中新生代企业家比例原则上不少于30%，积极营造关心关爱新生代企业家的良好氛围。

二是要加强支持服务，推动事业传承。推进省内外新生代企业家融合发展。充分运用"两个市场""两种资源"，发挥省内外浙商组织网络优势，加强与各类商会组织、创新平台的对接互通，开展苏浙沪新生代企业家峰会、长三角商协会资源对接会等活动，引导省内外新生代企业家共同参与"浙货行天下工程"、境外经贸合作区建设、浙商国际连线、长三角企业家联盟等，开拓多元化国际市场，在构建新发展格局中构筑国际合作和竞争新优势。加强要素资源支持。支持新生代企业家加强企业人才队伍建设和企业骨干的思想教育培训，鼓励新生代企业家所在企业与高校、职业院校合作开展高技能人才培训，增强企业源头创新能力，锻造以创新为内核的发展主动能。嘉兴推出"公益服务律师团"，湖州开展新生代企业家"双进双强"活动，加强校企合作，增强企业创新能力。搭建沟通交流平台。宁波依托环杭州湾创新中心，打造新生代企业家创业创新综合基地，为新生代企业家提供信息、人才、法律、科技、融资等综合性服务。台州开设创业"思享会"，设立"台州新企连心站"，进一步畅通资源共享渠道，帮助新生代企业家更好地应对外在压力和内部挑战。

三是要密切政企联动，推动责任传承。建立联系沟通机制。把优秀新生代企业家纳入党政领导联系民营经济代表人士制度，每年开展新经济新业态新生代企业家青蓝大走访活动，畅通沟通渠道，及时掌握新生代企业家思想动态，了解企业发展中遇到的困难和问题，给予指导帮扶，更好地把新生代企业家团结凝聚在党和政府周围。拓宽参政议政渠道。组织优秀新生代企业家参加地方党委经济工作会议、人大政协有关会议等重大会议和"亲清直通车·政企恳谈会""红船服务联盟""工商联界别议事厅""亲清半月谈""政企连心桥"等，并将其纳入重要涉企政策制定征求意见范围，畅通新生代企业家向党委政府反映情况、提出建议的渠道。引导勇担社会责任。引导新生代企业家积极参与"万企兴万村""千企结千村""光彩行"等各类公益慈善活动，助力乡村振兴。引导新生代企业家积极抗疫复生产，第一时间发出倡议书，积极参与"携手知名民企助力疫后重振脱贫攻坚湖北行"爱心认筹等活动，动员新生代企业家做好人员管控等防疫工作、利用各种渠道采购紧缺医疗物资，支援抗疫一线。

四是要创新培育方式，推动文化传承。建立传承导师制。湖州开展"五个一"活动，嘉兴成立"匠心传承导师团""政策帮扶导师团"，绍兴开展"四走进，一对话"活动，聘请具有创业经验和社会责任感的老一辈浙商担任新生代企业家导师，通过"青蓝对话""薪火传承""创业导师千岛行"等活动，提高新生代企业家认识、分析和把握世界发展大势与国家发展方向的能力，提升其经营管理水平。丰富培育方式。组织开展"浙商青蓝接力成长计划""浙商文化传承讲习""文化人讲堂"和跨国文化学习交流等活动。杭州、宁波、温州、舟山分别打造"品质杭商""甬商大讲堂""青蓝新学""商会大讲堂"学习培训品牌，湖州成立了"梧桐读书会"，衢州开展青蓝接力赛，引导新生代企业家进一步增强爱国情怀、提振发展信心、激发创新活力，争做"四个典范"。弘扬新时代浙商精神。发挥新时代民营企业家讲习团作用，通过大众传媒、"两微一端"、浙商融媒体等平台讲好老一辈企业家创业故事，引导新生代企业家感悟并传承"四千精神"、新时代浙商精神。

五是要强化统筹协调，加强组织领导。将"浙商青蓝接力工程"作为浙江省民营经济统战工作的重要内容，推动以省委办公厅、省政府办公厅名义印发《关于实施"浙商青蓝接力工程" 加强新生代企业家教育培养工作的意见》，明确由省促进"两个健康"工作领导小组统筹新生代企业家教育培养工作。各地建立了相应的工作机制，形成了省市县三级纵向联动、多部门横向协同的工作体系。杭州将这项工作列入年度大党建考核内容，加以强化督促和检验工作成效。温州将"新生代企业家培育工作"作为"两个健康"十大标志性成果部署推进。

（三）创新亮点

一是要突出把握新时代民营经济代表人士队伍建设新要求。坚持把习近平总书记关于民营经济和民营经济统战工作的重要指示和重要讲话精神，特别是在全国政协十二届四次会议民建、工商联界委员联组会，民营企业座谈会，企业家座谈会上的重要讲话精神，贯彻到新生代企业家队伍建设工作之中，顺应新时代新要求，持续推动，与时俱进。

二是要突出全局性系统性整体性设计。把新生代企业家培养作为浙江省经济社会发展的"大事""要事"，以省委办公厅、省政府办公厅名义印发了关于新生代企业家教育培养工作的专项文件，明确组织领导机构和省市县三级联动机制，鲜明提出目标定位和政治传承、事业传承、责任传承、文化传承四方面培养路径，有力促进工作整体统筹和系统推进。

三是要突出企业家健康成长与企业健康发展并重。在工作中注重把思想政治引领与支持企业高质量发展相结合，与营造良好营商环境相结合，与构建亲清政商关系相结合、与发挥民营经济在推进"两个先行"中的积极作用相结合，为新生代企业家成长成才提供全方位支持和保障。

四是要突出新生代企业家的获得感和认同感。注重以新生代企业家需求为工作切入点，发挥会长班子成员影响力、号召力和模范带头作用，通过新生代企业家领衔重要活动、班子竞赛等方式，不断激发新生代企业家的参与热情，着力形成资源共享、优势互补、工作联动的良好格局。

五是要突出发挥基层首创精神。新生代企业家统战组织已实现省市县三级全覆盖。工作中坚持以引导新生代企业家听党话、跟党走为重要内容，以省市县三级联动机制为牵引，重视和鼓励基层创新，及时总结、交流好的经验做法，保证工作具有持久生命力。

第六章　新时代工商联商会改革发展

党的二十大报告指出："全面构建亲清政商关系，促进非公有制经济健康发展和非公有制经济人士健康成长。"① "两个健康"不仅是新时代民营经济统战工作的主题，也是新时代工商联工作的主题。以党建为引领，加强商会组织和治理建设，全方位创新提升服务能力，已成为新时代工商联商会改革发展的方向。

一、新时代工商联商会改革发展的重要现实意义

改革开放以来，党中央、国务院高度重视工商联工作，于 1991 年和 2010 年两次出台关于加强和改进工商联工作的意见。党的十八大以来，习近平总书记多次对工商联工作做出重要指示，强调"把广大民营经济人士更加紧密地团结在党的周围，不断开创工商联事业发展新局面"②。2018 年 7 月，中共中央办公厅、国务院办公厅联合印发了《关于促进工商联所属商会改革和发展的实施意见》，提出要进一步推动地方商会与行政机关脱钩改革，完善商会的职能作用，探索创新地方商会和行业协会治理与运行模式。2023 年 10 月，中共中央、国务院出台《关于加强新时代工商联工作的意见》，明确"工商联工作是党和国家事业的重要组成部分，是党的统一战线工作和经济工作的重要方面"。当前，大力培育和促进商会组织健康发展，围绕服务"两个健康"，实现统战工作向商会组织有效覆盖，对于理顺市场、企业、政府之间的关系，构建亲清政商关系，优化市场资

---

① 高举中国特色社会主义伟大旗帜　为全面建设社会主义现代化国家而团结奋斗［N］．人民日报，2022-10-26（1）．

② 李昌禹．把广大民营经济人士更加紧密地团结在党的周围　不断开创工商联事业发展新局面［N］．人民日报，2023-10-25（1）．

源配置，助推新常态下民营企业稳定信心、提质增效、转型升级，促进民营经济高质量发展，构建新发展格局，都具有十分重要的意义。

首先，工商联商会改革发展是构建新发展格局和促进民营经济高质量发展的必然要求。促进高质量发展和构建新发展格局是新发展阶段两大显著特征和核心要务，作为第一市场主体和第一外贸主体的民营企业至关重要。尽管我国经济对外贸的依存度从 2006 年的 64.2% 下降到 2022 年的 34.8%，但民营企业占据了我国出口的 45%，在浙江为 76%。而与此同时，绝大多数处于产业链下游的民营中小微企业，在自主创新、转型升级和高质量发展上面临艰巨而紧迫的任务。如何协助党和政府，破解市场失灵和政府失灵问题，探索构建新发展格局的有效路径，成为新发展阶段中工商联商会履职的新使命。以浙江为例，省委、省政府提出"既立足浙江发展浙江，又跳出浙江发展浙江，率先构建新发展格局"，重点实现"从资源拉动向创新驱动跃迁、从抢占市场向创造市场跃迁、从服务大局向融入大局跃迁、从城乡协调向城乡融合跃迁、从局部场景向整体环境跃迁"[①]，这既对各级党委、政府提出了新任务，也为民营企业和民营企业家指明了新方向，而同时也是给工商联商会提出了履职新课题。

其次，工商联商会改革发展是推进国家治理体系和治理能力现代化的必然要求。党的十九届四中全会着眼推进国家治理体系和治理能力现代化，明确提出要"发挥行业协会商会自律功能"；十九届五中全会立足发展新阶层、构建发展新格局，明确提出要"深化行业协会、商会和中介机构改革"。从治理视域看，重点要厘清政府、市场与企业、社会的边界，但边界厘清后政府管理退出部分不能成为服务管理的空白地带，这有赖于社会中介组织特别是商会的补位作用。传统的中介组织发展存在一些突出问题，特别是行业协会行政化倾向较明显、职能不健全、自我发展能力弱，营利性市场中介机构发展中存在与政府部门有着千丝万缕联系的问题，甚至出现变相强制入会、垄断经营、收费高、服务差等现象，侵犯会员和非会员利益，行业协会异化为"收钱协会"，严重影响了亲清政商关系的构建。行业协会与政府部门脱钩并回归其中介服务机构之本位，这是全面深化改革的必然要求。在这方面，浙江省各地先行一步，前几年尝试由工商联商会接纳从政府部门脱钩后的行业协会。国务院《优化营商环境条例》（自 2020 年 1 月

---

① 刘乐平．忠实践行"八八战略"　奋力打造"重要窗口"　争创社会主义现代化先行省［N］．浙江日报，2020−11−20（1）．

1 日起施行）为这项工作的全面推开提供了法规依据，不仅对于深化"放管服"改革、优化营商环境具有重要现实意义，也为工商联商会改革明确了方向、创造了条件。

再次，工商联商会改革发展是加强和改进新时代党的建设的必然要求。政商关系中党与民营经济人士的引导与被引导关系是我国政商关系的显著特征和优势，加强和改进工商联商会和民营企业党建是我国政商关系健康发展的政治保证。2019 年中央组织部公布的《2018 年中国共产党党内统计公报》显示，截至 2018 年 12 月 31 日，全国有 158.5 万家非公有制企业法人单位建立党组织。《中国共产党统一战线工作条例》第三十条指出："统战部、工商联按照同级党委安排，参与民营企业党建工作。工商联党组应当支持和配合做好所属会员企业党组织组建工作。"[1]从实践来看，加强和改进工商联商会党建工作是工商联商会改革发展的首要任务和根本保证，有利于加强政治引领、避免商会组织成为少数人的俱乐部，进而把党建工作与企业发展、商会建设紧密结合起来，与构建亲清政商关系和清廉民企建设结合起来，与传承弘扬优秀企业家精神紧密结合起来，与先进企业文化建设和和谐劳动关系构建紧密结合起来，使这项工作常抓常新，充满活力。

最后，工商联商会改革发展是与时俱进加强和创新自身职能的必然要求。工商联商会职能作用集中体现了统战性、经济性、民间性的有机统一，这种统一从某种意义上讲与构建政商关系的三种思维方法是契合的。[2]统战性本是统战思维的基础，也是商会建设的核心。经济性相对应于法治思维，是商会建设的重点和落脚点。商会要发挥沟通政企的桥梁纽带作用，根本目的就是要服务党委、政府的发展中心工作；商会要服务会员企业，根本目的就是引领和服务高质量发展，实现民营企业转型升级。民间性对应的是治理的基础，政府从管理转向治理很重要的方面就是大量培育社会组织，激发社会活力，共同参与经济社会服务管理，建设社会治理共同体，提升国家治理效能。特别是中央赋予工商联思想政治引导（党和政府联系沟通民营经济人士的桥梁纽带）和主管行业商会协会（政府管理民营经济的重要助手）两项职能，是西方国家商会所没有的。我国商会作为党委、政府联系广大企业的社会组织，是支撑现代市场体系运行的重要环节，在正确处

---

[1] 中国共产党统一战线工作条例［M］.北京：人民出版社，2021：21.
[2] 即：法治思维、治理思维和统战思维. 详细参见：杨卫敏.构建新型政商关系的方法论考察——基于浙江省的实践探索分析［J］.中央社会主义学院学报，2019（02）：164-173.

理政府与市场的关系中、在建设现代化经济体系和构建新型政商关系中扮演着重要角色，因此在拓展组织建设的同时必须与时俱进地加强和创新职能建设。当前商会建设存在的主要问题有：商会建设发展不平衡（行业商会和异地商会发展不平衡，异地商会发展较快，行业协会特别是新兴产业商会发展滞后）；商会治理机制不完善，商会职能作用发挥不到位，商会的凝聚力、影响力和号召力有待进一步提高；商会职能界定不清，商会与政府的协作机制不健全，政府协同意愿不够；商会管理体制杂乱，基层商会的归口管理存在分散现象，商会改革发展的保障不够有力；等等。商会改革和发展是保持自身持续健康发展的必由之路，必须坚持政治建会、团结强会、服务兴会、改革强会，积极推进工商联组织体制、运行机制、工作方式创新。

二、新时代工商联商会职能的创新与拓展

工商联商会职能建设必须与时俱进地拓展，才能更加有效地发挥桥梁、纽带和助手的作用。改革开放以来，工商联商会职能和功能不断深化发展：从 20 世纪八九十年代的解决市场失灵问题、实现行业自我管理，到世纪之交的组织集体行动以应对贸易壁垒，再到近 10 年来的助推产业升级的使命，每一次改革发展无不一头联系企业一头联系政府及有关部门。21 世纪以来，工商联商会积极搭建平台渠道、参与行业管理和服务，推进银企合作、创新中小企业融资方式，应对贸易壁垒、开拓国际市场，反映诉求、维护权益等，在拓展服务的领域和功能方面做出了卓有成效的积极探索。进入新发展阶段，工商联商会必须贯彻新发展理念，在信息、人才、医疗、培训、法律、金融等六大服务基础上，与时俱进地拓展服务领域和职能，积极参与构建新发展格局，化解重大风险，推进民营企业高质量发展。工商联商会要考虑以下几个问题。

商会如何引领和帮助会员企业实现高质量发展。商会要以整体智治理念推动营商环境转变，促进改革实现新突破。提升服务水平，探索建立线上线下融合的商会会员服务中心，试行代办协办机制，整合资源，为会员企业提供融资、信息、技术、培训、人才等服务，助推转型升级，实现高质量发展。一是引领支持民企产品迭代更新启动新升级。民营企业尤其是中小微企业大都分布在县区以下，县域经济特色鲜明。在区域品牌建设方面，通过编制行业指导规划、打造产业基地、申请集体商标，行业协会可以发挥关键作用。可探索创新成立科技装备商会等特

种商会，推进军民融合发展。二是助力民营企业实施科技创新驱动新发展。带动民营企业通过自主创新、原始创新，努力攻克关键核心技术、打破"卡脖子"技术封锁。以培育新模式、新业态为抓手触动商业变革新枢纽，引导民营企业积极参与数字产业集群培养，参与"1＋N"工业互联网平台体系建设，参与5G基站建设。三是参与建立行业信息技术创新平台。商会的兴起有效弥补了政府与企业、企业与企业之间的信息不对称，通过信息共享、资源对接、人才培训、联合推广、产业协调、政策落实、运营中心和物流中心筹建等方式为企业服务，搭建行业性公益服务平台组织。把"开展专业培训"纳入业务范围，成立专门机构进行职业教育和培训，开展职称评审和技能鉴定。通过成立工商联国际合作商会，引导民营企业对标国际最高规则，发挥油气全产业链、新型贸易、港口运输、数字经济、智能制造等产业优势，积极主动参与，促进双循环发展。通过创新成立工商联质量品牌标准委员会，探索以促进品牌质量标准重塑推动新提升，帮助广大民营企业锤炼产品质量、打造企业品牌、制定各类标准，获取更多的话语权，激发广大民营企业推进质量品牌标准的积极性、主动性、创造性。四是帮助民营企业提升应对和化解重大风险的能力。以"政策直通车、亲清恳谈会"为抓手，积极建言献策、服务发展，进一步推动政府及有关部门，精准服务企业，努力提升企业创新能力与核心竞争力。探索建立必要的平台、渠道和机制，帮助会员企业化解因转型、技改带来的资金链断裂等经营风险。

商会如何构建新发展格局、践行新发展理念。引导和帮助民营企业立足主业主责，提升能力素质，不断增强创新、协调、绿色、开放、共享的新发展理念，主动适应构建新发展格局的需要。一是引导民营企业以扩大有效投资拉动新内需。特别是以高端制造业和高新技术产业为重点，参与数字经济、高端装备、生物医药、新材料等重大产业项目建设，扩大有效投资。二是服务产业链、供应链稳定联动制造新枢纽，打造服务我国完备的产业链、供应链畅通的制造枢纽，促进产业链的强链补链畅链护链，全面提升制造业的竞争力。三是建设促进服务内外贸畅通协动的市场新枢纽。广泛动员各级工商联商会会员，积极参与建设内外贸有效贯通的市场枢纽。引导外贸企业转向国内销售、消化产品库存，帮助企业渡过难关。重点建设跨境电商直播基地、边境产业园基地和知名民企大型直播基地。四是为会员企业"走出去"发展提供服务与支持。加强与境内外工商社团交流合作，实现资源、信息共享。发动和组织民营企业参与共建"一带一路"。全国工商联公布的《中国民营企业"一带一路"可持续发展报告（2019）》称：民营企业已成为"一带一路"建设的生力军，在提升基础设施、产业带动、平台分享、创造就业机会、促进技术转移、增进社会福祉、环境保护、合规经营等八个方面积极为"走出去"所在地可持续发展做出贡献。中国企业在共建"一带一路"国家投资超千亿美元，半数民企盈利。[①]

　　商会如何参与和促进区域协作。脱贫攻坚战是党的十九大提出的三大攻坚战之一，工商联要充分发挥商会网络特别是异地商会的优势，组织推动民营企业参与东西部扶贫协作。一是着眼持续双赢，建立商会东西部合作机制。积极发挥商协会在东西部协作中的作用，建立定期工作例会制度，架起联系、沟通的桥梁，为推动民营企业更好地参与东西部扶贫协作搭建平台。注重帮扶地区的短期脱困和长期发展相结合，签订战略合作协议，不断增强帮扶地区内生发展能力。二是发挥异地商会以商引商的网络渠道优势。在这方面，浙江省各地的异地商会发育较早、网络齐全、作用显著，值得借鉴。自20世纪90年代中期开始，浙江异地商会开始兴起。截至2024年底，全国已成立省级浙江商会31家。据统计，在省外投资经商的浙江人有650多万，省外投资总额超过3万亿元。台州市工商联以建立异地商会联合会的形式，将所属134个异地商会组织起来。近几年来"总部经济"在浙江各地兴起。为吸引在外浙商回归家乡促进产业转型升级，浙江省政府赋予在外浙江商会招商引资的职能，商会成为浙商回归主要目标渠道。仰仗这一优势，浙江省工商联承办了6届世界浙商大会，温州市在全国各大城市建立了数十个"温州会馆"。三是发挥异地商会促进互补合作的独特作用。很多县级政府驻外办事处取消后，地方政府要对外宣传家乡的名优特产及优势资源，80%都是通过异地商会来对接。湖北浙江企业联合会（总商会）是2004年时任浙江省委书记的习近平同志带党政代表团来湖北亲自授牌的，成立以来不但带动了126个项目回归，也通过开展"天下浙商湖北行"帮助当地成功引资536亿元，并通过开展"浙医援鄂 商会助力"专项行动，在2020年抗击新冠疫情中发挥了重要作用。实践表明，异地商会的异军突起，对于促进破解不平衡不充分矛盾，构建以国内大循环为主、国内国际双循环相互促进的新发展格局，发挥了积极作用。

　　商会如何协同参与社会治理。一是参与环境治理。工商联商会要认真贯彻落实习近平总书记"绿水青山就是金山银山"重要论述，倡导会员企业积极为建设

---

① 郭晋晖．"一带一路"投资地图：投资累计超千亿美元，半数民企盈利［N］．第一财经日报，2019-11-23（1）．

资源节约型、环境友好型社会做贡献。二是参与安全生产管理。商会在安全生产管理方面的措施主要有三个方面: 抓安全生产宣传和教育培训, 抓规章制度建设, 抓安全生产机制建设。三是协调劳动关系。商会是"三方会谈"不可或缺的主体之一。工商联、工会等单位加强合作, 深入开展和谐企业创建和"双爱双评"("企业爱员工""员工爱企业", 评比"热爱企业的好员工""关爱员工的好企业家")活动, 使企业主和员工在企业内部形成利益共同体。一方面, 倡导广大企业要关爱职工, 与职工同呼吸共命运, 严格落实疫情防控, 积极稳定劳动关系, 主动关心关爱职工; 另一方面, 倡导广大职工要支持企业与企业同舟共济、共克时艰, 认真落实防疫要求, 自觉支持企业生产, 依法理性表达诉求。四是探索商会人民调解工作。在这方面, 浙江的经验做法提供了有益的启示。浙江全省建有 378 个商会调解组织。2019 年 4 月, 温州市瓯海区眼镜行业协会与瓯海区法院、区工商联合作, 成立了浙江省首家"商协会行业调解工作中心"。区别于以往的调解组织, 该中心达成的协议经专门平台由法院司法确认, 若一方拒绝履行调解协议的内容, 另一方可请求法院强制执行。五是商会参与社会公益慈善和救灾事业。作为互益性组织, 商会要在以下方面有所作为: 在商会内部以慈善基金会等形式设立站点; 以各种活动形式积极支持和参与社会公益事业; 直接以商会的名义推行公益项目; 与公益组织合作, 组织公益活动或设立公益项目。

商会如何承接政府部分职能转移。随着政府机构改革全面推进, 政府行为正在不断归位和规范。而行业商(协)会作为介于政府与企业间的经济类社会组织, 在政府职能转变进程中, 地位和作用被提到前所未有的高度。从浙江省温州市政府的实践探索来看, 商会承接政府部分职能转移遵循"三个凡是"的原则: 凡是政府不该管, 但从企业和社会的需要来看, 又需要有人管的事务, 都应该交给行业协会去做; 凡是政府需要管, 但是单靠政府难以管好或者政府管理效率较低的事务, 可以由政府委托给行业协会去做; 凡是会员企业有需要, 但单个企业难以做好的事务, 一般也应该由行业协会去做。政府购买商会服务的原则如下: 政府承担公共性强的服务, 公共性弱的服务要购买; 如果政府是成本承担者, 而商会在提供服务时有比较优势, 政府就应该购买商会服务。由商会承接政府部分职能, 实现了"行内人管行内事", 既提升了办事的专业性和效率, 又增强了商会的凝聚力和影响力。一个商会是否成功并不在于头部会员的产值大小, 而在于它是否能带动整个行业健康发展, 能否让会员和政府都满意。换句话说, 商会既要为企业服务, 也要做好"政府助手", 从而为构建新型政商关系做出独特的贡献。

下一步工作的重点在于进一步明确转什么，确保政府转得出、商会接得住、作用发挥得好。

商会承接政府部分职能的形式可以多种多样①，但其对于构建亲清政商关系都将产生内在的聚变作用。如：浙江宁海县工商联从建立商会服务中心到打造综合性实体化承接平台"亲清家园"就是一个典型的案例。其主要做法包括：建立亲清家园组织体系，建立政商关系协调体系，建立亲清家园服务体系，建立亲清文化培育体系。实践表明，"亲清家园"建设不但使商会成功承接政府部分职能，而且在构建新型政商关系方面取得了前所未有的成效，进一步建立并完善了制度化、规范化、专业化的政企沟通机制。

三、工商联所属商会组织建设与构建发展共同体

发展共同体，是指党和政府与广大民营企业和民营企业家，基于"民营经济是我国经济制度的内在要素"和"民营企业和民营企业家是我们自己人"②的重要论断和深刻认知，所形成的命运共同体、目标共同体、事业共同体、责任共同体。③这一共同体在过去40多年改革开放取得伟大成就的进程中逐步形成，并将在未来30年实现中国梦的进程中不断完善和发展。工商联商会一方面作为民营企业和民营企业家的"娘家"，另一方面作为党和政府联系民营经济人士的桥梁纽带、政府管理民营经济的重要助手，必将从中发挥越来越重要的独特作用。《中共中央　国务院关于营造更好发展环境支持民营企业改革发展的意见》（以下简称"民企28条"）已从政策和制度上对"自己人"做出诠释和保障。工商联和商会要发挥组织优势，帮助民营企业家增强认知，坚定理想信念，把他们团结在党的周围，打造命运、目标、事业和责任共同体。这里重点论述推进工商联商会组织建设和共建机制格局的形成。

一是要努力把工商联建成"民营经济人士之家"。中共中央办公厅《关于加强新时代民营经济统战工作的意见》明确民营经济统战工作要面向所有民营企业

---

① 如：宁波市商会承接政府部分职能就创出了四种模式：宁海县商会企业服务中心——以中介为主体的半市场化承接；镇海区骆驼商会——商会主导第三方参与的中介代理承接；镇海区紧固件协会——政府引导、协会推动、企业参与的专项承接；余姚市裘皮城协会——商圈类商会的混合承接。

② 在民营企业座谈会上的讲话［N］.人民日报，2018-11-02（2）.

③ 详细参见杨卫敏.共同体视阈下民营经济统战工作的开创性发展——学习习近平总书记关于新时代民营经济和民营经济人士工作的重要论述［J］.江苏省社会主义学院学报，2020，21（06）：4-14.

和民营经济人士，和过去相比增加了三类对象：持有一定股份的主要经营者、民营投资机构自然人大股东、商会主要负责人。这就把民营经济统战工作的对象从单纯民营企业主拓展到企业主、经营者、持股者和商会负责人，特别突出了职业经理人和商会负责人的作用，要求做好民营企业家担任省级工商联主席试点工作。要抓住契机，用好政策，精准施策，扬长板补短板，切实加强工商联商会建设。要推动统战工作向商会组织有效覆盖，工商联商会要成为畅通政企沟通联系的主渠道①，工商联商会要成为营商环境评价的第三方力量。要充分发挥工商联和商会的优势作用，积极参与营商环境评价，主动配合有关部门开展依法甄别和纠正侵害民营企业产权错案冤案、防范和处置拖欠民营企业账款等工作。②要完善民营企业诉求反映和权益维护机制，统战部门、工商联要积极配合政法机关开展相关工作。③工商联要努力成为"民营企业成长共同体"，引导广大民营企业家坚定不移听党话、跟党走，大力弘扬新时代企业家精神，以整体智治理念撬动改革新突破。探索通过工商联商会主席（会长）企业结对服务小微企业打造"民营企业成长共同体"，重点聚焦区域主导产业，构建"精准式结对＋输血式帮扶＋造血式攻坚"的帮扶机制，探索"融合化"发展、"项目化"实施、"平台化"运作，激活小微企业内生动力，逐步形成以主席（会长）企业为龙头的"一核多点、链式联动"的"民营企业成长共同体"，"以大带小"助推企业现代化转型、产业集群化发展。

二是要着眼政企沟通协商，加强和改进商会组织规范建设。在建设亲清政商关系过程中，基层商会具有载体丰富、亦政亦商的优势。商会特别是基层商会一头连着政府一头连着企业家，通过基层商会加强"政"和"商"的协商和沟通，有助于汇聚商界人心，化解政商分歧，凝聚政商共识，实现政商亲和，促进新型政商关系建设。国家层面，探索建立相应的《商会法》，给予行业协会商会地位、

---

① 如：浙江省委经济工作会议已连续几年请部分民营经济人士列席并发言；《浙江民营企业发展促进条例》明确规定出台涉企相关法规政策须征求商会和企业家代表的意见。

② 如：最高人民法院、全国工商联印发《关于发挥商会调解优势 推进民营经济领域纠纷多元化解机制建设的意见》；最高人民检察院、全国工商联出台《关于建立健全检察机关与工商联沟通联系机制的意见》。2019年11月11日，最高人民检察院举办"检察护航民企发展"主题检察开放日活动，并与全国工商联共同举办服务保障民营经济发展座谈会。

③ 宁波市发挥工商联商会的主渠道作用，创新构建了"1+3+1"亲清政商关系新模式，取得了阶段性成果。宁波"1+3+1"亲清政商关系新模式即："亲清政商关系的负面清单"＋"3项机制"（联系沟通服务机制、容错免责机制、评价机制）＋"亲清家园"。

性质和职能合法性保障，有利于提高行业协会的公信力，使行业协会的各项活动完全纳入法制的轨道。地方政府层面，应根据本地区经济社会特点，制定相适应的《行业协会商会条例》《行业协会商会服务规范》等地方条例与地方标准，实现行业协会商会工作制度、管理运作模式、职能定位考核的标准化、规范化、科学化。商会层面，要加强自身规范化建设，努力成为有效参与服务市场、企业和政府的主体。目前，商会自身规范化建设方面存在问题，特别是一些商会党建不强，领导班子没有形成合力，商会先进性号召力不突出，作用发挥不明显。相关调查表明，目前行业协会商会所发挥的职能仅是总功能 20%—30%。由此可见，商会组织规范建设十分必要且紧迫。

当前，工商联商会改革发展方兴未艾、如火如荼。商会特别是基层和行业商会必须研究和破解以下问题：新时代如何加强基层商会党建引领；新常态下如何创新商会经济服务方式，促进民营经济高质量健康发展；新经济业态背景下如何实现商会工作向新经济领域"拓展覆盖"；新型政商关系建设背景下如何发挥商会的政企协商作用；现代社会组织体制建设背景下如何加强商会自身建设；"互联网＋"背景下如何创新基层商会工作方式方法。特别是着眼提升国家治理能力，打造社会治理共同体，商会如何承接政府职能转移的问题。首先，加强商会党建工作是首要任务。商会中的党建是中国特色商会建设的一个鲜明特色。要着力推动党组织和党的工作全覆盖。要加强"党建"和"会建"的融合。要通过商会党建为新型政商关系的构建提供政治和组织保证。要探索完善工商联党组织领导和管理所属商会党建工作的有效机制。2018 年 4 月，全国工商联授予嘉兴市工商联"非公有制党建试点单位"称号。嘉兴市工商联党委所属商协会建有党组织 32 家，有在册党员和流动党员 550 多名。温州市率先在全国构建 31 个在外温商党工委组织网络，并向其中 10 个重点省份的在外温商党工委派出 10 名副县级领导干部担任专职副书记，还推出温商党员"红雁领归"等党建系列工作。依托组织网络，温商党工委在全国排摸出超过 1.96 万名在外温商党员，并建立在外温商党员数据库，组建流动党支部。其次，创新商会组织方式是主攻方向。要分类指导、精准施策，组建一批、吸收一批、规范一批——"僵尸"商会要注销，支柱商会要做强，散弱商会要整合。① 以国家发展战略和地方党委政府的工作关

① 如：温州全市在册市场主体已突破 100 万户，相当于每 10 个温州人中就有 1 个经商办企业，各类商协会快速发展并发挥积极作用的同时客观上也存在多而不强的问题。目前，温州的商会已注销 5 家、合并 6 家，提升 11 家。

注点为导向，注重在重点行业、重点园区、重点区域推进加快组建力度；以市场为依托，有什么样的市场就建什么样的商会；以乡村振兴为目标，推动乡镇和村级商会建设；以新兴产业发展为坐标，加快建设行业特色商会，特别是要针对新业态积极探索打造"标准化＋智慧商会、网上商会"。最后，完善商会法人治理是根本保障。加强商会领导班子和制度建设，按照建立现代社会组织的要求，建立和完善产权清晰、权责明确、运转协调、相互促进的法人治理结构，依照法律法规和商会章程开展活动。充分保障广大会员的主体地位，发挥广大会员的主体作用，积极发挥"行业代表、行业自律、行业协调、行业服务"的职能作用，积极探索更好发挥工商联作为民间商会（总商会）功能的有效形式。创新服务、培训和维权的平台载体，进一步提升工作整体效能。

三是要积极形成齐抓共管的机制格局。首先，要逐步推广工商联归口管理商协会的体制。工商联商会改革发展要取得实效，特别是为促进新型政商关系真正发挥桥梁纽带的作用，从浙江省的探索实践看，必须理顺体制，明确由工商联归口管理商会协会。早在2004年，浙江省嘉兴市政府就已授权市工商联归口管理经济类行业协会商会。温州市从2011年起明确商会统一归口工商联管理，2012年全市所有乡镇（街道）商会实现全覆盖并全部在民政部门登记，2017年在温异地商会统一划转工商联主管。目前温州市已形成民营企业基本都加入对口商会，商会都归口工商联管理的新格局。温州市抓住全国"两个健康"示范区建设的契机，主动作为，有效创新，探索建立了民政、工商联、职能部门参与的"三方治理"新模式，推进工商联和商会改革发展，培育和发展中国特色商会组织的先行区。其次，要进一步建立完善相应机制，为商会服务民营企业健康发展拓展空间。商会在服务民营企业健康发展方面发挥作用的大小，一定程度上取决于政府让渡空间的大小，各级党委政府要进一步为商会服务民营经济健康发展提供长效保障机制。实行告知制度，进一步扩大商会的知情权。实行听证制度，进一步扩大商会的建言权。赋予商会相关职能，进一步扩大商会参与权。最后，要推进各部门合力支持商会促发展的机制。积极探索"党委领导、政府授权、部门指导、民间办会、依法活动"等具有中国特色的商会建设新路子。加强分类指导和考评激励，建立健全商会管理办法和考核、监督、激励和退出机制，实行规范管理、有效管理、动态管理。落实综合监管，完善扶持政策。各有关部门要完善和落实相关政策，积极支持商会承接政府转移事项、参与政府购买服务、依法进入公共服务行业和领域。将商会人才培养纳入人才队伍建设规划，提升商会工作人员的能力水平。

四是要数字赋能工商联加速奔跑。如：浙江省工商联抓住数字改革契机，高标准打造"数字工商联"平台"浙商在线"，实现共建共享、数字赋能、实时动态、智能互联、服务集成、亲清直通。"浙商在线"挖掘扩容全国浙商企业数据，画出"浙商地图"，浙商企业总数由 120 万家增加到 217 万家；省外浙商企业由 60 万家增加到 141 万家。通过数据分析，形成了浙商年度发展报告，特别是针对浙江八大产业链的需求，找到强链补链延链的省外浙商企业共计 67952 家。

四、延伸阅读之一：商会组织承接政府职能转移——基于新时代浙江的实践探索

习近平总书记在 2015 年中央统战工作会议上指出："工商联是党和政府联系非公有制经济人士的桥梁和纽带，统战工作要向商会组织有效覆盖，发挥工商联对商会组织的指导、引导、服务职能，确保商会发展的正确方向。"[①]党的十八届三中全会做出的全面深化改革战略部署，要求推进政府职能转变和社会管理体制改革，发挥市场在资源配置中的决定性作用，并明确提出"要限期实现行业协会商会与行政机关真正脱钩"。这使得商会承接部分政府职能转移的工作，被提上各级党委、政府以及统战部、工商联的议事日程。浙江作为市场经济、民营经济的先发地区之一，民间商会的组织和功能均发育较早。进入新时代以来，浙江省一些地方结合新一轮政府改革的重点和方向，就推进商会承接政府部分职能转移进行了试点和探索。

（一）商会组织承接政府职能转移的必要性、紧迫性和可行性

1. 商会组织承接政府职能转移是全面深化改革，推进国家治理体系和治理能力现代化的必然要求

在当今世界，没有一个政府可以包办一切，再大的政府也只能是有限政府。从国际上看，一个成熟的现代社会，是政府、企业和社会组织这三种力量实现基本均衡的社会。政府向社会组织购买服务是大势所趋，是国际上的普遍做法，在

---

① 马占成.巩固发展最广泛的爱国统一战线 为实现中国梦提供广泛力量支持［N］.人民日报，2015-
　05-21（1）.

美国等西方国家叫作"第三方治理"。国务院根据十八届三中全会全面深化改革的精神，着眼推进国家治理体系和治理能力现代化，做出了转变政府职能、简政放权的重大部署。浙江省政府也提出了"精简一批、取消一批、下放一批、转移一批"的具体路径，明确指出将推动政府部门向社会组织转移职能，开放更多的公共资源和领域。商会协会作为经济领域的社会组织，是联系政府、市场和企业的桥梁纽带，是社会治理体系的重要组成部分。截至 2022 年 7 月，全国工商联所属和联系的基层商会达 54589 个，行业组织 16349 个，异地商会 3607 个，市场商会 766 个，开发区商会 271 个，联谊会 281 个，其他 1311 个。特别是全国范围内，乡镇商会和街道商会覆盖率已达 51.4% 和 61.5%。在浙江省还建有村级和社区商会 200 多个。随着社会主义市场经济体制的建立和完善，我国各级政府将逐步简政放权，由"全能政府"向"有限政府""服务型政府"转变，这就需要商会等中介组织来填补政府职能转变所带来的管理空白。换言之，在经济领域，必须厘清政府、市场、社会三者关系，政府要把原属于市场的职能交还给市场，把原属于商会的职能交还商会。政府的部分职能将逐步移交或委托给行业协会商会，把行业协会商会作为加强和改善行业管理的重要支撑，作为联系政府、服务企业的桥梁纽带和助手。

2. 商会承接政府职能转移是民营经济适应新常态，破解发展的瓶颈问题、实现转型升级、高质量发展的迫切需要

当前，我国经济发展进入新常态和结构调整阵痛期，民营经济遇到一些困难和挑战。行业协会商会可以通过开展行业调查，深入了解掌握行业发展动态，及时反映行业诉求，积极建言献策，推动产业政策的制定出台和贯彻落实；可以协调行业发展，参与制定行业标准，加强行业诚信建设，建立行业自律制度，健全行业管理机制，规范市场秩序，维护遵纪守法、公平竞争的市场环境；可以代表行业和会员企业开展反倾销、反补贴、保障措施的应诉和申诉，参与协调贸易争端，维护会员企业和行业的合法权益；可以推进行业团结合作，把分散的力量和资源有效集聚起来，发挥团队效应，共同开拓市场，拉长产业链，做大产业群，凸显产业特色，塑造产业整体形象，形成群体优势，促进行业持续健康发展。特别是在当前引导和帮助民营企业实现转型升级的过程中，行业协会商会能起到政府难以发挥、单个企业难以达到的作用。在引领产业升级、打造区域品牌方面，浙江省行业协会发挥了关键作用。

3. 商会组织承接政府职能转移是工商联和商会适应新形势新要求，实现自身创新发展的内在需求

工商联作为党领导的人民团体和商会组织，作为政府管理和服务非公有制经济的助手，联系着各类商会和广大非公有制企业，在引导非公有制经济健康发展和非公有制经济人士健康成长等方面，起到不可或缺的重要作用。商会组织承接政府职能转移，不仅是经济社会发展的大势所趋，也是商会自身发展的必然选择。自20世纪80年代以来，伴随着浙江经济发展和地方治理转型，商会所发挥的作用在不断变化。20世纪八九十年代，商会的主要功能是解决市场失灵问题。如：温州鹿城区鞋革协会参与鞋业质量整顿工作，被赋予质量抽检、年度换证和企业开办初审权。在20世纪90年代温州的"质量立市"活动中，政府都要求发挥商会的作用，实现行业的自我管理。2001年我国加入WTO后，浙江产品接连遭遇贸易壁垒，商会担负起组织集体行动以应对国际贸易壁垒的功能。在实践中，温州早在2001年就试行"以奖代购"，对于表现优秀的行业协会（商会）予以奖励，协会商会在人才培训和继续教育、组织展览展销、行业国际贸易风险预警等领域，承担着服务提供者的角色，向政府提供有关服务。经历2008至2009年全球金融危机的冲击后，浙江的产业升级被提上日程，商会被赋予推进产业升级的使命。特别是最近几年来，中央和地方出台了一系列政策文件，助推商会组织的发展和职能转变，大大促进了商会治理结构的完善和治理机制的成熟。尤其是国务院办公厅发布的《关于加快推进行业协会商会改革与发展的若干意见》和浙江省人民政府发布的《关于推进行业协会改革和发展的若干意见》，都强调要按照市场化原则规范和发展各类商会，坚持培育发展和监督管理并重，发挥各类商会在经济社会发展中的作用。当前，在浙江省不少地方商会组织事实上已经承接起政府职能转移，成为各级党委、政府管理和服务非公有制经济、创新社会管理、提供公共服务、改善民生的重要抓手，被誉为"第二招商局"和"第二信访局"，成为当地党委、政府抓经济的最大平台。商会协会承接政府职能转移工作，是工商联融入改革、投身改革的切入点和突破口，对于拓展新时期工商联工作领域、丰富工作内涵、更好发挥职能作用具有十分重要的意义。通过承接政府转移的职能，有利于推动商会协会自身建设，进一步增强商会协会的凝聚力、影响力和执行力，更好地团结和凝聚行业力量。

商（协）会承接政府职能转移，事关全面深化改革，事关推进国家治理体系和治理能力现代化，事关非公有制经济的健康发展，意义重大，势在必行。随着全面深化改革的进一步开展，政府简政放权步伐的加快，商会承接政府部分职能也越来越具有现实可行性。2015年2月27日，习近平总书记主持召开中央全面深化改革领导小组第十次会议，研究解决行业协会商会与行政机关脱钩的问题。浙江省在这方面先行一步。2014年3月27日，浙江省人民政府下发《浙江省人民政府关于全面开展政府职权清理推行权力清单制度的通知》，决定在全省全面开展政府职权清理、推行权力清单制度，深入推进简政放权，加快转变政府职能，强化权力运行制约监督。同年6月5日，浙江省人民政府办公厅下发《浙江省人民政府办公厅关于政府向社会力量购买服务的实施意见》，要求规范和推进政府购买服务，进一步加快政府职能转变，提高公共服务供给水平和效率。2015年2月7日，浙江省委办公厅、省政府办公厅印发《关于加快推进现代社会组织建设的意见》，2015年12月，浙江省政府办公厅出台《关于推进政府职能向社会组织转移的意见》，全面部署社会组织登记管理、政府职能转移、政府购买服务、财税扶持、支持民办非企业单位发展社会事业等改革举措，为加快形成政社分开、权责明确、依法自治的现代社会组织体制做出了顶层制度设计。应该说，浙江的政府职能转移工作从顶层设计上已经完成，这将为商会协会承接政府职能转移提供有效保障。

（二）浙江省商会组织承接部分政府职能转移的实践探索及主要启示

2013年5月，浙江省工商联与温州市政府决定，共同在温州开展行业协会商会承接政府职能转移试点工作。温州市6个政府部门将8项政府职能转移给温州市鞋革行业协会等6个协会。浙江省委统战部和浙江省工商联分别把推动商（协）会承接政府职能转移工作写入了2014年工作要点和当年省工商联执委会工作报告，并适时召开了推进商会承接政府职能转移工作座谈会，要求在全省范围内推开。除了温州外，其他市也确定了试点单位，如宁波市宁海县工商联、台州市温岭市工商联等。各地因地制宜，推出了一些特色鲜明、效果显著、可供借鉴的典型。例如：温州市积极探索承接转移路径，形成了较为规范的转移职能"七步工作法"（公告事宜、报名竞争、公示名单、签订协议、事项交接、履行协议、监管评估）。再如：宁波市分县级商会、乡镇级商会、区域性商会、行业协会 4 类，选择余姚市商会、宁海县商会、镇海区骆驼街道商会、余姚市裘皮城商会、镇海区紧固件行业协会为首批承接政府职能转移的试点，形成了以中介为主体的半市场化承接，政府牵头、工商联运作、多部门配合的"一键式"承接，商会主导第三方参与的中介代理承接，政府引导、协会推动、企业参与的专项承接，商圈类商会的混合承接等五种模式。政府及相关部门将部分涉及社会事务、公共服务、行业协调等的职能剥离，交由商（协）会去承接、去管理、去服务，变"领导"为"指导"，变"干预"为"支持"，达到良好的效果。商（协）会承接职能后，不单单是一个单纯性的民间经济组织，还承担起社会事务、行业管理、技术服务、协调矛盾等职责，拓展了商（协）会的服务领域和内容，提高了公信力和向心力。

试点经验表明：行业协会、商会承接政府职能转移，着重要解决转什么、转得出、接得住、用得好四个方面的问题。

一是解决"转什么"问题。围绕政府机构改革目标，梳理行业协会商会具体职能，明确政府职能哪些该转、哪些不该转。

二是解决"转得出"问题。由于长期以来形成的体制机制，不少行业协会隶属和听命于政府部门，成为实际上的"二政府"，政府部门因为一些问题往往不肯转出去。这就需要党委和政府痛下决心，稳步推进。

三是解决"接得住"问题。打铁还需自身硬，商会要"接得住"转出的政府职能，必须推进自身规范化、示范化、实体化、标准化建设。这一点下文再做详述。

四是解决"用得好"问题。"用得好"是工作目标和检验工作的标准。在这方面，政府要积极为商会用好所承接职能创造条件，包括：完善政府向社会组织转移职能的配套政策和管理办法，研究政府向社会组织转移职能、购买服务后的财政资金管理、税收优惠、机构编制管理等办法规定，健全社会组织评价激励机制，确保政府向社会组织转移职能工作常态化、制度化。商会要积极提升自治自律能力，建立商会组织自律建设监管体系，健全信息披露、重大事项报告、财务审计监督等相关制度，规范社会组织管理。

（三）当前商（协）会承接政府职能存在的主要问题和对策建议

目前，商（协）会承接政府职能转移工作正进入破题扩面阶段，要取得进一步的成效，必须破解以下几个问题：

一是党委政府职能部门"转"的理念需要进一步确立。首先，一些职能部门存在"等等看""舍不得""不敢放"等思想。现阶段，"放权""简政""协同治理"是大方向，但传统的政府主导型模式尚未发生根本改变。有些政府及部门仍然习惯于"家长式"管理，又囿于自身利益，"不想转"的现象较为严重，政府"闲不住的手"无法有序收回，使部分"承接"无从谈起。实践中，商（协）会主动参与、间接承接成为主要模式，政府直接转移、商（协）会直接承接较少，"一头热"问题严重。其次，"转"的内容有待深化。根据已有情况，政府职能转移的边缘化、随意性问题较为突出，存在"有权不转移，无权无利转移快"的现象，"转"出来的事项更多属于"代办代理""政府购买服务"等范畴，真正触动政府核心利益的较少。最后，"转"的过程欠缺公平。有些政府及部门对于商（协）会承接政府职能转移未做到一视同仁，存在"关系户""定点组织"等问题，把有政府背景的商（协）会当成下属机构，给予优惠优先；而对没有政府背景的商（协）会，则重审批、轻管理、少扶持，没有做到"一碗水端平"。

二是商（协）会层面"接"的能力仍需进一步提升。部分商会协会存在"不敢接""接不了""不管用"等思想顾虑，认为多一事不如少一事。由于各地政策扶持力度不一、商会运作模式不同，商会发育程度参差不齐，自身建设明显滞后。大多商（协）会局限于租借政府或企业办公室，秘书长一人身兼多职，无专职工作人员，对于承接政府职能转移有心无力；有的商（协）会虽已经登记获得法人地位，但实质上对政府的依赖性仍较强，有的常务副会长、秘书长由在职政府领导担任，企业家会长、商会理事会的作用发挥不明显，没有真正实现"政社分开""管办分离"，更没与政府形成平等的合作伙伴关系。此外，行业协会大多"一业一会"、基层商会则是"一地一会"，无法形成充分竞争，不利于提高服务质量、效果和降低行政成本。

三是"转"与"接"的桥梁还不够顺畅。目前，商（协）会承接政府职能转移的实践还是新兴事物，处于自下而上的实践探索阶段。从承接实践而言，政会如何完全脱钩，政府如何有效让渡政策空间，政府转移的职能哪些可以承接、如何承接、由谁协调，如何加强培育指导等问题都未有效解决，承接没有运作规范，没有保障措施，不利于承接的统筹规范推进。虽然个别县（市、区）、乡镇（街道）已做探索，下发了有关文件及规范，但从体制机制层面仍需进一步完善。

要破解上述问题，党委和政府加强领导、创造条件是前提，商会自身提升素质、增强能力是关键，统战部门和工商联引导支持、协调服务是保障，需要三管齐下才能取得成效。当前要着重在以下几个方面取得突破：

一是突破双重管理体制，改"业务主管部门"为"业务指导部门"。在目前的管理体制中，由民政部门负责商会的登记管理理所当然，但由业务主管单位（政府部门）负责管理商会的业务活动问题突出。多头管理既可能因为重复管理而浪费资源，又可能因为分散管理而致管理缺位。政府要进一步理顺行业商会协会管理体制关系，有关部门要不折不扣执行"限期实现行业协会商会与行政机关真正脱钩"，工商经济领域的行业协会商会应统一归口工商联管理。在试点过程中，温州市工商联就顺利接收原属原经信委、商务局等部门管理的 44 家行业协会。

二是优胜劣汰，引入竞争机制。"一地一会，一业一会"的商会设立规则是当前我国商会的重要管理制度，其初衷是使商会具有代表性，但却限制了选择和竞争。在这一制度下，一些商会往往期望运用行政手段强制企业加入，而非以服务吸引会员。越是运行不良的商会，越要求政府赋予年审权和准入权。一个僵而不死的商会不仅不能代表行业利益和服务会员，还会阻碍一个有效率商会的诞生。建议有关部门尽快修改协会商会管理制度，允许"一地多会，一业多会"，引入优胜劣汰的竞争机制。当前，浙江省《关于加快推进现代社会组织建设的意见》已明确"重点在行业协会商会中引入竞争机制，取消'一业一会'限制"。要抓住这一机遇，按照民间化、市场化的方向和增强独立性、代表性、规范性、专业性的要求，深入开展规范化建设，促进商会协会职能、服务、文化和能力升级，努力打造行业商会协会"升级版"。

三是完善商会法人治理结构。政府要从两个方面促进商会发展：优化政策环境，为商会提供制度保障和资金等支持；规范商会行为，使之健康发展。统战部门和工商联要指导支持商会不断提升商会自律自治和服务企业的能力和水平。要健全会员大会、理事会、监事会和秘书处等组织机构，充分保障广大会员的主体地位，发挥广大会员的主体作用；完善以章程为核心的内部管理制度、完善规范商会运作的制度机制；严格按照章程和制度办事，实行会务公开。要建立信息公开制度，做到公开透明运作，接受政府部门、行业企业以及社会的监督。既要防止承接了政府职能的商会协会成为"二政府"，也要防止承接的政府职能被少数人垄断，进一步提高商会协会的公信力和影响力。积极发挥"行业代表、行业自律、行业协调、行业服务"的职能作用，开展专业知识培训，进一步提高商会协会工作人员的业务水平和工作能力，形成公开、公平、公正的工作机制，简便、高效的工作理念。

四是推进政府向商会转移职能、购买服务。政府要明确界定政府与商会的职能边界，系统规划适宜向商会转移的职能，在试点基础上分批落实，并及时对职能转移进行绩效评估。这样，政府可以集中力量，更好地履行政府具有比较优势的那些职能，进一步提升效能。具体来说，要根据职能的公共性程度，明确政府与商会的职能边界和职能履行成本的分担方式。对公共性较弱的职能，履行成本应该由商会自筹；对公共性较强的职能，履行成本应该由政府承担；对公共性一般的职能，履行成本应该由政府与商会共同承担；企业自身承担的职能，由企业进行点单式购买，协会提供服务。

政府的简政放权、转变职能，难度大、牵涉面广，涉及职能和利益的调整，涉及高效廉洁政府的建设。因此，进一步推动商会承接政府职能工作，党委、政府要把商会协会改革发展纳入全面深化改革的大局中去。首先，要做好顶层设计，出台关于商会协会承接政府职能转移的实施意见，确保"转得出"。其次，要搭建强有力的工作机构。从温州等地试点工作来看，商会要承接政府职能转移，必须从管理体制和工作机制方面进行创新，这光靠工商联或单个政府部门是解决不了的，需要各级党委政府的重视和有关方面的支持。温州市成立由市政府主要领导担任组长、时任市委常委兼统战部部长为常务副组长的试点工作领导小组，共设置28项职责分工，分别由市编委办、市决咨委办、原市经信委、原市监察局、市民政局、市财政局、市审计局、市法制办、市审管办、市工商联等10个成员单位承担。主要领导应亲自抓，分管领导具体负责，相关政府职能部门领导参加。具体工作中，可以由编委办牵头，各部门主动参与、负起责任，真正做到凡是商会协会等社会组织能够做好的事情，政府都应该交给社会组织去做。再次，要制定财政资金购买公共服务的实施方案。一方面要明确政府方和商会协会方在公共服务交易中的权利义务和具体的操作流程，确保交易规范有序地进行。另一方面要明确监管方式和后续评价方式。政府购买公共服务要推向市场，开展公开招投标，允许不同的商会协会参与竞争，提高透明度；要加强审计工作，建立政府、市场主体和第三方组成的评审机制，对于承接公共服务不力的商会协会要予以通报和清退，评价结果要向社会公开。最后，要加强监督。政府监察部门负责对政府各相关部门需要转移或委托的事项、受托单位的确定，委托的标准和程序，转移和委托后的指导、监督和评估等情况进行监督检查，并将各部门完成职能转移和委托工作的情况纳入政府行政绩效评估内容，确保政府职能转移和承接工作的公开、公平和公正。

统战部门和工商联要加强对行业协会商会承接政府职能转移工作的指导和帮助，加大对行业协会商会的基础条件、内部治理、工作绩效、社会评价等方面的综合评估力度，健全考核奖惩机制，确保商会组织真正演好"政府助手"这一新角色。特别是工商联作为党领导的面向工商界、以非公有制企业和非公有制经济人士为主体的人民团体和商会组织，具有推动商会承接政府职能转移工作的独特优势。一方面，工商联与政府职能部门联系紧密，具有一定的政治资源和政策资源；另一方面，工商联又是商会组织，工商联推动商会承接政府职能，有助于提高商会在承接职能转移中的合法性和认可度。工商联通过与政府相关职能部门联系沟通，协助政府部门开展相关职能转移工作，按规定程序和期限办理有关职能转移的各类手续和文件等。同时，督促所联系商会协会对所承接的政府职能转移事项签订合约，依规定要求规范运行和实施，指导和帮助商会协会提高自身素质，增强服务能力、自律能力和社会公信度，增强承接政府有关职能的运作能力和效率。

五、延伸阅读之二：基层商会和行业商会服务企业的浙江之窗

（一）温州市服装商会：立足匠心制造　聚焦时尚定制　助推服装行业高质量发展

温州市服装商会成立于 1994 年 3 月，是全国"四好商会"。截至 2022 年底，企业会员 315 家，团体会员 5 家。服装是温州五大支柱产业之一，总产值 800 多亿元，外贸出口 105 亿元。

温州是浙江省三大服装集聚区域之一，已成为全国服装品牌最具影响力的地区之一。现今拥有 5 张国字号金名片，分别为"中国男装名城""中国针织名城""中国休闲装名城""中国纺织服装品牌中心城市""中国服装时尚定制示范产业基地"。

"中国服装时尚定制示范产业基地"落户温州，让以优质制造为代表的温州

服装转型提升掀起了新一轮热潮。这是 2017 年以来中国服装协会授予的第一个，也是到目前为止唯一一个以"时尚定制"为主题的国字号金名片，这是对温州服装在定制领域 30 多年沉淀的雄厚产业基础和勇于探索不断创新的高度认可。为了务实有效推进温州作为"中国服装时尚定制示范基地"的建设，温州市服装商会从标准建设、树立标杆、抱团推广、资源引进、媒体宣传等方面纵深打响温州服装时尚定制区域品牌。

一是推进团体标准制定，增强行业话语权。为使中国服装时尚定制示范产业基地的工作更为有效持续开展，也让时尚定制作为温州服装塑造区域品牌的一个重要抓手和契机，结合温州服装发展现状和趋势，由温州市服装商会推选行业内领军企业牵头起草《服装时尚定制》团体标准和地方标准。商会通过多次开会讨论，征集、遴选，最终确定对 8 个服装类别分别起草制定标准，男西装、大衣时尚定制标准由报喜鸟控股股份有限公司负责起草，男休闲西服、休闲西裤时尚定制标准由东蒙集团起草，童装和校服时尚定制标准由浙江森马服饰股份有限公司牵头起草，女装连衣裙、大衣时尚定制标准由浙江风笛服饰有限公司、温州雪歌服饰有限公司共同起草，标准的制定将依靠温州市质量检测院等机构的专家力量，计划 2 年内完成。

二是开展匠心企业评选，树立行业标杆。为了树立行业标杆，商会自 2017 年开始对时尚定制领域的匠心企业进行评选，通过这些坚持匠心、坚守实业的品牌企业共同为温州服装产业区域品牌造势，为新时尚定制品牌的崛起提供助力。2017 年，通过网络投票、专家评审，最终评选出了 10 家匠心标杆企业、7 家匠心工坊、8 家创新楷模，2018 年至 2020 年，在行业内深度挖掘匠心企业，又评选出了一批匠心标杆企业和优质面辅料供应企业。通过对这些企业进行深入的媒体报道，展现温州服装匠心企业的面貌，同时商会还抱团组织匠心企业走进各大服装展会，为温州服装行业发声。

三是打造展会 IP，亮出时尚名片。在这 2 年里，商会为打造自己的时尚定制 IP 积极发声。2018 年 3 月，商会联合了 25 家获得第一届匠心标杆荣誉的企业参展上海服博会，在中国服装时尚定制示范基地的匠心标杆联合馆亮相，吸引了央视"匠心"栏目的驻足和专题采访。为了让参展企业更方便，形象更统一，材料更环保，2018 年 10 月，由商会委托专业机构自主研发的参展设计稿落地，商会组织了 21 家时尚定制企业在 2018 年温州时尚展中亮相，赢得了好评。2019 年 3

月，商会又组织了 20 多家匠心标杆企业赴上海服博会参展，统一形象，统一装修，提高"时尚定制"的知名度和影响力。同时商会为参展和参观企业订好周边酒店，企业拎包参展，真正做到参展无忧，让企业能够聚焦产品的开发和营销。为了提升温州服装时尚定制的区域品牌影响力，2020 年，商会继续打造"温州时尚定制展"的独立 IP，将定制展落户温州，举办了"中国男装中国行"活动，把全国的定制资源导入温州，真正打开"时尚定制看温州"的局面。

四是举办时尚定制论坛，探索行业发展方向。商会积极引智助推定制发展，邀请时尚定制领域大咖为行业出谋划策。举行"匠心引领　定制未来"主题论坛，邀请时任中国纺织建设规划院院长冯德虎、中国服装协会专职副会长杨金纯等行业领导为行业把脉，分别举办 2017 年度和 2018 年度"时尚变革"高峰论坛，探讨智能制造的发展方向和未来，分享定制的变革和趋势，为温州时尚定制赋能。

五是建立"时尚定制展厅"，打造永不落幕的展会。为了打造永不落幕的展会，温州市服装商会经过精心筹备、定向邀约和严格甄选，特建立了温州时尚定制展厅，展厅涵盖了品牌定制、匠心定制等男女西装、衬衫、大衣、夹克、校服、产业链等各个品类代表 24 家，是温州时尚定制的集中缩影。同时，商会也将积极整合各地定制圈层和定制媒体的资源，举办各项专项对接活动，真正将此平台打造成温州服装行业优质资源的共享平台和对接平台。

由于温州在定制领域的精耕细作和精准定位，业内已形成了"时尚定制看温州，时尚定制在温州"的良好口碑！今后，温州时尚定制将作为服装行业发展的主引擎，促进行业的转型提升，助推温州民营经济高质量发展。

（二）杭州市高新区（滨江）工商联：创新驱动 人才引领 "双百计划"赋能产业转型升级

2020 年 6 月，杭州高新区（滨江）工商联联合高新区（滨江）科技局、北京航空航天大学杭州创新研究院（简称"北航杭研院"）等部门单位，启动"钱江启航—百名北航专家入百企"计划（简称"双百计划"），充分发挥新型研发机构产学研协同创新的优势，不断优化科技创新、产业升级、人才赋能服务。截至 2022 年底，共已组织专家 920 余人次，深入企业 160 余家次，广泛开展技术咨询、诊断及技术开发等服务，并与 38 家民营企业建立长效合作机制，共同破解技术难题，打通产学研用"链条，加快科技成果转化应用。

一是聚焦技术赋能，丰富活动形式。会同北航杭研院采取"走出去，请进来"方式，组织内外部的技术和产业专家深入企业，围绕打造"产学研用"协同大平台的总体目标，侧重前瞻性及共性技术攻关、面向民营企业的定向研发，通过实地调研与精准技术对接，常态化组织开展"钱江前沿沙龙""技术和产业主题研讨会""科学家企业家面对面"等活动，建立专家入驻、定期技术交流、联合开发、建设实验室、研发中心等合作机制，走到生产与科研一线，为民营企业开展具有针对性的技术服务，助力民营企业高质量发展。

二是需求引导创新，推动项目落地。截至目前，通过"双百计划"收集技术需求约380项，其中有多家民营企业已经与北航杭研院开展实际技术合作，签订技术开发合同10项，总计经费约1800万元，并共建了4个联合实验室，同30余家民营企业签订战略合作协议。高新区（滨江）工商联协助创新平台进行充分交流互动，满足了部分民营企业的技术需求，形成了一批具有示范效应的科技成果，其中包括物联网卫星安全终端开发，解决复杂野外场景自组网通信系统安全问题；面向团餐的餐盘和菜品识别算法应用研发，推动新一代智能实物结算设备落地应用；柔性电动平台开发加速实现高精度六自由度机械操控国产化实现等，推动技术与产业融合，促进民营企业产品供给和服务业务提质增效。

三是健全创新体系，优化产业布局。"双百计划"实施以来，影响力不断提升，高新区（滨江）工商联通过搭建平台促进人才与企业的深度融合，联动了诸多高校院所的高水平科研团队取长补短，共同为产业发展提供服务与支持。在发挥桥梁纽带作用的同时，高新区（滨江）工商联助力北航杭研院打造了一支具备产业前沿洞察力的联合技术团队，建设了一套从技术后端到产业前沿连贯的创新体系，挖掘出一批技术结合度高且发展前景好的产业资源。根据本地区产业发展中的技术需求，"双百计划"正在加快进行具有针对性的发展布局，高新区（滨江）工商联始终致力于提升自身服务能力，为民营企业发展赋能，持续优化提升营商环境，促进"两个健康"。

（三）杭州市拱墅区工商联：成立数字经济商会　积极构建产业发展新业态

杭州市拱墅区工商联紧紧围绕区委、区政府关于大力发展以数字经济为核心的新经济战略部署，指导成立全国区县首家数字经济商会——拱墅区数字经济商会，并以商会为依托，充分激发商会活力，为全区数字经济产业链上的企业搭建线上线下联谊交流、链上链下抱团发展的创新载体，共建"云"平台，大力培育数字经济生态系统。

链上合作促进互利双赢。数字经济商会成立后正值"抗疫情稳增长"的特殊时期，在区工商联的牵线搭桥下，商会相继举办了零售、演艺、餐饮产业等主题互动活动，为企业嫁接数字元素的同时也促成了产业链上下游的合作。此外，商会还以"线下调研＋线上交流"的形式给企业搭建互通交流平台，助推企业达成合作。杭州领见数据科技有限公司是国内知名的农产品质量管控和供应链运营企业，受新冠疫情影响，产品销售和物流成为最大瓶颈。云集网络了解情况后，主动对接，发挥优势，相继开通了隰县玉露香梨、临安山核桃等销售通道，实现互利双赢。

精准服务助力产业发展。区工商联与商会团结协作，通过政企恳谈会、上门走访等形式，积极开展"一对一""面对面"的为企服务工作，了解企业需求，探讨产业发展方向。一方面，汇集企业政策需求和建议，协同有关部门开展调研和讨论，积极建言献策，先后参与了《关于促进数字经济产业发展的实施意见》《关于促进区块链产业发展的实施意见》等政策的制定完善，大力助推数字经济发展；另一方面，成立商会智库，集聚行业大咖，院校教授，投行、会所、律所专业人士等，助力会员企业健康发展。针对会员企业中初创型企业多、融资需求大等实际，商会积极联系银行、券商、基金等金融机构，为衡次元文化、天演维真等企业引进战略投资者、IPO 辅导牵线搭桥，实现服务精准化。

数字化赋能推动场景应用。区工商联基于下城区[①]在商贸、金融、文创等领域的优势，始终把提升区域产业数字化程度作为重要目标，帮助数字经济商会邀请智库专家和成员单位，深入调研武林商圈、庆春路金融集聚区、新天地数产园等产业孵化平台，与杭州大厦、银泰、大船文化等头部企业交流探讨并达成多项合作，先后谋划参与了"武林商圈云上会员"、"武林云 mall 平台"、网易武林路"云上 LIVE"等项目。同时，协助原区发改局、区投促局，以数字经济商会为平台，牵线北京大学信息技术高等研究院、仲量联行等知名机构，积极参与

---

① 指 2021 年杭州市区划调整前的行政区。

谋划生物医药、人工智能、大数据等产业链打造，为构建下城区高质量产业生态保驾护航。

（四）杭州市萧山区工商联：构建融资服务体系 助力小微企业健康发展

萧山区工商联聚焦区内小微企业融资服务需求，联合区内金融机构力量，强化小微金融服务，给政策、强服务、暖人心，推动筑牢金融安全防线，搭建小微企业"减压舱"，助推民营经济高质量发展。

深入调研，当好参谋助手。为找准问题根源，实现精准破题，区工商联从民营企业融资难入手组织专题调研，持续开展"百名行长进民企"大走访活动，走访122家企业，收集意见建议193条。联合有关银行逐一定向走访6个行业商会，召开专题座谈会，发放民企融资需求调查表200余份，收集问题40余个，分析研究金融惠企政策落地中的困难问题，形成《打好"五个三"组合拳促进惠企支持政策落地见效》《我区金融机构五大举措助力疫情防控和企业复工复产》等相关信息和专题调研报告，为区委、区政府科学决策、精准施策提供参考。

精准发力，推出务实举措。摸清企业"底牌"后，区工商联进一步联合中国人民银行萧山支行，开展扶持一批、帮扶一批、金融辅导一批、集中授信一批等"四个一批"活动，将金融服务贯穿小微企业融资全生命周期管理，切实帮助民营小微企业解决融资难、融资贵等问题。积极为银企牵线，架起合作桥梁，召开多次授信签约仪式，举办"金融知识讲座"，联合中国人民银行萧山支行、银保监会浙江监管局萧山办事处、萧山日报社等单位共同开展"小微企业金融服务合作伙伴""小微企业金融服务最满意机构"等评比活动，促进金融机构增强服务小微企业意识、强化服务举措。落实金融服务民企5项工作机制，开展专项辅导培训、银企对接和服务评价，引导金融机构切实加大民营企业金融服务力度，促进金融机构推出了大数据线上高效服务系列金融产品，加快融资创新，实现服务提升。

政策托举，支持实体经济。在区工商联的主动对接、积极协调、全力推动下，不断整合各金融机构资源，提高小微企业金融服务保障能力，为企业减负、帮企业减压、助企业发展。中国人民银行萧山支行有效发挥政策工具对经济的托举作用，三项再贷款均处杭州地区首位，两项直达政策工具中延期总量居全市第一、信用贷款量居全市第二，累计政策受惠企业达 8197 家，金额 155 亿元。通过各项政策工具落实落地，普惠小微领域的政策受惠面持续扩大，形成了良性互动的同业竞争格局，为小微企业发展营造出良好环境。

（五）宁海县工商联：商会工伤互助平台 精准破解工伤管理"难、堵、痛"

浙江省宁波市宁海县工商联按照"数字化改革必须坚持问题导向、找准切口、构建场景、系统集成、迭代推进"的工作要求，在解决新业态人员、灵活就业人员、超龄人员、临时性用工人员等工伤保障问题上，依托宁海县亲清家园，率先探索多层次保障新路径。创新基于慈善基金的新保障模式——商会工伤互助，开发基于互联网的数字化工作平台，重点解决 99.9% 以上的企业新员工入职没能第一时间参加工伤保险而引发的一系列社会问题，降低企业用工风险，推动和谐劳动关系构建。商会工伤互助平台自 2019 年正式上线以来，已有 1700 余家企业 2 万余名职工加入，目前已救助 435 例、发放救助金 1635 万元。平台建立以来，参加本项目的企业工伤管理综合费用下降近 50%，"理赔"时间从其他保障模式的平均 6 个月降低至平均 28 天，企业满意度 99.5%，会员流失率仅为 0.6%。

2020 年，该平台被列入浙江省委统战部三服务典型案例、入选全省民营经济统战工作优秀案例；2021 年，经验做法在人民政协报刊登。

"众筹共享"破资金难点。一是以"会员模式"确保筹资主体可控性。在民政部门注册成立享受免税资格的非营利性社会组织——宁海县企业互助发展促进会，吸收广大商会会员和当地民营企业为会员，在会员范围内开展工伤互助活动，针对性开展安全生产宣教、检查、督促整改等工作，确保工伤基金运营安全。二是以"会员公约"确保资金管理操作性。对照社会保险相关政策法规和商业保险有关规定，相继出台《安全生产促安助伤捐赠计划实施办法》《安全生产促安助伤救助标准》等 30 余个文件，形成《会员公约》并进行公证，并完善细化救助流程、标准和操作办法，确保平台合法合规运行。三是以"慈善基金"确保资金筹集合法性。互助促进会和慈善基金开展合作，按照"资金自筹、管理自治、风险同担、公开透明"原则，设立"促安助伤互助互济专项基金"解决筹资和运营的合法性。各会员根据职工数和保障基数，交付相应捐赠金至专项基金账户，委托第三方机构进行全过程精细化管理。会员单位员工发生工伤及意外伤害事件后，通过定向捐赠模式，对符合条件的救助权利人开展救助工作。目前，已筹集救助金 2000 余万元。四是以"公益服务"确保资金投入的经济性。由于慈善基金等的公益特性，本项目不需要利润结余，不需要缴纳税金，不需要上级管理费用支出，筹集的资金 90% 可以用于救助，综合管理成本仅为 10%，同期商业保险的综合管理成本为 40%—50%，资金使用效率最高，最大程度让会员企业受益，帮企业减负。

"机制优化"通参保堵点。一是实施求实定位法。根据企业的实际困难、实际需求实事求是地确定"参保"资格范围，将新业态人员、灵活就业人员、超龄人员、临时性用工人员、尚未参加社会保险（含工伤保险）的企业员工均纳入服务范围，全面纳管。二是实施精准测算法。根据不同会员的安全生产管理现状、岗位的风险大小，结合工种、性别、年龄实行分档定费，精准开展科学测算。三是实施按日计费法。按日计算"参保"费用，做到"随进随退"，对标其他商业保险、社会保险的按月计费政策，按日计费政策真正解决了影响民企参保的思想根源问题，由于保费按月计算，民企认为不公平，由于新员工不稳定，民企认为不划算，这两点严重影响了民企第一时间给员工缴纳工伤保险的积极性，造成了因工伤未参保引发的社会问题、发展问题。四是实施碎片支付法。什么时候支付"保费"，付多少"保费"由企业自己决定，只要保证账户中资金余额足够次日支付"保费"即可。这样让企业摆脱了被保险服务机构绑架的困境，主动权完全由企业掌握，服务获得感更好。五是实施双重理赔法。对于既参加商保、社保又参加工伤互助的员工，可同时享受伤残双重理赔，最大程度保障职工权益，减少劳资纠纷。

"精细服务"去管理痛点。一是实施便捷参保法。会员企业在新增参保员工时只需在网络平台上选定工种、线上扫码身份证，便可自动完成"参保"，24 小时后即可生效，员工离职可随时上线取消，随时随地可发起微信等线上支付，大大减少传统模式下因参保不便带来的漏保、忘保等管理问题。二是实施风险防控法。对容易发生工伤的岗位，对存在安全生产隐患的岗位事先开展风险评估，开展新员工安全培训，帮助企业建立应急管理制度；事中开展风险提醒、督促整改，开展工伤源头治理，经统计，互助模式下，"参保"对象工伤发生率为 1.2%，远低于同期参加社会保险、商业保险对象的工伤发生率。三是实施全程善后法。在发生工伤后，本项目管理团队不但处理会员和基金的"理赔"问题，还会帮助处理企业和员工关系、企业和政府关系、企业和鉴定机构、医疗机构等其他第三方的关系，就现场救治、医疗活动、工伤认定、伤残鉴定、资金救助、休息期管理等协助企业开展全程专业化、精细化管理，在定点医疗机构实现医疗费"零支付"，全面减少劳资纠纷，促进社会和谐。

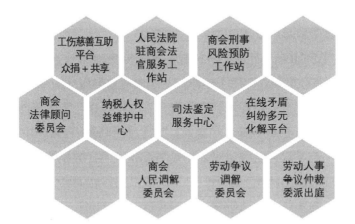

图 6-1　宁海县商会服务中心法务服务工作功能区示意图

（六）宁波市镇海区骆驼商会："三心服务"促进"套餐升级"

宁波市镇海区骆驼商会是较早建立且组织架构和服务功能较为健全的基层商会（见图6-2）。

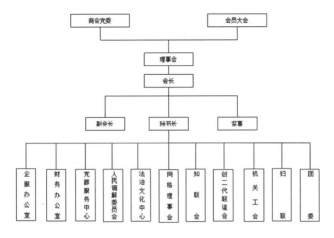

图 6-2　宁波市镇海区骆驼商会服务中心组织架构图

　　为精准服务企业转型发展，助力企业"两个健康"，骆驼商会在原有"一站式全程代理服务"平台基础上进一步完善《骆驼商会中介机构入驻条例及考核细则》，成立宁波市中小企业服务窗口平台、商会品牌指导服务站，推出56项党群服务项目清单，以开放、联动的方式组团促进"一站式、跟踪式、延伸式"服务升级。2023年以来，共计走访企业1214家，帮助企业解决技术改造、法律风险把控、品牌商标等疑难问题130余个。

　　一是强化平台能效，打造"一站式"贴心服务。打造集党建阵地、助企中心、治理平台、共富家园等功能于一体的基层商会党群服务矩阵。引入人力资源、财务审计、品牌商标、能评咨询、环评服务、科技项目、法律咨询7个第三方中介服务窗口，为园区企业提供日常服务。坚持合作共赢的理念，利用园区优势，组建科技帮扶、技术攻关、法律服务、导师带徒、语言翻译等由民营企业内部专业人才所组成的"匠心智库"志愿服务团队。推出以志愿者认领项目，需求者按需点单的模式，为企业在产品研发、技术改造、科技申报、法律咨询等方面提供服务。通过聚力产业动能，激活园区生态，链接头部企业与中小企业协同配套、高效优质的上下游产业链；帮助调剂临时用工30余人。结合企业及职工实际需要，开设"苗圃"课堂人才培育、"众创空间"创客孵化、"锋领红惠"同心共富等项目，全面提供创业辅导、诉求回应、综合治理等一站式服务。

　　二是强化质量问效，打造"跟踪式"暖心服务。为坚定企业发展信心，培育核心竞争力，商会采用"线上全面指导＋线下重点突破"。线上落实《骆驼商会园区企业信息一口清登记表》，全面了解企业科技创新情况和服务需求。通过5个网格平台为企业提供在线政策咨询及相关问题的收集反馈；线下成立"红领助企服务联盟"，推出企业经营"免费体检项目"，上门为企业转型升级精准把脉，结合企业实际及需求有针对性地出具评估报告并给予后续跟踪服务。同时，建立服务后续跟踪问效机制，确保服务质量。在平台窗口服务中后期，骆驼商会工作人员会到企业进行服务回访，了解服务过程中存在的不足并进行改进。2023年推出的"品牌指导服务季"活动中，通过"跟踪式"线上线下服务，共为园区内34家企业提供咨询服务，为250个商标品牌进行风险提示，帮助企业避免巨大损失。

　　三是强化功能升级，打造"延伸式"凝心服务。在7个专业服务窗口的基础上，骆驼商会增设党建服务窗口，提供日常党员发展、组织关系接转、党员档案管理、党员教育培训等服务。以开放式组织生活基地作为主阵地，推出"工间十分钟"微课堂栏目，统筹解决企业家的思想困惑和企业的发展困难，把思想政治工作真正做到企业家的心坎里，引导会员学习贯彻习近平总书记在浙江考察时的重要讲话精神，用长远和全局的眼光正确看待机遇和挑战，坚定发展的信心和决心。团结带领广大党员、职工同心同德、同向同行。开展"周二党课＋"，充分利用互联网和微信公众平台，组织开展红色教育、警示教育、业务理论学习、竞赛等活动，实现教育活动常态化；推出"专家领学"，邀请知名专家学者、企业家代表等结合企业在政策解读、科技咨询、经营管理等方面的需求每季度开展一次专题研讨、讲座沙龙，将学习活动与企业的生产经营相结合；开展"现场讲学"，做活特色园区党建示范带，秉持一支部一特色，一个点多故事的理念，带领支部党员走进示范点企业，学习不同支部的党建工作经验和企业文化营造，为企业发展提供智力支持。

第七章 非公有制经济人士综合评价的实践意义及时代价值

改革开放以来，我国非公有制经济快速发展，党和政府高度重视对非公有制经济和非公有制经济人士的引领支持，从 20 世纪 80 年代的"一个健康"（引导非公有制经济健康发展）到 21 世纪初发展为"两个健康"（引导非公有制经济健康发展和非公有制经济人士健康成长），非公有制经济领域成为改革开放以来统一战线工作的重要方面。实现对这"两个健康"的成功引领，需要多管齐下、精准施策，绵绵用力、久久为功，而建立健全长效引领机制是十分必要和重要的制度保证。对非公有制经济人士的综合评价（即：在党委政府统一授权下，由统战部牵头，联合党政群有关部门，对民营企业经营发展、履行企业社会责任以及非公有制经济人士个人诚信守法、有序参与政治、恪守社会公德和家庭美德方面的情况进行联审联评，作为对非公有制经济人士进行各类政治安排、社会安排和荣誉安排的前置程序，以引领非公有制经济人士做合格的中国特色社会主义事业建设者，促进"两个健康"），在浙江等地试点探索进而在全国推广，运行和发展 10 多年来取得了显著成效，体现出制度创新的持久活力和创造力。

一、综合评价与"两个健康"的内在联系

改革开放 40 多年来，民营经济获得了快速发展。与此同时，民营经济也经受了国际金融危机的冲击，面临经济全球化和我国经济发展进入新常态的考验，肩负从高速发展转向高质量发展、实现企业转型升级的攻坚重任，家族企业内部还存在如何顺利交接班等自身问题。着眼全面建设社会主义现代化国家，党和

国家对民营企业和民营经济人士的期望和要求也更高，希望民营企业中多出现代化跨国公司，希望民营经济人士"做爱国敬业、守法经营、创业创新、回报社会的典范，在推动实现中华民族伟大复兴中国梦的实践中谱写人生事业的华彩篇章"[①]。

党的十八大以来，中央高度重视非公有制经济和非公有制经济人士工作，习近平总书记发表了一系列相关讲话，党中央和国务院及相关部门出台了促进"两个健康"的一系列政策文件。党的十九大报告明确提出，构建亲清新型政商关系，促进非公有制经济健康发展和非公有制经济人士健康成长。[②]党的二十大报告提出，全面构建亲清政商关系，促进非公有制经济健康发展和非公有制经济人士健康成长。习近平总书记强调：促进非公有制经济健康发展和非公有制经济人士健康成长是重大经济问题，也是重大政治问题；非公有制经济要健康发展，前提是非公有制经济人士要健康成长。[③]习近平总书记丰富和发展了我们党关于非公有制经济领域"两个健康"的指导思想，形成了完整缜密的理论体系和实践体系，主要涵盖"八个一"：凸显一条主线——我国社会主义基本经济制度是一以贯之、不断深化完善的；抓住一个关键——解决制约和阻碍非公有制经济发展存在的问题；弘扬一种精神——激发和保护新时代企业家精神；突出一个主题——深刻阐明了"两个健康"的内在联系；着眼一个目标——引导非公有制经济人士做合格的中国特色社会主义事业建设者；明确一个关系——致力构建"亲""清"新型政商关系；打造一个载体——不断完善非公有制经济人士综合评价体系；建好一个组织——推进新时代工商联商会改革发展。[④]这个体系中的"打造一个载体"，就是要通过开展综合评价为"两个健康"的引领建立完善长效机制。具有党内法规性质的《中国共产党统一战线工作条例》规定："推荐为人大代表候选人、政协委员以及在工商联等人民团体、社会组织中任职的民营经济人士，应当经综合评价，并征求企业党组织、民营企业党建工作机构和地方

---

① 习近平. 毫不动摇坚持我国基本经济制度 推动各种所有制经济健康发展［N］. 人民日报，2016-03-09（2）.

② 决胜全面建成小康社会　夺取新时代中国特色社会主义伟大胜利［N］. 人民日报，2017-10-28（1）.

③ 习近平. 完整、准确、全面贯彻落实关于做好新时代党的统一战线工作的重要思想［J］. 求是，2024（02）.

④ 详见本书第一章.

工会组织等有关方面的意见。"①习近平总书记多次强调，对有贡献的非公有制经济人士做适当政治安排是一项重要工作。要坚持标准、严格程序、认真考察，做好综合评价，真正把那些思想政治强、行业代表性强、参政议政能力强、社会信誉好的非公有制经济代表人士推荐出来。②由此可见，综合评价是引领"两个健康"的制度保证，不仅十分必要而且至关紧要。

首先，综合评价体系的建立有利于形成对非公有制经济科学发展的正确导向。改革开放以来，非公有制经济持续快速发展，但前20年总体上发展方式仍然粗放，耗能高、污染高、技术低、水平低，产能比较集中，加工贸易型、资源依赖型、能源消耗型企业所占比例明显偏大，处于产业链低端的企业数量明显偏多，在国际市场上的竞争力明显偏弱。实现转型升级的主体是企业，决策者是企业家，转型升级中蕴含着自觉性、创造力，因此要把能否实现企业转型升级作为衡量非公有制经济人士代表性强不强的一个重要标准。做好非公有制经济代表人士综合评价工作，首要的就是以正确的导向和长效的机制，引导他们用科学的发展观念提升自我素质，自觉调结构、转方式、上水平，推进自主创新，淘汰落后产能，不断提升市场竞争能力、抵御风险能力和可持续发展能力，为转变发展方式和生态文明建设做出应有的贡献。通过建立综合评价体系，可以引导广大民营经济人士树立科学发展观，促进企业转型升级，实现高质量发展。

其次，开展综合评价有利于非公有制经济代表人士队伍建设实现科学化、规范化、制度化。改革开放40多年来，社会上对非公有制经济人士的看法，经历了从歧视到部分认可直至基本上客观公正评价几个阶段。这与我国的传统文化分不开，因为中国几千年封建社会推行"重农抑商"政策，人们对于商人往往没有好感，如认为"无商不奸"等。近代民族资产阶级总体上讲是爱国民主、倾向进步的，但也有自身的阶级局限性。新中国成立之初，大多数民族资本家都表示要"听毛主席的话，跟共产党走，走社会主义道路"（通称"听、跟、走"），但少数不法资本家拉拢腐蚀干部，违法经营，破坏金融秩序和经济秩序，甚至出现了出售劣质药材、过期药品给志愿军，从而导致伤病员不治身亡这样伤天害理的事。改革开放以来出现的非公有制经济人士，与过去任何一个时期的商人最大的不同

① 中国共产党统一战线工作条例［M］.北京：人民出版社，2021：28-29.
② 习近平.毫不动摇坚持我国基本经济制度 推动各种所有制经济健康发展［N］.人民日报，2016-03-09（2）.

之处在于，这一新的社会阶层是在党的政策指引下富起来的，因此他们中的绝大多数人对党怀有一种天然的感激之情，拥护党的路线方针政策，努力实践做合格的中国特色社会主义事业建设者。广大民营经济人士创造了财富，上缴了税款，赚得了外汇，提供了就业岗位，许多人还积极投身各种公益事业，在自身发展的同时为国家、为社会做出了贡献，应该得到党和政府的肯定，得到社会的承认和尊重。目前我国非公有制经济人士队伍总体上是好的，但由于这个队伍的不断壮大，其构成越来越复杂，素质参差不齐。很早以前，少数人致富后置党的政策号召于不顾，置企业家的社会责任于不顾，甚至置国家法律法规于不顾。21世纪初的第一个10年，因涉嫌虚假出资、合同诈骗、金融问题、非法占用农用地、非法吸收公众存款、行贿等违法行为，有的甚至涉嫌组织领导黑社会活动，几乎每年都有富豪落马。而这些人中，有的是全国人大代表，有的是全国政协委员，有些是市县政协副主席或常委，有些是工商联副会长或民主党派成员，有的还得过劳动模范、杰出青年等荣誉称号。由此可见，在选拔、推荐和安排代表人士时，必须做到深入、真实、全面和动态地掌握情况，建立一个经常性、综合性的评价体系，来分析和掌握非公有制经济人士的情况。非公有制经济代表人士因身份原因，其涉及的领域和接触面相对较广，进行综合评价是唯一科学的衡量方法，可以避免各部门各自为政，出现"盲人摸象"的碎片化现象，让非公有制经济人士的评价更加全面、科学和客观、公正，有利于在广大非公有制经济人士中形成正确的导向。

与此同时，通过综合评价，可以引导"富二代"向"创二代"转型。近几年来，关于"富二代如何向创二代转化"的问题引起了全社会的关注。受身心状况、思想观念、知识结构、市场把握能力、家庭内部压力、社会舆论等因素限制，二代不想接班、接不了班的现象普遍存在，如何应对"交接班"危机、将企业的"生死坎"变成机遇期、如何在完成"交接班"过程中实现转型升级，不仅是摆在"一代"和"二代"面前的紧迫问题，也是各级部门应该高度关注的新课题。要把非公有制经济代表人士纳入党管人才的总体格局，尤其要重点关注新生代非公有制经济代表人士的培养，把他们纳入综合评价对象，形成二代民营企业家培育长效机制。

最后，开展综合评价有利于构建亲清政商关系。习近平总书记指出，对民营企业家而言，"亲"就是积极主动同各级党委和政府及部门"多沟通多交流，讲真话、说实情、建诤言，满腔热情支持地方发展"；"清"就是"要洁身自好，走正道，做到遵纪守法办企业、光明正大搞经营"。[①] 对此，各地大多以正负清单来落实。但实际上，负面清单是法律底线，即使不列出也是不能触犯的；正面清单是道德高线，只能倡导不能强迫，更多要靠长效机制的约束和文化氛围的熏陶。一方面，综合评价的开展，正是从评价机制上着手引领企业家践行社会主义核心价值观，激发企业家精神，建设先进企业文化，倡导诚信守法，履行社会责任，扩大就业渠道，改善劳资关系，带动共同富裕，促进社会稳定和谐。与此同时，开展综合评价也有利于避免政出多门，提升政府办事效率，减轻企业负担，从而起到一举多得、事半功倍的作用。事实表明，通过综合评价形成对非公有制经济人士工作的有效合力，可以提升党和政府对非公有制经济人士的影响力和感召力。

二、综合评价的理念方法与成效评估

综合评价的探索创新。对非公有制经济人士的综合评价，大致经历了四个阶段。一是局部试点阶段。2005 年 6 月，中央统战部牵头，国家发改委、原国家工商总局、国家税务总局、原劳动和社会保障部、原国家环保总局、全国总工会、全国工商联参与，在山西、辽宁、上海、江苏、浙江、四川六省（市）和银川、温州二市开展非公有制经济代表人士综合评价试点工作。二是全面试行阶段。2006 年 3 月底中央统战部在浙江召开总结会议，随后正式发文在全国范围内全面试行综合评价。综合评价包括思想政治素质、履行社会责任情况、企业发展与经营管理状况、个人修养及公众形象四个方面的内容，并分解为十八个评价要点，分别由主评单位和协评单位根据不同的指标项，按照 A、B、C、D 四级予以评定，为代表人士建立正规的个人档案，进行动态的管理。三是深入推动阶段。抓住 2007 年工商联换届契机，确立"凡进必评"的原则，把综合评价作为政治安排的前置程序和主要依据。同时推广浙江研发的综合评价管理信息系统。到 2010 年，中央统战部等单位又发文对综合评价体系做了进一步完善。经过 10 多年的探索创新，综合评价形成了比较成熟科学的机制，取得了较为显著的成效。四是

---

① 习近平. 毫不动摇坚持我国基本经济制度 推动各种所有制经济健康发展［N］. 人民日报，2016-
03-09（2）.

全面升级阶段。党的十八大以来，以习近平同志为核心的党中央对非公有制经济领域"两个健康"进行了一系列新的论述，对搞好综合评价多次做出重要指示。而随着形势的发展变化，现行综合评价体系还存在诸多与现实不相适应之处，必须紧跟时代发展步伐，及时调整完善有关政策。2016 年 6 月，经中央统一战线工作领导小组会议审议通过，中央统战部、中央组织部、全国工商联等 14 家单位共同印发了《关于加强和改进非公有制经济代表人士综合评价工作的意见》。新完善后的综合评级体系充分贯彻落实中央统战工作会议精神，在指标体系、工作机制、软件设计等方面都做了探索创新。人事安排评价范围由工商联执常委扩大到人大、政协，明确规定人大代表候选人、政协委员必须经过综合评价，真正实现了评价对象的全覆盖。突出评价结果运用。强调综合评价结果为 A 级的优先作为组织考察人选，B 级的可作为组织考察人选，C 级的不宜作为组织考察人选，强化了综合评价工作的严肃性。强化指标体系的可操作性。评价内容与各部门工作职能相结合，与政府依法行政相适应，与现有信用评价指标体系相衔接。工作更具权威性。凡属非公有制经济人士的人选都必须经过综合评价，未经综合评价或综合评价结果不合格的，不能列入考察人选范围，实现了综合评价的"真评实用"。①从 2005 年至 2015 年的 10 年间，全国已完成综合评价的有 16.7 万人，综合评价结果不合格的占 22.1%，约 5.3 万人被取消人大代表、政协委员、工商联执常委提名人选资格。五是与时俱进阶段。2020 年 1 月，中央统战部、全国工商联等 14 个部门，再次修改颁发了民营经济人士综合评价工作的相关文件，明确提出了思想政治表现、企业经营状况、企业守法诚信、个人守法 4 个方面 9 项具体内容的评价体系和要求。

综合评价的理念方法。在整个综合评价 10 多年的运行过程中，作为民营经济大省的浙江从中发挥了十分重要的积极作用。2006 年中央统战部等单位下发新的综合评价文件后，浙江省又自加压力，规定必须全部达到 A 类指标才能最后评优。这项工作得到了时任浙江省委书记习近平的重视和支持，亲自批准成立领导小组，并在经费上给予大力支持。

对浙江省级和温州市级试点及运行情况"解剖麻雀"，我们对综合评价的理念、方法、程序等基本框架，就会清晰起来。一是设计理念。按照中央统战部"全

① 中央统战部五局 . 做好非公有制经济代表人士综合评价工作［J］. 中国统一战线，2016（8）：40-42.

面准确、科学规范、切实可行"的原则，浙江在深入调研，充分论证的基础上确立了"定量分析为主，定性分析为辅，定量分析与定性分析相结合"的评价思路，并树立了"把导向告诉代表人士，把审核放在协评单位，把方便留给评价对象，把麻烦交给电脑软件"[①]的评价模型设计理念。二是评价方法。在对非公有制经济代表人士的评价上，浙江省主要采用他评、自评和综合评价相结合的办法。温州市则采取了以得分为基础，既可以组合进行综合评判，又能够进行分级分类评价的"三级评价法"[②]。三是评价程序。省、市、县三级采取了严格规范的程序。这种自上而下确定评价对象、自下而上采集信息的评价程序，最大限度保证了评价信息数据的准确性和相关人士的代表性。四是评价工具。为了提高综合评价工作的效率，使评价工作更科学、更严谨，浙江省委统战部联合浙江工业大学信息工程学院的专家学者，共同开发了综合评价软件开发系统，综合评价信息管理系统的建立，为查询检索、比较分析、指标调整和数据变更提供了方便，为综合评价的立体式和滚动式开展提供了平台。五是重要环节。针对浙江非公有制企业行业众多、规模不一，非公有制经济人士量大面广、素质不同的特点，制定了精细的评价指标，并突出共性，多角度多层次对非公有制经济代表人士进行了全方位考量。按照全面准确、科学可行、公正规范的原则，确定了适应非公有制经济发展和非公有制经济代表人士成长特点，上下联动、标准统一的综合评价体系。不仅建立了省、市、县三级非公有制经济代表人士信息资料库，而且建立起动态的信息系统和评价系统。

综合评价的成效评估。对非公有制经济人士的综合评价工作，作为为非公有制经济代表人士举荐、表彰、安排而建立的一种机制，在非公有制经济人士中，

---

① "把导向告诉代表人士"，即在评价内容中，增加体现科学发展观要求的一批项目，并加大这类项目的权重；"把审核放在协评单位"，即对代表人士填报的每一项自报信息，都确定由相关的部门、单位或组织进行审核，而且协评单位的审核结果，优先于代表人士的自报信息；"把方便留给评价对象"，即在评价内容填写上，尽可能地让代表人士多做"选择题"，少做"填空题"，在内容审核上，都由试点办集中送相关协评单位审核盖章，少让代表人士"跑路"；"把麻烦交给电脑软件"，即把评分、评级等烦琐的评价过程全部交给电脑软件处理，以保证大规模、大范围的评价工作能够顺利进行、按时完成、保证质量。

② 第一级评价是指标评价，主要是根据每一个指标的得分情况，设置不同的级别，指标评价分为A、B、C、D、E、F等6个档次；第二级评价是项目评价，主要是根据第一级评价的结果和档次，对政治思想表现、参政议政倾向、生产经营实绩、企业发展潜力、诚信守法经营、履行社会责任等6个二级项目进行分类评价，项目评价分为A、B、C、D 4个等级；第三级评价是综合评价，主要是根据第二级评价（"项目评价"）的结果而不是"综合得分"的结果进行标准设置的，一共分为A、B、C、D、X 5个级别。

甚至在整个社会中都起到了良好的示范和导向作用。

一是为促进"两个健康"树立了鲜明导向。综合评价指标设置的依据是"两个健康"的目标要素，4个方面18项指标的内容比较全面地涵盖了代表人士政治思想、道德素养、社会责任和创业能力的主要要素，而且是经过18个部门把关、层层筛选产生。综合评价的过程也是对非公有制经济人士开展思想引领的过程。如：浙江省龙游县在开展综合评价工作中注重"四个结合"，即与帮助企业排忧解难相结合，与理想信念教育相结合，与诚信守法教育相结合，与引导参与社会主义新农村建设相结合。再如：浙江省江山市把综合评价与广泛宣传非公有制经济人士履行社会责任，弘扬社会主义核心价值观相结合，开展各项工作，如：对A级的评价对象进行会议表彰、通报表扬和授牌；分别在《今日江山》和江山电视台开设"综合评价A级人士风采暨社会责任论坛"，开展专题宣传；与"作风建设年"相结合开展"走百家企业"活动，及时反馈综合评价结果；把综合评价结果作为市委、市政府指导经济工作和引导非公有制人士参与新农村建设的重要依据。对存在不足的非公有制经济人士，通过开展约谈、走访跟踪等进行了引导教育，为建立起一支优秀的非公有制经济代表人士队伍，起到了典型引路的作用，为广大非公有制经济人士树立了科学、鲜明的正确导向。

二是建立起包括各种安排的科学机制。对18项指标的权重做了科学的分析，有一票否决的，只要有一个指标等级在C及以下的一票否决，其他都是A也没有用。如环保指标，权重比较大，促使企业更加重视环保。有定性分析的，有定量分析的，这种加权系数得到专家学者的认可，有一定的科学性。各级单位把综合评价作为政治安排、荣誉安排、社会安排和实职安排前置程序，基本实现了各类安排的制度化、科学化。如：浙江省在2007年政协、工商联换届和二、三两届优秀建设者候选人评比中，就有15人被取消提名资格。2007年和2009年浙江省开展了第二、三届优秀中国特色社会主义事业建设者评选活动，全省共对1500名非公有制经济人士进行了综合评价，其中省级对104名候选人进行了综合评价，其中有10人综合评价在B级以下被取消候选人资格，各市也有多人被取消候选人资格，严格做到了将综合评价作为非公有制经济人士政治安排的前置程序。同时，一部分非公有制经济人士存在的问题也能通过评价体系及时反映并酌情反馈提醒，体现了评价模型较强的预警作用。

三是为深化新时代非公有制经济领域统战工作夯实了基础。通过综合评价，各地普遍建立完善了非公有制经济人士信息库，并实行动态调整，有助于对非公有制经济人士进行定性分析与定量分析。综合评价体系的建立，健全了网络和机制，实现了信息资源共享，既形成大统战格局又提升了政府职能部门的履职能力，既有利于各部门加强和改进对非公有制企业的监管、服务和引导，又为党委部门全面了解非公有制经济人士提供了科学依据，既有利于对非公有制经济人士做出正确的判断又有利于非公有制经济人士的健康成长。

随着综合评价工作的逐步推广和深入开展，特别是经过人大、政协和工商联换届及第三届优秀建设者评选表彰的"凡进必评"运用实践，综合评价工作的重要性、必要性日益显现，得到了党委、政府领导及有关方面的认可和支持，在广大非公有制经济代表人士中发挥了积极的导向作用，也在社会上产生了广泛影响。综合评价工作运行数年的实践证明这是一项务实、管用、多赢的长效机制。与此同时，这项工作也需要与时俱进、进一步完善和提升。

三、战略前瞻：全面创新非公有制经济人士引领机制

综合评价是对非公有制经济人士政治引导工作的重大机制创新，涉及政治、经济、社会各个方面。我们必须跳出传统思维和工作视野，从党执政兴国的理念和全面建设社会主义现代化国家的全局高度，深刻审视、全面谋划这项工作的发展方向，努力在制度上、机制上、理论上不断实现超越。

（一）制度上要有所突破

面对快速发展的非公有制经济和不断壮大的非公有制经济人士队伍，非公有制经济领域统战工作要有所创新、有所突破，关键是要在综合评价工作制度上有所创新、有所突破。通过建立由各级党委牵头的综合评价工作领导制度，拓展综合评价工作的支持面，把综合评价工作的主体由统战部提升到党委层面，由党委分管领导牵头，统战部来组织实施；通过扩展对象，拓展综合评价工作的覆盖面，进一步提高综合评价结果的真实性和服务其他工作的适应性；通过共享成果，拓展综合评价工作的应用面，使成果成为各相关部门对非公有制经济企业进行管理、评选、资质评定、年检年等工作的重要参考指标，并形成正确导向。在选拔、推荐和安排代表人士时，必须做到深入、真实、全面和动态地掌握情况，建立一个经常性、综合性、动态性的评价体系，来分析和掌握非公有制经济人士的情况。

一方面，建立 A 等标准公示机制，将评价结果分为 4 等，明确 A 等标准作为安排和表彰的前提，把好的企业家向公众宣传，树立典型并加以引导；另一方面，完善准入退出机制，严格准入条件，既要坚持统一标准，又要把握地区平衡，对那些参政议政热情低、履职尽责能力弱及丧失条件或资格的企业主，应通过一定的程序使其及时退出。这样就能发挥党和政府及有关部门对非公有制企业和企业家引导与管理的综合效应，达到事半功倍的实际效果。实践表明，只有建立起科学公正的评价、选拔和表彰机制，才能切实把那些政治素质优秀、社会责任感强、社会形象好的人选拔出来，做到选拔一个带动一批，安排一个影响一片。

（二）机制上要有所创新

一是要在评价成果应用上实现机制创新。要进一步扩大评价结果运用的范围，除了将其作为对非公有制经济人士的政治安排和荣誉安排的依据外，还应建立健全机制，将其作为政府相关职能部门开展工作的重要依据（如银行信用额度的参考、税务部门税收的减免等），作为非公有制企业优先获取科研成果和优先使用国家级实验室的依据，作为非公有制企业和企业家落实党和国家的路线、方针、政策和相关法律法规的重要依据，发挥其对非公有制企业和企业家的发展的明确政治导向。只有这样，才能保证对民营企业和民营企业家的教育、引导更加全面、更富成效，才能从机制上保证民营企业健康发展和民营经济人士的健康成长。

二是要建立和完善各项联系、反馈、督促的机制。把评价成果反馈给民营企业，可以将其转化为加强非公有制经济代表人士思想教育和政治引导的载体和手段。[①]同时要把评价结果反馈给各职能部门，运用到对非公有制企业的各种考评工作中，从而实现综合评价成果效益的最大化。在此基础上，审时度势协助建立非公有制企业风险预警机制，积极与相关部门协调，帮助"问题企业"把脉生存和健康发展，加强资本运作的超前指导，实现对非公有制经济人士投资经营管理进行风险预警。

三是要建立科学民主的工作协调机制。浙江省试点过程中，综合评价领导小组的 18 家单位根据不同的评价指标，各有分工且职能不同。省委统战部对自身

---

① 如：在浙江省第二届优秀建设者评选前的综合评价中，发现一企业没建工会，在反馈意见后不久，该企业打电话告知，其已建工会，欢迎检查验收。

的定位是：是牵头单位，但不是说了算的单位，"要把我们的权力搞得小小的，把民主搞得大大的，把透明度搞得亮亮的，把服务搞得好好的"。这就充分调动了参与单位的积极性。

（三）理论上要有所发展

综合评价工作的实践要取得更大的进展，说到底还是要在理论上有所提升、实现突破、取得进展。随着社会主义市场经济的发展和现代化经济体系的构建，以及经济全球化的挑战和高质量发展的要求，综合评价体系的评价内容也应做出符合时代要求的调整，真正体现出与时俱进、客观公正、科学可行，以顶层设计与基层探索相结合推进改革创新发展。当前要着重研究和破解四个问题：一是如何通过企业社会责任体系的本土化，使综合评价体系从理论到实践都实现较大的突破和提升；二是如何通过拓展综合评价客体的多元化（从单纯对企业主的评价拓展为对企业主、企业决策层、全体员工群体和代表人士的层次评价），引导非公有制企业打造核心价值观和企业先进文化；三是如何通过增强综合评价客体的主体化，引导非公有制经济人士培育和弘扬企业家精神；四是如何通过激活综合评价客体的双向化，引导非公有制经济人士致力构建亲清政商关系。

总之，对非公有制经济代表人士综合评价工作并不是一时一事，切实推进这项系统性基础工程和重大制度创新，更好地发挥综合评价工作新的着力点和重要抓手作用，还需在实践中探索，在理论上提炼。

四、科学谋划非公有制经济代表人士队伍建设

在以中国式现代化推进中华民族伟大复兴的新征程中，引领和促进"两个健康"的任务比过去任何时候都更为繁重和紧迫，落脚点在于建设一支非公有制经济代表人士队伍。结合综合评价的实践探索，重点要从以下五个方面科学谋划新时代非公有制经济代表人士队伍建设工作。

一是要整体谋划非公有制经济代表人士队伍建设。随着改革开放的不断深入和市场经济体制的逐步完善，在激烈市场竞争和自然生存规律的双重作用下，非公有制经济代表人士不仅面临着后金融危机时代企业转型升级、科学发展的压力，而且面临着领导更替、代际传承、企业发展的压力和政府认同、社会认同的压力。随着原生代非公有制经济代表人士资源越来越稀缺，新生代非公有制经济

代表人士和中小企业非公有制经济代表人士的地位越来越重要，作用也越来越突出，科学谋划非公有制经济代表人士队伍建设工作显得日益重要和紧迫。面对新的形势和新的任务，要将顶层设计与基层探索有机结合起来：一方面鼓励基层继续大胆探索，把好的做法经验提炼出来，进而变"盆景"为"风景"；另一方面，要做好整体谋划工作，超前规划非公有制经济代表人士工作思路，全面优化非公有制经济人士工作整体布局，统筹推进非公有制经济代表人士队伍建设进程。要加强调研，制定出台关于非公有制经济代表人士队伍建设规划的指导意见，把非公有制经济代表人士纳入党管人才的总体格局。要加快编制两级非公有制经济人才发展战略规划，明确非公有制经济代表人士队伍建设的目标任务、方法措施和责任主体，推动非公有制人才结构的战略性调整，促进非公有制人才结构与经济社会结构相适应。要重点关注中小企业非公有制经济代表人士和新生代非公有制经济代表人士的培养，按照"梯次配备、重点培养、优进绌退、动态管理"的原则，将他们纳入后备人才队伍建设规划。

二是要大力培育和弘扬企业家精神。经济全球化和我国经济发展进入新常态、构建新发展格局、实现高质量发展，要求广大非公有制经济人士弘扬企业家精神，激发创业创新活力。包括综合评价在内的对非公有制经济领域"两个健康"引领工作的制度性安排，要形成有利于支持非公有制经济人士弘扬企业家精神的导向。要鼓励各地与时俱进地提炼具有特定企业家群体内涵的企业家精神。要以企业家精神的培育弘扬，激发广大非公有制经济人士努力在自身素质提升上大有作为，引导支持他们积极探索建立现代企业制度，并努力践行现代企业家标准。着眼全面建成社会主义现代化强国、实现中华民族伟大复兴，引导广大非公有制经济人士树立家国情怀，做民族振兴、社会进步的自觉实践者，将个人理想与企业发展自觉融入实现中国梦之中。

三是要全方位引领非公有制经济人士做"五位一体"的建设者。在新时代，非公有制经济人士作为中国特色社会主义事业建设者，不仅是社会主义市场经济的生力军，也是社会主义民主法治、先进文化、和谐社会和美丽中国的建设者。[①]以政治参与为例，非公有制经济人士参与度不断提高，影响力也在不断扩大，在我国政治生活中发挥着越来越重要的作用，除了在县（市、区）人大代表、政协

---

① 杨卫敏，许军.主力军还是同盟军——非公经济人士双重属性解析［J］.江苏省社会主义学院学报，2015（02）：26-32.

委员中占有一定比例外，还直接影响村级党组织建设和村级自治。正确引导非公有制经济人士积极参与政治，确保其参与政治的合法化、规范化、有序化，不仅是践行和发展我国全过程人民民主的客观要求，也是巩固党的执政基础、提高党的执政能力的一个重要课题。要注重在前期综合评价的基础上进行深入分析和研究，从中研判非公有制经济人士这一社会群体的特点，有的放矢地开展工作，把广大非公有制经济人士团结在党的周围，使其成为合格的中国特色社会主义"五位一体"的建设者。

四是要全面创新非公有制经济代表人士队伍建设工作机制。关键是建立有利于非公有制经济代表人士科学发展和健康成长的长效机制。要建立良好的服务机制。为非公有制经济代表人士提供健康发展的环境，统战部门要协助党委建立服务平台，并使之系统化、常态化。要健全完善选拔机制。坚持党委领导推荐和社会推荐相结合、党委统战部推荐和基层推荐相结合的原则，规范选拔程序，在综合评价的基础上做好政治安排、社会安排和评优表彰工作。要建立合理的培育引导机制。拓宽教育渠道、深化教育内容、创新教育载体，以传统文化、伦理道德等基础性培训为重点，对非公有制经济代表人士进行分层次、分类别培训。要建立有效的使用激励机制。把荣誉安排作为体制延伸、工作资源覆盖的重要渠道和抓手，通过组织参与各类重要活动，挖掘他们的组织能力和领导能力。要完善工作网络机制。扩大非公有制经济代表人士工作的覆盖面，做到哪里有非公有制经济代表人士，哪里就有统一战线工作组织形式（企业商会、党支部、党委统战部、统战工作站），形成横向到边、纵向到底的工作网络。要建立可持续发展机制。通过从下到上，好中选优，逐级推荐评优表彰，以品牌化塑造的思路将"优秀建设者"打造成非公有制经济代表人士的最高荣誉称号，并积极争取赋予"优秀建设者"相应的待遇，努力在全社会营造尊崇"优秀建设者"的良好氛围。

五是要努力探索非公有制经济代表人士队伍建设工作规律。要加强对非公有制经济本身的战略性研究，自觉把握民营经济和民营企业发展规律。通过把握新时代民营企业发展的特点和趋势，使非公有制经济代表人士工作的总体部署和思路方法保持前瞻性、预见性。要加强对非公有制经济代表人士队伍建设的特色化研究，研究不同区域、不同层次的非公有制经济代表人士所具有的区域性特质，从而掌握非公有制经济代表人士生态培育和成长规律，使这项工作更具针对性。要加强对非公有制经济代表人士队伍建设理论的系统研究，掌握非公有制经济代表人士工作规律，从而增强工作的有效性。要形成具有系统性、层次性和开放性的科学理论架构，进一步指导非公有制经济代表人士工作的开展。

五、延伸阅读：构建新发展格局与"两个健康"评价体系的优化完善——基于温州和常州（武进）两个先行区探索的比较研究

党的二十大报告指出：加快构建新发展格局，着力推动高质量发展。民营经济作为我国第一市场主体和第一外贸主体，在构建以国内大循环为主体、国内国际双循环相互促进的新发展格局、推动高质量发展中，有着举足轻重的作用。与此同时，适应和构建新发展格局、实现高质量发展，理应成为非公有制经济领域"两个健康"的有机组成部分。这里以浙江温州和江苏常州（武进）"两个健康"先行区[①]的实践探索为基础，分析构建新发展格局与"两个健康"之间的内在和外延关系，进而对"两个健康"评价体系进行优化和发展。

（一）从"两种模式"看民营经济在构建新发展格局中的历史使命

江苏、浙江均是我国民营经济的先发地区，曾创出"苏南模式"和"温州模式"。江苏省民营经济主要发端于国有和乡镇企业的改制，而浙江民营经济则更多地由"草根经济"发展演变而来。进入21世纪以来，随着我国市场经济的成熟和经济全球化的到来，两种模式的提法逐渐淡化，但两省民营经济发展还是彰显出了各自特色。一是两省的民营经济总量都很大，但在民营经济占比上浙江明显高于江苏。江苏形成了国企、外企、民营"三足鼎立"的格局（近几年民企已居首位）。二是对外开放水平方面，江苏是外资企业多，浙江是民营企业外向性程度高。三是从民营经济吸纳就业情况看，江苏的民营经济是吸纳就业的重要渠道（如常州民企对从业人员贡献占88.7%），浙江省的民营经济成为吸纳就业的主渠道（占每年新就业岗位的90%以上，少数地方占95%以上）。在适应和引领新发展格局的进程中，两省的民营经济都任重而道远。

[①] 温州"两个健康"先行区始创于2018年，系经中央统战部和全国工商联批准的试点；常州（武进）"两个健康"先行区始创于2019年，系江苏省委统战部和省工商联批准的试点。

民营经济是实现科技创新、促进高质量发展的第一主体。我国高新企业数量超 18 万家，民营企业占 83%。民营企业在我国技术创新和新产品研发中占比超过 70%。[①]特别是在当前数字经济和实体经济融合的时代，作为生产的核心要素，数据的生产、加工、处理、交易和消费，在整个经济链条中发挥决定性或者基础性的作用。从产品设计、制造、管理、营销到服务等，数字化已经渗透到供应链与产业链的各个方面和各个环节。截至 2020 年 11 月，新经济企业 500 强以民营企业为主，上榜数量达到 426 家。[②]毫无疑问，作为数字经济第一主体的民营经济，是推动高质量发展的第一主体。但是，企业是产业链的市场主体，以企业为产学研创新链主体，带动产业链现代化，尤其是突破"卡脖子"的关键技术，是促进我国经济高质量发展、构建新发展格局的关键环节。从总体上看，苏浙两省在高质量发展上面临着不同程度的困难挑战。一是体制机制创新（营商环境）有待进一步深化。二是传统产业升级与新兴产业发展的水平有待进一步提高（特别是民营经济产业链现代化水平还比较低，高端平台的创新带动还不够强）。三是民间资本和地方金融创新方面有待进一步探索。四是企业家精神的弘扬特别是家族企业代际传承的问题尚需进一步破解。这些都迫切需要政府在公平竞争、公共服务、科技创新、要素配置、社会环境等关系到产业转型升级和企业可持续发展的重点领域创造条件、加强引领、加大扶持。

民营经济是实现区域重组、促进混改和国内外融合的第一主体。我国经济对外贸的依存度从 2006 年的 64.2% 下降到 2019 年的 31.8%。浙江作为外贸大省，截至 2022 年底，外贸依存度仍达 49.4%（其中民营经济高达 72%）。但与此同时，"浙江人经济"连接着国内外生产经营网络，实现浙江民营经济"小商品大市场"的运作。就实体市场而言，截至 2023 年底，浙江人在省外创办的专业市场有 2400 多家，内销增量的 28% 来自省外浙江人创办的市场。就网络市场而言，2019 年，浙江网络零售额增幅达 18.1%，跨境零售额增长 35.3%。省内拥有杭州、宁波、义乌、温州、绍兴、台州等多个跨境电商综合试验区，共同构成了市场融合的网络基础。与此同时，遍布海内外的浙商群体带动产业集群、品牌化、组织化发展。近年来在省外经商办企业的浙江人（简称"浙商"）超过 675 万，创办

---

① 马建堂，马骏.民营企业在构建新发展格局中肩负重大历史使命［N］.经济日报，2020－11－27（1）.
② 于泳.2020 中国新经济企业 500 强榜单显示——民营企业成新经济主力军［N］.经济日报，2020－12－02（5）.

各类企业 71 万家，累计总投资达 9.1 万亿元，且投资规模还在不断扩大。此外，还有 200 多万海外浙商，共同构成了规模较为庞大的"浙江人经济"总量。据统计，浙商回归共引进带动发展产业集群 56 个，总投资超过 4800 亿元，并带来了侨资企业 2.1 万家、海外人才 21.3 万人。温州全市有 262 万温商在全球创业经商，其中有 50 多万温籍华侨在世界 131 个国家和地区创业，成立了 260 多个侨团；有 200 余万温州人在全国各地经商，在地市级以上城市成立了 245 家温州商会。协会商会等民间组织在沟通企业与政府中起着重要的桥梁作用，在支持和服务企业发展中起着重要作用。"浙江人经济"从无到有、从小到大的发展历程与浙江民营经济发展密不可分，两者之间的融合发展既有助于促进浙江民营经济构建人才、技术和管理等新优势，提升市场竞争力，又有助于深化浙江与世界各地的交流合作，提高浙江参与世界经济竞争与合作发展的层次和水平。此外，从江苏的情况看，自 2017 年开始，民营经济占比已碾压外资企业，成为第一市场主体，民企参与混改方兴未艾。在推进军民融合发展，扩大"民参军"队伍方面，两省也是亮点纷呈。

　　民营经济是因地制宜、分类施策地适应、引领和创建新发展格局的第一主体。从各方面看，苏浙两省民营经济有着各自的比较优势。民营经济发达是浙江省的特色和优势，特别是市场体制比较完善，浙商群体在境内外比较活跃。江苏省在培育大企业、大产业方面的政策优、投入大，一批规模较大的旗舰型民营企业集团脱颖而出。一是提前布局，积极谋划，新兴产业发展已经取得先发优势。二是对外开放度高，特别是高水平外资的引进促进了本土民营企业发展质量的提升。三是科技人才优势比较明显。[1] 四是土地资源禀赋为民营经济发展提供了新的空间。[2] 温州与苏锡常等苏南地区是苏浙两省经济的典型代表区域。两者同处长三角，民营经济高度发达，县域经济特色鲜明。苏浙两省民营经济发展的不同特点在常州和温州之间表现得更为典型。首先，民营经济都是两市经济最大的特色优势，但发展痛点有所不同。温州民营企业占 99% 以上，原先的主要特点是多而不强，如何引导高质量发展是关键，而近几年美国等西方国家挑起国际贸易

---

① 江苏省较早设立"高层次创业创新人才引进计划"。这些人才 80% 来自海外，70% 拥有自主知识产权成果，大多分布在江苏省重点发展的新能源、新材料等新兴产业。另外，江苏省高校及科研院所云集，为江苏省民营经济发展培养了大量各类专业人才。

② 江苏省行政区划面积与浙江省相当，但平原面积约占全省总面积的 70%。

争端，导致出口外向型民企面临挑战。常州民营市场主体超过 60 万，民营企业占市场主体 63%，无论是总数和占比都不如温州高。原因是常州还有相当占比的国有企业和外资企业，民营企业相对于国有、外资企业而言规模较小。一方面，受国际环境影响的主要是外资企业，民营企业总体上向好；另一方面，民营企业的发展往往受到国有企业挤压。其次，民营企业总体上以中小微企业居多，但常州素质强贡献大的民企数量比较可观。常州以人才和科技集聚推进高质量发展，民营企业转型升级相对较早。以武进区为例，常州民营经济发展呈现四大特点：一是成长快速化；二是产业高端化；三是经营集团化；四是资本多元化。特别是大量民营企业在做精做强主业的同时，不断拉长产业链，向产业上下游和附属产业拓展业务，出现了主业明晰、混业经营的发展趋势；而民营工业企业普遍与外资、国资广泛合作，通过上市、兼并重组等各类手段实现跨越发展。最后，政府主导和管理民企的模式有所不同。长期以来，温州的经济环境比较开放，形成了"小政府大市场"的格局，企业主体"不找市长找市场"，大量温州民资和民企走出去发展，温商及其商会组织遍布全国各地甚至海外并发挥着重要积极作用。常州各级政府引领管理一直比较强势，喜欢招商引资，主导了经济的发展格局。如：武进区把优势产业、特色产业培育放在推动民营经济发展的重要位置，以主导产业、支柱产业的健康发展为整体经济换挡奠定基础。

综上所述，在当前构建以国内大循环为主体和国内国际双循环发展相互促进的大背景下，民营经济的发展痛点在不同地区呈现出不同特点。随着发展阶段、环境条件的深刻变化，在构建新发展格局进程中，我国民营经济面临着市场环境再造、公共服务优化、企业自身改革、政商关系重塑以及危中寻机、化危为机等现实考验。民营经济示范区将积极探索民间资本进入特许经营领域的新模式、民营经济发展环境优化新方法、民营企业自身转型发展新途径以及政府和民营企业和谐共处新样板，努力在民营经济改革创新方面率先突破，可以为适应、引领和创建新发展格局当好探路者的角色。

（二）构建新发展格局如何融入"两个健康"指标体系

自从 2005 年开展非公有制经济人士综合评价工作以来，评价指标体系不断得到修改完善。但由于这个评价指标体系重点针对人（民营企业家），因此对于民营经济健康发展并没有出台详细的评价体系。温州和常州（武进）在创建各自

"两个健康"先行区的实践探索过程中，注重经济与人并重、整体（区域）与个体（企业）并重、定性分析与定量分析并重、尊重顶层设计与创出地方特色并重，取得了重大突破和发展。下一步要把构建新发展格局列入评价体系，这是需要不断提升和完善的。

融构建新发展格局于不断细化完善民营经济健康发展评价指标之中。温州制定的民营经济健康发展评价指标体系，分别设定为经济活力、质效提升、创新驱动、结构优化、底线能力等5个维度共35个指标。常州（武进）结合民营经济健康发展的内涵，从发展定力、转型活力、环境助力和风险抗力4个层面提出民营经济健康发展评价指标体系。其中，"发展定力"反映了民营经济整体发展的平稳性，"转型活力"是指民营经济产业跃升的潜力，"环境助力"测量了促进民营经济发展的市场、法治、政商环境，"风险抗力"是指民营经济面对不确定状态的应对能力。为更好地呈现民营经济适应和参与构建新发展格局情况，尚需增加外贸依存度、进出口占比、国内有效投资等方面的测评指标，并注重把定性概念转化为定量指标。一是民营经济创新创业层面要彰显自主创新的成分。包括：企业研发费用情况、高层次人才引进情况、自主品牌创建情况、专利申请和引进情况、关键核心技术拥有情况、研发机构设置情况、"产学研"融合情况，以及各方面存在的困难与问题。二是民营经济结构优化层面需要了解转型升级的薄弱环节和难点问题。包括：高新技术产业发展情况、民营现代服务业发展情况、民营数字经济产业发展情况、民营"专精特新"产业发展情况、民营智能制造业发展情况、民营绿色产业发展情况，以及各方面存在的困难和问题。三是当前民营经济企业家创业创新精神（企业家精神）如何评判。面对疫情带来的国际国内形势，应对企业发展的信心及复工复产情况进行了解；了解"新发展理念"是否强，特别是着眼高质量发展，积极推进企业转型升级；构建新发展格局方面，要着重了解是否积极响应国家和地方重大改革与建设规划，如：现代化经济体制构建、"一带一路"建设、乡村振兴战略、三大攻坚战、国企混改、"新苏南模式"构建等。

融新发展格局于坚持企业家主体、扩大有效投入和集聚人才之中。一是坚持始终把企业家放在主体地位。以企业为主体狠抓特色培育，针对处于不同发展阶段的个私企业，分门别类地制定培育措施，全面开展"个转企""小转规""规转市""大企业（集团）培育"等工作。以企业为主体狠抓方向引领，加快智能制造装备研用，推进重点行业智能化改造，全面推进新一代信息技术在工业领域的应用，着力打造一批带动作用大、创新能力强、示范效果好的标杆项目，有效引领和促进制造业的提档升级。激发企业创新活力和创造潜能，推广具有核心竞争力的企业品牌，扶持具有优秀品牌的骨干企业做强做优，树立具有一流质量标准和品牌价值的样板企业，培育和发展壮大更多具有国际影响力的领军企业。二是大力推进有效投入。全力以赴推进重点项目建设，以资本的密集投入来加快企业的裂变壮大。按照高端化、智能化、绿色化、服务化、品牌化方向，突出产业链招商、产业集群招商，围绕新一轮十大产业链和现代服务业十大产业领域，招引一批旗舰型、税源型重大项目和优质项目，不断推动产业向高端攀升、向顶端迈进。积极向上争取，主动对接国家和省重大战略，精准对接"中字头""国字号"的央企和大院大所，在加快推进民营中小企业"制造＋智能""制造＋网络""制造＋服务"的过程中积极引导，让融合发展成为民营经济转型升级的新路径。以企业需求为导向，全力保障民营企业资源要素供给。探索跨境金融区块链服务平台试点，设立"三权"抵押贷款风险补偿基金，有效缓解了民营企业融资压力，降低了金融风险。三是明确集聚人才是创建工作的重点要素。积极构建分别由顶尖人才、领军人才、社会事业人才、乡土人才组成的人才方阵，面向产业链高端集聚一批高层次人才。引进一批能够推动核心技术重大突破的领军型创新创业人才，聚焦战略性新兴产业大量引进顶尖人才。大力培养企业发展急需的高技能人才，着力培养技术精湛、技艺高超的高技术人才，积极推进双元制、现代学徒制等人才培养新模式，每年培养一批掌握核心技术、动手能力强、爱岗敬业的高技能人才。

融构建新发展格局于拓展国际视野和强化产业报国情怀之中。作为全国首个获批创建新时代"两个健康"发展先行区的地级市，温州立下的目标是：打造"国内一流的创业创新营商环境"，塑造"引领新时代潮流的企业家精神"，树立"民营经济高质量发展的新标杆"。常州武进以"新苏南模式"的打造来争创新优势，确立的创建工作目标是：营造更一流的投资环境、更便捷的政务环境、更有序的产业环境、更公平的市场环境、更舒心的城市环境，实现营商环境市场化、法治化、国际化，成为长三角一体化高质量发展营商环境新高地，重塑民营经济新标杆形象。两地的创建目标和创建过程，体现着构建新发展格局的总体思路。一是着眼打造高质量发展高地。常州武进坚持继承与创新，紧密结合苏南模式转型升级示范区创建，将以"创新＋资本＋开放＋人才"为引领的"新苏南模式"作为战略依据和工作抓手，围绕解决新时期武进经济在高速增长下出现的一些结构性矛盾，以改革促发展、以创新促转型，帮助广大民营企业加快产业转型升级，从高速增长转向高质量增长，努力将武进民营企业打造成为经济增长的主力军、改革开放的主动力、创新转型的主引擎和增收惠民的主渠道。二是培育有国际视野、报国情怀的企业家队伍。明确对企业家的培养方向是：爱国敬业、守法经营、创业创新、回报社会，每一点都要有新的内涵，都要有国际视野和产业报国情怀，等等。如：常州武进提出要培育思想政治的领航者、武商精神的传承者，培育民营经济的接力者、创新发展的先行者、现代企业的领跑者；同时打造一支秉持现代企业理念，善于整合资本、技术、管理、人力资源等现代企业要素，具有大数据思维的青年企业家队伍。温州推出"青蓝接力"工程，加大年轻一代民营企业家培养力度，努力打造出一支"政治上有方向、经营上有本事、文化上有内涵、责任上有担当"的新一代非公有制经济代表人士队伍。常州武进进而提出"十名领军、百名骨干、千名创星"新生代企业家培养计划等多个举措。培育企业家不是一句口号，而一个科学的、系统的、艰巨的工程，除了前文所述的党建引领和科技项目支持外，常州（武进）着重抓好企业诚信体系和经营规范建设的引领，包括不断完善企业诚信体系，强化民营企业在构建亲清政商关系中的主体作用，建立关心关爱企业家和容错机制等。特别是完善容新容缺容错机制，尊重企业家创新创造，营造较为宽容的企业家创新氛围。对新技术、新产业、新业态、新模式采取包容审慎的监管办法。对企业家合法经营中出现的失误失败给予更多理解、宽容、帮助，要予以容错，为担当者担当、为负责者负责、为干事者撑腰。三是瞄准痛点和堵点对症下药、讲求实效。当前民营经济发展存在着诸多挑战，国际形势错综复杂，保护主义、单边主义抬头，中美贸易摩擦的不利影响，带来了许多不确定因素，民营经济发展中难点痛点堵点频现，如：消除制约民营经济发展的体制机制弊端和思想观念束缚还不够彻底，民营经济转型升级还不够理想，许多民营企业减负成效还不够明显，一些民营企业守法诚信意识还不够牢固，有的民营企业投资发展眼光还不够远大，家族型民营企业传承发展方向还不够清晰，民营经济抗风险基础还不够坚实，有的单位和干部护航民营经济的作风还不够扎实。作为中小企业集聚地的温州，"两个健康"评价工作重在"经济健康发展"先行，设计的指标体系比较系统深化细化，发布试行一年后已由统计部门逐一输入测评并反馈各县（市、区）和相关企业，产生了明显的导向和促进作用。常州（武进）创建区，要着眼于弘扬新时代企业家精神，在引领和促进民营经济人士健康成长上下功夫。这样既符合实际、精准施策、切实有效，又彰显特色、体现价值，实现优势互补，有利于进一步丰富和完善"两个健康"先试先行的标杆体系，为高质量发展和构建新发展格局提供成功探索的不同样本。

（三）民营企业和民营企业家参与构建新发展格局的路径选择

两个先行区的评价指标为各地促进"两个健康"提供了可供借鉴的范本和启示，民营企业适应、参与和引领构建新发展格局不仅是必须的也是可行的，需要做更大范围和更进一步的探索。

1. 引导支持民营企业以科技创新打造现代化产业链，争当解决"卡脖子"技术问题的生力军

党的二十大报告指出：深入实施人才强国战略，完善人才战略布局，加快建设世界重要人才中心和创新高地，着力形成人才国际竞争的比较优势；坚持教育优先发展、科技自立自强、人才引领驱动；完善科技创新体系，坚持创新在我国现代化建设全局中的核心地位，完善党中央对科技工作统一领导的体制，健全新型举国体制。习近平总书记多次强调，"可以探索搞揭榜挂帅，把需要的关键核心技术项目张出榜来，英雄不论出处，谁有本事谁就揭榜"[①]。这对民营企业而言，更是一个重大机遇。要鼓励和支持民营企业加大科技创新力度，通过自主创新、原始创新，努力攻克关键核心技术、打破"卡脖子"技术封锁。

一是以跨链融合为手段打造现代化产业链。要高度重视全球产业链调整带来的深远影响，推动人才链、金融链、产业链的跨链融合，提高产业链、供应链的稳定性和竞争力。围绕数字健康、智能制造、智慧城市、超导产业、软件信息、人工智能、生态环保等产业链，组建产业链联盟，促进产业链的强链补链畅链护链，全面提升制造业的竞争力。

二是引进人才链提升产业链。围绕重点标志性产业链，一链一策，成立产业链人才基金。抓住全球人才流动新机遇，利用我国人才遍布全球的网络优势，围绕新一代信息技术、工业互联网、高端装备、生物医药等重点产业链引进国际高端人才，与本土人才融合形成人才链，从而提升产业链。

---

① 习近平. 在网络安全和信息化工作座谈会上的讲话［N］. 人民日报，2016-04-26（2）.

三是引导金融链强化产业链。产业链的高端环节往往是资本密集型的。如半导体产业链的电子化学品行业，细分程度高、技术门槛高，资金投入量大、研发风险高。要定期梳理重点产业缺链断链的环节目录，着力破解电子化学品、集成电路硅片、金属材料、数字经济等领域关键核心技术的"卡脖子"问题，鼓励金融机构围绕产业链高端环节支持民营企业补链强链，打造现代化产业链。

2. 引导支持民营企业以产业升级为导向，争当"腾笼换鸟"的生力军

一是建设境外园区带动存量突围。以"一带一路"沿线为重点，以境外园区为突破，组织民营企业"抱团出海"，在纺织、轻工等领域开展国际产能合作，腾出有限的资源、能源和空间。

二是引进优质资源实现增量崛起。聚焦集成电路、智能装备制造、生物医药等创新驱动领域的重点产业做增量文章。要强化政策导向，在瞄准世界 500 强企业、行业"隐形冠军"开展精准招引的同时，支持民营企业开展合资合作，努力实现"民外合璧"，防止外来企业自我循环发展、缺乏带动效应。注重发挥民营企业的民间性优势，抓住危机下资产价格较低的机遇，"抱团抄底"国外优质资产。

三是支持民营企业产品迭代更新启动新升级。引导民营企业积极参与"双循环"发展，立足主业主责，提升能力素质，适应"双循环"需要；引导服务民企加快产品迭代升级，打造"互联网＋"、生命健康科技创新高地，谋划建设新材料科技创新高地；引导民企加快产业升级步伐，积极参与数字安防、汽车及零部件、绿色石化、现代纺织等一批具有国际竞争力的先进制造业集群的培育工作；引导民企谋划实施传统制造业改造提升 2.0 版，实施智能化技术改造行动；积极淘汰企业落后产能，积极参与企业"低散乱"整治；等等。

四是以培育新模式新业态为抓手触动商业变革新枢纽。积极参与数字产业集群培养，积极发展平台经济、共享经济、体验经济和快递经济，加快各行业各领域数字化改造。引导民企积极参与城市大脑、电子发票、移动支付等标志性工程，做强集成电路、软件业，超前布局量子信息、类脑芯片、第三代半导体、下一代人工智能等未来产业，积极参与"1 ＋ N"工业互联网平台体系建设，积极参与 5G 基站建设，参与软件名城、新一代人工智能创新发展试验区等数字经济平台建设。

五是以促进品牌质量标准重塑推动新提升。可以探索创新成立工商联质量品牌标准委员会，帮助广大民营企业锤炼产品质量、打造企业品牌、制定各类标准，获取更多的话语权，以激发广大民营企业推进质量品牌标准的积极性、主动性、创造性。

3. 引导支持民营企业以市场融合为突破口，争当联结国内和国际的生力军

习近平主席指出，"各国走向开放、走向合作的大势没有改变。我们要携起手来，共同应对风险挑战，共同加强合作沟通，共同扩大对外开放"①。2020 年11 月，东盟 10 国加上中国、日本、韩国、澳大利亚和新西兰，共同签署了区域全面经济伙伴关系协定（RCEP），打造了一个覆盖约 23 亿人口、GDP 总量达 26 万亿美元、占全球贸易总量约 1/3 的全球最大的自由贸易区。广大民营企业家要充分利用好国内国际两个市场两种资源，促进打造"更加开放的国内国际双循环"。

一是以市场融合为突破实现化危为机。充分发挥市场优势，进一步激发民营经济的灵性和活力，危中求机，化危为机。一方面，深挖国内市场。充分挖掘专业市场优势，制定激励性政策；同时推动专业市场与电子商务优势相结合，利用"线上＋线下""电商＋店商"的全体系营销模式，打通产供销，帮助优势外贸企业快速建立内销渠道、打开内销市场，化出口危机为内销机遇。另一方面，开拓国际市场。发挥网络优势，加快跨境贸易数字化发展，深化世界电子贸易平台（eWTP）试验区建设，加强与跨境电商综合试验区的联动发展。发挥商协会平台作用，组织民营企业参加线上展销会，帮助企业利用海外仓扩大出口，分级分类拓展国际市场。

二是以共建共享提高创新平台效用。要强化政策导向，支持在外华商和民营企业共同参与高端创新平台的系统化构建及使用。一方面要集聚资源加快建设的进度。研究建立重大科技基础设施建设运营多元投入机制。支持民营企业以混合所有制等形式，参与高端平台建设。发挥体制机制新优势，集聚优势资源参与关键领域核心技术创新攻关。二是平台共享要加大力度。建立公共创新平台开放共享新机制，加大数据、研发等公共平台向民营企业的开放力度，提高创新平台使用效率。重视发挥商协会的桥梁纽带作用，推动民营企业与各类创新平台的整体对接，以民营企业为主体实现创新成果转化和产业化，加速民营经济高质量

① 习近平在第三届中国国际进口博览会开幕式上的主旨演讲（全文）[EB/OL].（2020-11-04）[2021-06-15].http://www.xinhuanet.com/politics/leaders/2020-11/04/c_1126698327.htm.

发展。

三是以服务民营企业开放发展带动新转型。可以探索成立工商联国际合作商会，引导民企抓住各类自贸试验区扩区改革创新的重大机遇，对标国际最高规则，发挥油气全产业链、新型贸易、港口运输、数字经济、智能制造等产业优势，积极主动参与，促进双循环发展。引导民营企业大力实施出口转内销、实施品牌本土化，做到"双转型、双适应"，从过去适应以国外市场全球化为重心，转变到适应以国内市场全球化为重心上来，从适应国外市场的经营方略转变到适应国内市场开拓的转型上来，着眼于国内超大市场规模的经营。引导民营企业大力发展服务贸易，全面落实外商投资法，实施扩大进口战略，积极承接进博会溢出效应，主动参与境外经贸合作示范区的建设，加快建设境外并购产业合作园，打造高质量外资集聚地。

四是以引导民营企业扩大有效投资拉动新内需。充分发挥产业链联盟、产业基金、重大产业合作项目等重要平台、资源优势，引导广大民营企业重点参与国家战略实施、PPP项目实施和重大产业投资工程，以高端制造业和高新技术产业为重点，参与数字经济、高端装备、生物医药、新材料等重大产业项目建设，扩大有效投资。

五是以促进服务内外贸畅通协动市场新枢纽。广泛动员号召各级工商联和基层商会组织及会员，积极参与建设内外贸有效贯通的市场枢纽。引导外贸企业转向国内销售、消化产品库存，帮助企业渡过难关。重点建设跨境电商直播基地、边境产业园基地、知名民企大型直播基地。动员各级商会组织加强联系合作，重点帮助各级工商联、商会执委、常委、理事企业单位带头开展直播带货活动。

（四）努力形成有利于引领民营企业参与构建新发展格局的机制环境

构建新发展格局是党和政府与民营企业和民营企业家共同的使命与责任。正如有的学者指出的，把经济嵌入社会大环境，核心是物的生产与人的生产，经济和社会之间循环才真正构成国内大循环。因此，构建新发展格局中的政、商、社已成为一种共同体①，要努力形成有利于引领民营企业参与构建新发展格局的机

① 详细参见杨卫敏.共同体视阈下民营经济统战工作的开创性发展——学习习近平总书记关于新时代民营经济和民营经济人士工作的重要论述［J］.江苏省社会主义学院学报，2020（06）：4-14.

制环境。

要坚持正确的政治方向和科学的政策导向，保障执行环境，切实提高工作的针对性和有效性。要系统把握习近平总书记对"两个健康"的论述并用于指导工作，在民营经济人士综合评价框架内积极探索开展各具特色的工作。综合评价工作运行 10 多年来，为促进"两个健康"树立了鲜明导向。各地"两个健康"的评价指标体系，一方面要纳入国家综合评价这个总体框架、符合这个总体要求[①]，另一方面要根据各地特点落地落细落小落实，确保既不走偏又富有特色。一是体现系统性。指标体系要全方位客观公正地反映所要测量的内容。民营经济健康成长评价体系应包括：民营经济发展活力、创新动力、转型能力、发展助力、参与双循环能力、抵御和化解风险能力。民营经济人士健康成长评价体系应包括：当前民营经济人士理想信念的具体表现及评判渠道（包括政治认同、思想认同、情感认同、组织认同），当前民营经济人士的创业创新精神（企业家精神）如何评判问题（包括国际视野和爱国情怀）；民营企业和非公有制（民营）经济人士守法诚信状况及评判；企业文化建设及核心价值观践行；企业和企业家参与社会公益事业情况；企业家有序政治参与和助推社会治理情况；民营经济统战工作创新（包括新生代企业培育）和工商联商会改革的落实举措，等等。二是体现科学性。指标体系基本包含了概念的内容，同时指标体系中尽可能用最少的指标测度概念，避免效力重复出现。要对概念进行界定与精准细分，策划设计好一级、二级指标，有必要的再探究设计三级指标，以深入系统分析影响民营经济健康发展和民营经济人士健康成长的因素，不断完善"两个健康"指标的测量手段。三是体现可操作性。评价指标在数据获取、统计、分析上应具有较高的可操作性，数据资料容易获得且便于量化统计。一方面可以客观评价当地民营经济的质量和健康程度，形成正确的导向，破解存在的问题，对症下药、补齐短板；另一方面也为当地政府更精准、高效服务企业提供了一套量化指标体系，以利于更精准地帮扶企业，让政策和资金直接惠企。四是体现有效性。评判指标运用上，既要通盘规划又要分类施策。"两个健康"创建工作有一定的区域特色，需要因地制宜、对症下药，量体裁衣、因材施教，设计小切口渠道，以增强针对性和可行性。要

---

① 2020 年 1 月，中央统战部、全国工商联等 14 个部门，再次修改颁发了民营经济人士综合评价工作的相关文件，明确提出了对思想政治表现、企业经营状况、企业守法诚信、个人守法 4 个方面 9 项具体内容的评价体系和要求。

在评价成果应用上实现机制创新，建立和完善各项联系、反馈、督促的机制。

要建立融构建新发展格局于"两个健康"创建和运行的保障机制。我国经济从高速发展转向高质量发展，民营经济和民营经济人士要在破解不平衡不充分矛盾、树立新发展理念、构建新发展格局中找准应有的位置，发挥应有的作用，彰显应有的价值，因此，引领和促进"两个健康"的任务，比过去任何时候都更为繁重和紧迫。一要着眼整体，谋划民营经济代表人士队伍建设。通过建立完善"两个健康"评价指标体系的运行、反馈、激励和监督机制，大力培育和弘扬企业家精神，全方位引领民营经济人士做既有国际视野又有报国情怀的"五位一体"的建设者，全面创新民营经济代表人士队伍建设工作机制。二要加强对民营经济代表人士队伍建设的特色化研究，研究不同区域、不同层次的民营企业家所具有的区域性特质和企业家精神，从而掌握民营经济代表人士生态培育和成长规律，使这项工作更具针对性和有效性。三要注重创建"两个健康"先行区，探索系统性谋划、实体化运作、制度化推进。各级政府要进一步优化营商环境，更有针对性地做好服务，更好地激发各类市场主体创新创业创造的活力。一方面，要进一步方便准入，促进市场公平竞争。2012年我国各类市场主体不到6000万户，到2022年4月达到1.58亿户。我国市场主体数量远超其他大规模经济体，这是我国超大规模市场的重要特征，也是构建新发展格局的重要基础。为了进一步释放国内大循环的巨大潜力，需要进一步方便准入，促进市场公平竞争。另一方面，要加强科学监管，促进优胜劣汰。实施优化营商环境工程。探索行政审批全程提速、政务服务全线通办、执法改革全面深化、诚信建设全力提升等五项重点工作，努力推进产业生态全域优化、扶持政策兑现市场化、平台载体国际化、惠企政策宣传集成化。特别是在营造法治环境促公平方面，主要是提升公共法律服务、合同执行全流程精细化、知识产权保护、事中事后监管的水平，探索开展情法结合助力行动，科学处置民营企业生产责任事故，最大限度为企业减轻压力、降低损害。

以整体智治理念营造营商环境转变撬动改革新突破。一是明确以企业党建"两个全覆盖"作为政治和组织保障。积极发挥党组织在企业中的政治核心和政治引领作用，以党建"软实力"催生发展"硬实力"。推进民营企业党组织"两个覆盖"，全面落实在非公有制企业和社会组织中开展党组织有形和有效覆盖集中攻坚行动的要求，通过推进基层党建"书记项目"，努力破解民营企业热点难点问题。二是积极构建服务新发展格局的亲清政商关系。以"政策直通车、亲清恳谈会"为抓手，积极开展围绕"助力双循环"为主题的恳谈会，积极建言献策、服务发展。进一步推动政府及有关部门，精准服务企业，加大信心赋能、创新赋能、金融赋能，创新政策供给和制度供给，努力提升企业创新能力与核心竞争力。大力弘扬新时代企业家精神，对民营企业真重视、真关心、真支持，努力营造市场化、法治化、国际化营商环境。三是推进工商联所属商会改革，加强商会组织和治理建设，创新提升服务能力。在信息、人才、医疗、培训、法律、金融等六大服务中心基础上，启动武进民营经济服务中心筹建工作，探索为企业提供全方位服务。特别是借鉴温州经验，支持商会承接政府职能转移和参与购买服务。

第八章　共同体视域下民营经济统战工作的开创发展

　　党的十八大以来，习近平总书记就民营经济和民营经济统战工作发表了一系列重要讲话，党中央国务院发布了一系列相关文件，对于引领和促进"两个健康"有着划时代和纲领性的指导意义。特别是习近平总书记指出，"民营经济是我国经济制度的内在要素，民营企业和民营企业家是我们自己人"①，要积极构建亲清新型政商关系②，"把民营经济人士团结在党的周围"③。"民营经济是我们党长期执政、团结带领全国人民实现'两个一百年'奋斗目标和中华民族伟大复兴中国梦的重要力量。"④ 这些重要论断，标志着党对民营企业家社会属性的判断和对民营经济及民营经济人士的方针政策取得重要突破，是我们党关于新时代民营经济和民营经济统战工作的重大理论创新，成为学习、领会、贯彻新时代党关于民营经济统战工作的重大理论方针政策的总灵魂总开关。

一、共同体的内涵与外延

　　毫无疑问，20 世纪 50 年代接受社会主义改造的原工商业者与新时期的民营经济人士有着本质的不同——前者应属于拥护社会主义的爱国者，后者应是中国

---

① 在民营企业座谈会上的讲话［N］.人民日报，2018-11-02（2）.

② 习近平.毫不动摇坚持我国基本经济制度　推动各种所有制经济健康发展［N］.人民日报，2016-03-09（2）.

③ 姜洁.坚持"两个毫不动摇"　把民营经济人士团结在党的周围　更好推动民营经济健康发展［N］.人民日报，2020-09-17（1）.

④ 谢环驰.正确引导民营经济健康发展高质量发展［N］.人民日报，2023-03-07（1）.

特色社会主义事业的建设者。但是，由于民营经济人士兼有劳动者和资本所有者的双重属性，他们是中国特色社会主义事业的主力军还是同盟军，是我们党的可依靠力量还是可团结力量？这个问题此前实际上一直没有明确的结论。① 以至于较长一段时间内，社会上有人把非公有制经济人士当作异己力量，对民营企业存在歧视，乃至于在改革开放 40 周年前夕有人发出"民营经济退场论"。

随着中国特色社会主义进入新时代，民营经济人士已从同盟军变为共同奋斗者，是我们党领导的共同事业的参与者、建设者和共享者。从"爱国者"到"建设者"，再到今天的"自己人"，民营（非公有制）经济人士的性质定位发生了重大变化，民营（非公有制）经济人士不仅是需要教育、引导的团结力量，更是需要信任、服务的依靠力量。这不仅是新时代统一战线从政治联盟到共同体理念变化的具体体现，也敦促民营经济统战工作进一步创新和发展。

党的十八大以来，习近平总书记多次发表重要讲话或做出重要指示，高度重视、支持民营经济的健康发展和民营经济人士的健康成长，认为这不仅仅是重大经济问题也是重大政治问题，从而把党关于"两个健康"的理论推向了一个新的境界。② 特别是近几年来，围绕民营企业关切的劳动关系、产权保护、企业家精神、营商环境、市场体制、资源配置等重大问题，党中央、国务院接连出台重要文件。而以中共中央办公厅、国务院办公厅名义下发的相关文件更是多达十来个，充分彰显了以习近平同志为核心的党中央对民营企业和民营企业家的关爱。2019 年，中共中央、国务院又发出"民企 28 条"，提出营造市场化、法治化、国际化的营商环境，把公平竞争、市场规律、改革创新、法治保障作为 4 个基本原则，目的就是为民营经济发展提供长期性、稳定性、系统性制度框架。

事实上在党中央、国务院颁布"民企 28 条"的同时，中办也下发了《关于加强新时代民营经济统战工作的意见》，这是改革开放以来我们党关于民营经济统战工作的第一份中央文件。对两份文件进行深入比较研读，可以全面深刻领会习近平总书记关于"民营经济是我国经济制度的内在要素，民营企业和民营企业家是我们自己人"③ 的精辟论述，从而与时俱进地把握新时代民营经济统战工作

---

① 杨卫敏，许军.主力军还是同盟军——非公经济人士双重属性解析［J］.江苏省社会主义学院学报，2015（02）：26-32.

② 杨卫敏.习近平关于非公经济领域"两个健康"思想研究［J］.江苏省社会主义学院学报，2017（01）：4-19.

③ 在民营企业座谈会上的讲话［N］.人民日报，2018-11-02（2）.

的主题。一是加强党对民营经济的领导主线。《意见》首次提出了"两个始终是"的新论断，即：民营经济作为我国经济制度的内在要素，始终是坚持和发展中国特色社会主义的重要经济基础；民营经济人士作为我们自己人，始终是我们党长期执政必须团结和依靠的重要力量。这阐明了民营经济的存在和发展具有长期性必然性，必须贯穿于整个中国特色社会主义历史阶段。二是强调加强民营经济人士思想政治建设是民营经济统战工作的首要任务。《意见》进一步丰富了"四个典范"（做爱国敬业、守法经营、创业创新、回报社会的典范）的内容，还首次把加强年轻一代教育培育写入了文件，提出要制订实施年轻一代健康成长促进计划，实现事业新老交接和有序传承。三是把"信任"纳入基本方针。改革开放以来，党和政府对非公有制经济人士统战工作的方针在不断发展，从 1991 年提出"团结、教育、引导、帮助"的"八字方针"，到 2010 年发展为"团结、引导、教育、服务"。这次《意见》发展为"信任、团结、引导、教育、服务"，有利于在全党全社会形成促进"两个健康"的良好舆论氛围。党和政府要把民营企业家当自己人，民营企业家也要把党和政府当自己人，从而在中国特色社会主义事业中发扬主人翁精神、发挥建设者作用。

　　"自己人"通常指在心理上认同、情感上亲密、相互自愿、负有义务而相互信任的人，其形成并不必然依赖交往而主要依赖于成员对群体的认同，其存在也不必然改变客观的网络实体而只是形成特定的心理身份认知。在社会行动者网络中，"自己人"意味着一致行动者，而这种一致行动依赖于目标、价值、利益和命运的统一性。因此"民营企业和民营企业家是自己人"可以理解为党和政府愿意与民营经济结为共同体，通过命运、目标、价值和利益的构建，形成一致行动。2020 年 9 月，习近平总书记在全国民营经济工作会议召开之时，做出重要批示，强调要"把民营经济人士团结在党的周围"①。这一重要论述是对"自己人"论断的深化和提升。

　　综上所述，所谓"自己人"，是指党和政府从命运共同体、目标共同体、事业共同体和责任共同体的视域看待民营经济、民营企业和民营经济人士。这种共同体的内核是党和政府与民营企业和民营经济人士的共同体；其外延还可以扩展到不同所有制企业之间、民营企业与社会之间、民营企业内部、新老企业

---

① 姜洁 . 坚持"两个毫不动摇"　把民营经济人士团结在党的周围　更好推动民营经济健康发展［N］.
人民日报，2020-09-17（1）.

家之间等。

党对民营经济和民营经济人士定位的改变，必然会导致民营经济统战工作目标方向的调整和实现路径的创新。共同体视域下的民营经济统战工作，从围绕中心、服务大局发展为围绕中心、服务中心、融入中心。共同体视域下，对"自己人"的论断需要进行进一步的剖析，厘清其内涵和外延，并在此基础上提出民营经济统战工作创新发展的目标、可能实现路径，以及其制度机制保障（如图8-1）。

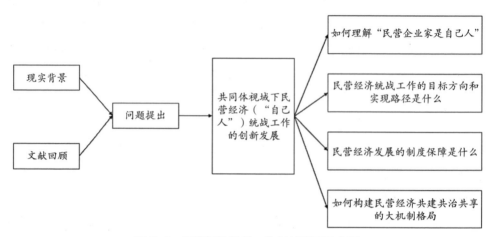

图 8-1 民营经济统战工作创新发展示意图

二、构筑共同体的时代背景

改革开放以来，民营经济异军突起，快速发展。特别是进入21世纪后，民营经济在我国国民经济中越来越发挥着举足轻重的作用。广大民营经济人士是中国特色社会主义事业的建设者，为新时代民营经济统战工作共同体理论夯实了重要物质基础和理论政策依据。

从基本经济制度看，民营经济是我国经济制度的内在要素和国民经济发展的生力军。民营经济经历了从改革开放初期的"国民经济的必要补充"到20世纪90年代后期的社会主义市场经济的重要组成部分，再到党的十八大确立的我国社会主义基本经济制度——坚持以公有制经济为主体、多种所有制经济共同发展的地位变化。中国特色社会主义事业进入新时代，民营经济在我国国民经济中所占的份额和发挥的作用越来越大①。自从 2005 年占我国 GDP 的 50% 后，民营经济占比一路上升。到 2022 年 4 月，全国民营经济主体超 1.58 亿，占市场主体的 95%，70% 以上的技术创新成果来自民企，民营经济吸纳 80% 以上就业。其中个体工商户超过 1.1 亿，带动的就业人口超过 2 亿。民营经济强国民经济才能强，中国经济实现中国奇迹，在全面建成小康社会的进程中民营经济功不可没。因此，十八大以来习近平总书记在很多场合强调要坚持"一个制度""两个毫不动摇""三个没有变"②，进而提出民营经济是我国经济制度的内在要素，实际上表明民营企业是我国经济发展的生力军和主力军，就是给广大民营经济人士吃"定心丸"，使他们从制度上有主人感、安全感、保障感。

从实现中华民族伟大复兴中国梦来看，民营经济人士是构建新发展格局、打造世界先进制造业基地和中国参与国际治理、赢得国际话语权的重要推手。企业家是当今世界最具活力和创造力的宝贵资源。未来 30 年，党、政府和社会对民营经济人士的期望和要求将更高，按照习近平总书记要求，广大民营经济人士要"做爱国敬业、守法经营、创业创新、回报社会的典范"，"在推动实现中华民族伟大复兴中国梦的实践中谱写人生事业的华彩篇章"。③从全球视野来看，当前世界面临前所未有的大变局，中国民营经济对世界经济的影响与日俱增，中国民营企业未来将会涌现一批现代跨国公司④，在国际经济格局中扮演着重要角色进而赢得话语权，对我国国家发展战略和国际地位也将产生重大影响。中美贸易战，不仅是国力竞争，也是我国民营企业参与的国际竞争，美国打压华为恰恰表明中

---

① 即一般说的"五六七八九"，指在我国经济发展中，民营经济贡献了 50% 以上的税收、60% 以上的 GDP、70% 以上的技术创新成果、80% 以上的城镇劳动就业、90% 以上的企业数量，该数据在浙江、广东等沿海发达地区更高。2021 年，浙江省民营经济创造了全省 67% 的经济总量，贡献了 73.4% 的税收，出口了 81.6% 的货物，完成了 58.8% 的固定资产投资，提供了 87.5% 的就业岗位。

② "一个制度"：必须坚持和完善我国社会主义基本经济制度。"两个毫不动摇"：毫不动摇地巩固和发展公有制经济，毫不动摇地鼓励、支持、引导非公有制经济发展。"三个没有变"：非公有制经济在我国经济社会发展中的地位和作用没有变，我们毫不动摇鼓励、支持、引导非公有制经济发展的方针政策没有变，我们致力于为非公有制经济发展营造良好环境和提供更多机会的方针政策没有变。详见习近平 . 毫不动摇坚持我国基本经济制度　推动各种所有制经济健康发展［N］. 人民日报，2016-03-09（2）.

③ 详见习近平 . 毫不动摇坚持我国基本经济制度　推动各种所有制经济健康发展［N］. 人民日报，2016-03-09（2）.

④ 本土民营跨国公司是连接全球的重要渠道。仅从浙江来看，2022 年共有 9 家企业进入"世界 500 强榜单"，10 家企业进入"中国跨国公司 100 大"榜单。

国民企已走向国际经济舞台。2024 年，民营企业进出口总额占我国外贸总额的55.5%，在民营经济大省浙江则高达 80%，成为外贸第一主体。民营企业参与国际竞争，成为打破国际贸易壁垒，构建以国内大循环为主、国内国际双循环相互促进的新发展格局的重要推动者。民营企业已成为共建"一带一路"的生力军，在提升基础设施、产业带动、平台分享、创造就业机会、促进技术转移、增进社会福祉、环境保护、合规经营等八个方面积极为"走出去"所在地可持续发展做出贡献。中国企业在"一带一路"投资超千亿美元，半数民企盈利。[1]

从提升国家治理能力来看，民营企业和民营经济人士是新时代中国特色社会主义事业"五位一体"的建设者。一方面，民营企业作为一个社会单元、经济单元，需要通过改革实现企业治理体系和治理能力现代化。"民企 28 条"第一次把建立现代企业制度提到了民企改革的首要位置，这是民企长治久安之道。另一方面，民营企业可以发挥自身各种优势，在促进市场治理、政府治理、社会治理现代化方面发挥重要积极的作用。事实上，民营企业参与混改，把国有企业的实力、民企的活力、民营经济人士的效率有机结合起来，大大释放创业创新动力，是构建现代化经济体系的重要推动者；民营企业实现科技创新[2]、转型升级，是促进经济高质量发展的重要推动者；民营企业投身"三大攻坚战"，是破解不平衡不充分矛盾、实施乡村振兴战略和少数民族脱贫致富的重要推动者；民营企业参与构建亲清政商关系，是促进政府治理创新的重要推动者。由此可见，民营经济人士不仅是举足轻重的经济建设者，也是积极参与的政治建设者、责任重大的社会建设者、优势明显的文化建设者、责无旁贷的生态文明建设者，是新时代中国特色社会主义经济、政治、文化、社会、生态文明"五位一体"的建设者。

从新时代统一战线发展变化来看，民营经济人士已从同盟军变为共同奋斗者。新时代统一战线已从过去的政治联盟发展为共同体，而且应是涵盖命运、利益、事业、价值、责任的共同体。[3]改革开放以来出现的非公有制经济人士与原工商业者最大的区别在于，他们不再是食利阶层，而是肩负着社会责任的资本所

---

① 全国工商联发布《中国民营企业"一带一路"可持续发展报告（2019）》［N］.第一财经日报，2019-11-23（1）.

② 截至 2019 年 8 月，我国高新企业数量超 18 万家，其中民营企业占 83%。参见付丽丽.民营科技企业撑起科技创新"半边天［N］.科技日报，2019-09-04（01）.

③ 林华山.新时代统一战线的战略定位与发展图景——从"爱国统一战线"到"中华民族伟大复兴统一战线"［J］.统一战线学研究，2018（01）：19-26.

有者、风险投资者、经营管理者，归根结底是中国特色社会主义事业建设者。从本质上讲，"拥护社会主义的爱国者"着眼于教育引导的同盟军和团结力量，而"中国特色社会主义事业建设者"着眼于需要共同目标、共同事业的参与者、责任者、奋斗者、共享者。新时代统一战线从同盟军到共同体的理念变化，使得民营经济人士性质定位发生重大变化，民营经济人士从主要需要教育、引导的团结力量向主要需要信任、服务的可依靠力量转变——这是民营经济人士作为党和政府"自己人"的根本理论依据。

三、构筑共同体的目标方向和实现途径

在共同体的视域下，"自己人"的含义，是党和政府从命运共同体、目标共同体、事业共同体和责任共同体的视域看待民营经济、民营企业和民营经济人士。这种共同体的内核是党和政府与民营企业和民营经济人士的共同体，其外延还可以扩展到银企之间、不同所有制企业之间、民营企业与社会之间、民营企业内部、新老企业家之间等。构建共同体的目标在于实现利益共存、责任共担和价值共享。作为共同体，必须有"共生"意识，采取"共治"行动，构筑"共担"保障。

党和政府与民营企业和民营经济人士要成为"自己人"。一是要有共同奋斗目标。习近平总书记指出：民营经济是"我们党长期执政、团结带领全国人民实现'两个一百年'奋斗目标和中华民族伟大复兴中国梦的重要力量"①。一方面，党和政府要引领和护航民营经济发展，促进"两个健康"；另一方面，民营企业和民营企业家要认清形势，坚定理想信念，切实增强对中国特色社会主义的信心，听党话跟党走，发扬优秀企业家精神，坚守实业、做实做强，打造民族品牌，争做"四个典范"，为强国富民做出贡献。二是要共克时艰，共同化解重大风险。遇到不确定、突发性的"黑天鹅""灰犀牛"事件时，党和政府与民营企业和民营经济人士作为"自己人"要同舟共济、共渡难关②，担负起构建"以国内大循

---

① 在民营企业座谈会上的讲话［N］.人民日报，2018-11-02（2）.

② 例如：自2018年以来，浙江省温州市在建设"两个健康先行区"时，还出台"企业家紧急状况应对制度"，以国家金融综合改革试点为抓手，着力破解企业"两链"风险，处置风险企业，重构社会信用体系，推动中小企业升级，着力科技创新和淘汰落后产能，累计处置不良贷款1600多亿元，银行贷款不良率降至目前的1.11%，有效化解了区域金融风险，有力地推动了实体经济发展，民营经济实现了从"风险先发"到"率先突围"的转变，为全国打好金融风险攻坚战率先探路。

环为主体、国内国际双循环相互促进的新发展格局"①的共同责任。三是要构建现代化经济体系，共同致力高质量发展。一方面，对于民营企业和民营经济人士来说，必须克服"不转型等死、转型找死"等畏难情绪和"鸵鸟思维"，牢固树立战略思维，着眼打造具有国际竞争力的民营企业。另一方面，党和政府必须切实创造条件，帮助民营企业和民营经济人士树立发展信心，营造发展环境，通过深化改革实现转型升级。"民企28条"是立足民营企业改革发展的首个中央文件，围绕营造市场化、法治化、国际化营商环境，推动民营企业改革创新、转型升级、健康发展，提出一系列改革措施，特别是针对民营企业面临的一些困难与制约，如准入难、融资难、回款难、中标难、维权难、转型难等一些发展中的困难、前进中的问题、成长中的烦恼仍然困扰着民营企业，影响民营企业的高质量发展，迫切需要完善有关制度，出台切实管用的政策举措加以破解，重点突出"七个着力"②。四是要不断深化亲清政商关系。以自己人和共同体视域来审视，有利于我们更为精准到位地理解把握亲清政商关系的内涵实质。在共同体的视域下，对待"自己人"要做到不见外、不歧视、不分三六九等。为了实现共同体的构建目标，党和政府以及民营企业需要共同构建社会行动中秉持的伦理规范和互动法则，既休戚与共，又职、责、权、利分明。要把亲清关系落地落小落实③，同时加强层次性和机制性构建④。2023年7月14日，党中央、国务院印发《关于促进民营经济发展壮大的意见》（民企31条），围绕经济高质量发展，对民营企业关切的营商环境、政策支持、监管导向、法治保障、舆论氛围等问题，都给出了制度化安排和明确指导意见，特别是提出政府及相关部门更要讲诚信、持续破除市场准入壁垒、预防和清理欠款问题、持续优化民营经济发展环境、完善融资支持政策制度等，直击痛点难点，精准回应社会重大关切和民营企业诉求期盼，真正帮助民营企业在方向上解惑、发展上解忧、环境上解压。

民营经济与社会是法律框架内的利益和治理共同体。习近平总书记指出："只

---

① 习近平主持召开企业家座谈会并发表重要讲话[EB/OL].（2020-07-21）[2021-09-08]. http://www.gov.cn/xinwen/2020-07/21/content_5528789.htm.

② 即：着力优化公平竞争的市场环境、着力完善精准有效的政策环境、着力健全平等保护的法治环境、着力推动民营企业改革创新、着力促进民营企业和民营企业家健康成长、着力构建亲清政商关系、着力推动支持民营企业各项政策落地见效。

③ 杨卫敏.论新时代政商关系中的若干领域和关系[J].江苏省社会主义学院学报，2018（05）：4-13.

④ 杨卫敏.简析新型政商关系的层次构建及保障——以浙江省的实践探索为例[J].广西社会主义学院学报，2018（04）：33-40.

有积极承担社会责任的企业才是最有竞争力和生命力的企业"①，"中国式现代化是全体人民共同富裕的现代化。无论是国有企业还是民营企业，都是促进共同富裕的重要力量，都必须担负促进共同富裕的社会责任。民营企业家要增强家国情怀，自觉践行以人民为中心的发展思想，增强先富带后富、促进共同富裕的责任感和使命感。民营企业要在企业内部积极构建和谐劳动关系，推动构建全体员工利益共同体，让企业发展成果更公平惠及全体员工。民营企业和民营企业家要筑牢依法合规经营底线，弘扬优秀企业家精神，做爱国敬业、守法经营、创业创新、回报社会的典范。要继承和弘扬中华民族传统美德，积极参与和兴办社会公益慈善事业，做到富而有责、富而有义、富而有爱"②。当前，要形成民营企业、民营企业家与社会各方面各个阶层的共同体，必须双管齐下，两手都要硬。一方面，要在全社会形成尊重民营企业、支持民营企业发展的格局和氛围；另一方面，要引导民营企业自觉履行社会责任，以自身的正能量赢得社会各界的认同。一是强化诚信守法意识。诚信守法是企业的安身立命之本，企业和企业家对社会的信义，是企业可持续发展的重要保证，一个负责任的企业才能走得远。而法律是企业的基本遵循，企业家要进一步提高法律素养，增强法律意识，强化法治理念，增进法律认同。一方面要坚持依法办事、守法经营，用法律来规范企业，使自身的行为被法律认可；另一方面要学法知法用法，运用法律武器来保护自己的合法权益。二是加强企业合规性建设。企业在经营活动中要不踩红线、不行贿、不欠薪、不逃税、不侵权、不逃废债。三是建立完善的内部制度。企业要改进自身的治理结构，能够依法进行经营和管理。四是用好高精尖人才，努力形成尊重人才的社会氛围。五是深化"绿水青山就是金山银山"的理念，推进清洁能源应用，大力发展绿色低碳经济数字经济，为打造资源节约型和环境友好型社会做出贡献。六是义利兼顾，以义为先，积极参与公益慈善事业，促进和谐社会建设。必须明确，社会责任也是企业发展的内生动力之一，只有肯付出才能多得到。

企业之间的共同体：破除所有制界限，在抱团取暖基础上谋求整体战略创新发展。有学者指出：国有经济与民营经济总体上有着各自不同的经济定位和产业分工，体现了双方协作共赢的关系。在国有经济支撑民营经济发展的同时，民营经济的发展也拉动了国有经济的发展；在国有企业与民营企业相互竞争的领域，

① 习近平.在网络安全和信息化工作座谈会上的讲话［N］.人民日报，2016-04-26（2）.
② 谢环驰.正确引导民营经济健康发展高质量发展［N］.人民日报，2023-03-07（1）.

两者的共同发展体现了市场信息的充分利用和资源的优化配置。[①]一是面向国际市场和国际竞争，不同所有制企业之间要相互支持、优势互补。根据海关发布的信息，2019 年我国民营企业货物贸易进出口达到 13.48 万亿元，增长 11.4%，占我国外贸总值的 42.7%，成为第一大主体。[②]但总体上处于产业链上游的国企往往以"老大"自居，对民营企业刁难甚至侵权的现象还不同程度地存在，尤其是拖欠民企账款问题还是相当严重（有地方巧立名目，以商票名义拖欠），截至 2018 年底，央企拖欠民企账款 1161 亿元。[③]为此，2019 年 9 月 30 日中共中央办公厅、国务院办公厅专门下发《关于进一步做好清理拖欠民营中小企业账款有关工作的通知》。近年来，在供给侧结构性改革的主线下，多项重点领域改革迎新突破，释放更多红利，特别是国有企业混合所有制改革，第四批混改有 100 多家混合所有制企业，油气领域改革成为重点，国企民企加速双向混合，从而实现"国有实力＋民营活力＋民企效率"优势互补和溢出效应。二是在经济全球化时代，各类民营企业都是事业共同体，或面对危机和困难抱团取暖，或发挥整体优势借势创新发展。2020 年 9 月 27 日，国务院国有企业改革领导小组第四次会议提出，国有企业与民营企业要相互配合，推进兼并重组和战略性组合。这实际上释放出一个强烈的信号：国有企业和民营企业是中国经济发展两大既不可或缺又优势互补的支柱；而实现两者的战略性组合，能够使两者相互借力，构建新发展格局，实现高质量发展。在这方面，尤以发展数字经济为要，如浙江民企助力数字经济"一号工程"建设，引领长三角加速实现数字经济一体化。三是工商联和商会要发挥组织优势，帮助企业打造利益和事业共同体。2018 年 7 月，中共中央办公厅、国务院办公厅联合印发了《关于促进工商联所属商会改革和发展的实施意见》，进一步推动地方商会与行政机关脱钩改革，完善商会的职能作用，探索创新地方商会和行业协会治理和运行模式。工商联和商会作为党引导民营经济人士的桥梁纽带、政府管理民营企业的重要助手，要当好民营经济的"带路者、维护者、营造者"。一方面，要为营造公平法治环境和保护合法权益呼吁出力，

---

① 汪立鑫，左川.国有经济与民营经济的共生发展关系——理论分析与经验证据［J］.复旦学报（社会科学版），2019（04）：159-168.

② 赵晋平.民营企业稳外贸"功不可没"［N］.环球时报，2020-01-16（15）.

③ 国资委：央企拖欠民企账款 1116 亿元　已清偿 75.2%［EB/OL］.（2019-02-25）［2020-03-26］.http://news.sina.com.cn/c/zj/2019-02-25/doc-ihsxncvf7614048.shtml.

保护企业合法权益，破除贸易壁垒、应对国际争端等。另一方面，在产业对接、搭建金融服务平台、助推传统企业"转型升级"方面提供商会支持，引导企业科技创新、转型升级。与此同时，在承接政府职能转移、参与经济社会治理中提供商会力量，有效促进行业自律，开展行业品牌创建，全面参与环境治理和社会治理，积极构建和谐劳动关系，推进社会公益事业，积极促进亲清政商关系的形成。

企业内部共同体，是企业主、经营管理层和全体员工"一荣俱荣、一损俱损"的利益、事业和价值共同体。一是致力打造活力企业。要建立现代企业制度特别是激励机制。改革就是利益调整，企业内部需要调，改革的成果需要大家共享。"民企28条"提出要规范优化业务流程和组织结构，建立科学规范的劳动用工、收入分配制度，推动质量、品牌、财务、营销等精细化管理。因此，业务流程和组织结构、劳动用工和收入分配，以及管理的精细化、科学化、人性化等都是民企改革题中应有之义。只有这样，才能体现"以人民为中心"，建立和谐劳动关系，才能吸引高素质人才，提升经营效率，激发企业内部各方面的创业创新活力，为企业发展带来内生动力，有利于发展和做强企业。二是致力打造法治企业。习近平总书记指出："民营企业家要讲正气、走正道，做到聚精会神办企业、遵纪守法搞经营，在合法合规中提高企业竞争能力。守法经营，这是任何企业都必须遵守的原则，也是长远发展之道。要练好企业内功，特别是提高经营能力、管理水平，完善法人治理结构，鼓励有条件的民营企业建立现代企业制度。"[1]建立现代企业制度是社会主义市场经济的根本要求，也是增强企业核心竞争力的关键。通过开展法治民企建设，加强对民营企业家的教育引导，增强企业家法治理念和法治意识。建立健全决策程序、管理制度，提升企业经营管理水平，加快建成产权清晰、权责明确、政企分开、管理科学的现代企业制度。三是致力打造清廉企业。清廉企业建设关系到企业运转安全和健康发展。除了建立现代企业制度，民营企业内部的约束机制和经营管理制度也需要改革。通过加强清廉民企建设，加强市场监管和行业自律，坚决治理商业贿赂，依法打击各类经济犯罪，既依法保护民营企业家人身和财产安全，又营造风清气正的企业内部环境，维护公正公平的市场秩序、劳动秩序和用人秩序。四是致力打造和谐企业。和谐劳动关

---

[1] 在民营企业座谈会上的讲话［N］.人民日报，2018-11-02（2）.

系是和谐企业的重要基础。2015年3月，中共中央、国务院印发了《关于构建和谐劳动关系的意见》。要树立法治和德治相结合的思维，以守法诚信教育为载体，以企业统战工作为抓手，以社会主义核心价值观为最大公约数，切实把党中央和国务院关于构建和谐劳动关系的意见精神落到实处。^①在此过程中，一方面，倡导广大企业要关爱职工，与职工同呼吸共命运，严格落实疫情防控，积极稳定劳动关系，主动关心关爱职工；另一方面，倡导广大职工要支持企业，与企业同舟共济共克时艰，认真落实防疫要求，自觉支持企业生产，依法理性表达诉求。

五是致力培育先进企业文化。真正的企业文化不应该仅仅是"老板文化"，更应该是企业家、管理层、员工与企业文化。民营企业核心文化应该是科学的文化。打造企业核心文化，努力凝聚发展共识。民营企业核心文化应该是和谐的文化。以"和谐""家"为企业核心文化，以"劳资利益共同体"取代"劳资对抗"。民营企业核心文化应该是感恩的文化。这种感恩，涉及企业与员工、企业与社会、企业员工之间的双向感恩，有利于形成价值共同体。

新老两代民营经济人士共同体：事业和企业家精神的成功交接。当前，新生代企业家群体在传承与创新发展方面总体上是长板与短板并存：文化程度普遍较高，但经营管理能力相对不足。新生代企业家认为自己最需要提升的三项能力是"战略管理能力""创新能力"和"经营决策能力"。造就一支高素质的新生代企业家队伍，必须有一个适合这个群体形成和发展的良好环境，这就需要各级党委、政府、人民团体、社会各界形成合力，需要老一代民营企业家传帮带，把新生代企业家的培养工作作为一项基础工程、战略工程、重点工程和希望工程来抓，让一大批新生代企业家尽快脱颖而出，为民营经济发展注入新的生机和活力。要着力培养造就一批积极传承、勇于创新、敢于冒尖的新锐企业家。目前，浙江省已经在这方面形成共识，正在打造"青蓝接力工程"，就是把培育政治上有方向、经营上有本领、文化上有内涵、责任上有担当的"四有新人"，作为民营经济人士新老交替、事业和精神交接的总方向和总目标。这也是一种共同体意识的体现。

---

① 杨卫敏，方笔权.法治与德治：非公有制企业和谐劳动关系典型性研究——以浙江省为例 [J].广西社会主义学院学报，2015（03）：33-38.

四、构筑共同体的制度机制保障

"内在要素"和"自己人"，不能仅仅靠挂在嘴上、写在纸上来体现，也不是靠一时一事的努力所能实现的，这种命运、目标、事业、责任的共同体的建成、巩固和发展，必须有赖于建立健全长期的、长效的制度性机制性的保障。要以公平竞争、市场规律、改革创新、法治保障作为四个基本原则，为民营经济发展构建长期性、稳定性、系统性制度框架。这种务实管用的制度机制应是层次性、立体性、分领域、全覆盖的机制格局，由此及彼，由表及里，使"内在要素"和"自己人"在全党全社会各界人士中逐步实现内化于心、外化于行、固化于制，进而探索符合"共生、共治、共享"的民营经济统战工作目标和实现路径。

要着眼法治国家建设打造最优营商环境。法治是最好的营商环境，必须以健全的法制和严格的法治来保障公平优化的营商环境，让民营企业和民营经济人士切实增强安全感和获得感。一是坚持依法保障民营企业家的人身安全和财产安全并重。近些年来，已有专家呼吁：将民营企业家从刑事法律风险中解放出来。[1]而民法实践中已经充分体现了这一原则。中央政法工作会强调保护民营企业，坚决防止将经济纠纷当犯罪处理（2020年1月17日）；最高人民法院、最高人民检察院也多次强调，要保护民营企业合法权益，严禁乱抓人、乱查封、乱冻结，严禁刑事手段介入经济纠纷（2018年11月11日）；最高人民法院、全国工商联印发《关于发挥商会调解优势　推进民营经济领域纠纷多元化解机制建设的意见》（2019年1月14日）。而且，国家有关方面推出了《加快完善市场主体退出制度改革方案》，深圳和温州已率先探索个人破产法。二是坚持完善立法和严格执法并重。要用好已有相关法律法规并严格执法。要就《中小企业促进法》执法开展检查，营造良好法治环境和营商环境，不断促进民营经济和中小企业健康发展。与此同时要针对存在的问题不断完善相关法律法规。2019年10月，国务院发布《优化营商环境条例》。而作为民营经济大省的浙江，《浙江省民营企业发展促进条例》成为全国首个省域范围的相关地方性法规。与此同时，涉企相关法律法规出台前，须征求企业和行业协会意见。三是在具体执行过程中坚持法治和情理并重。在办理具体案件中，应秉持谦抑、审慎、善意的司法理念和价值取向，严格区分罪与非罪、此罪与彼罪，保障"两个健康"。一方面，严厉打击犯罪行为，

---

① 蒋德海.将民营企业家从刑事法律风险中解放出来 [J].统一战线学研究，2019（01）：80-87.

依法保障民营企业合法权益，使民营企业有更强的获得感和安全感。企业负责人对案件的公正办理非常感激，从以往担心品牌受损、选择花钱了事到学会善于通过法律途径解决不法侵害问题。另一方面，从共同体角度进行人性化处理，将法理情理相结合，破解创新发展中的司法难题。这是因为一旦民营企业家被采取强制措施，往往就会引发事关成百上千人的就业问题，事关企业的生死存亡问题，甚至会引发社会稳定问题。在这样的案件中，应积极主动做好风险防控预案，针对案件存在的矛盾点、风险点，提出防范对策，避免引发和加剧民营企业经营风险，避免因办案时机或者方式的把握不当，影响民营企业正常生产、工作秩序或者引发群体性、突发性事件。[①] 四是着眼高标准优化营商环境，促进法制保障与政策帮扶并重。法制是底线的刚性要求，政策可以是高线的弹性支持，两者有着优势互补作用。推进法治营商环境建设，并不是不要发挥政策的作用，恰恰相反，高水平的营商环境建设必须在法治基础上发挥我们国家制度优势聚力帮扶、精准帮扶。

要以党建引领构建创新赋能的亲清政商关系。政商关系主要是政府与企业之间的关系，但共产党是执政党，企业与政府的关系必然涉及企业家与党的关系。习近平总书记关于亲清政商关系的论述，最根本的就是把握住了中国特色社会主义政商关系的本质，即党政领导干部与非公有制经济人士之间的关系，不是利益基础上的互惠互利的合作关系，而是法治框架内的服务与被服务的关系，是党领导的统一战线同心圆内的挚友、净友关系。[②]

政商关系既是古老话题也是国际性的现实课题，它既涵盖经济、政治、社会、法治、治理各个领域，由众多具体关系构成，需要落地落细落小落实才能奏效[③]，同时也呈现出鲜明的层次性，从表层的关系形式、浅层的关系行为、深层

---

① 2016 年以来，最高检先后出台了 3 个服务保障民营经济发展的司法政策性文件，2018 年提出 11 条服务保障民营经济发展的执法司法标准，2019 年又分两批向社会公开发布了 9 个涉民营企业司法保护典型案例。详见陈菲等. 用法治温情呵护民企发展——检察机关办理涉民营企业案件新观察 [EB/OL].（2019-12-21）[2020-03-06]. http://www.xinhuanet.com/legal/2019-12/20/c_1125371300.htm.

② 杨卫敏. 构建"亲""清"政商关系探析——学习习近平有关新型政商关系的重要论述 [J]. 江苏省社会主义学院学报，2016（03）：37-45.

③ 杨卫敏. 论新时代政商关系中的若干领域和关系 [J]. 江苏省社会主义学院学报，2018（05）：4-13.

的关系制度到核心的关系文化①，需要循序渐进、由表及里，才能形成长效功能。因此，构建新时代新型政商关系要特别强调科学的方法论，需要实现法治思维、治理思维和统战思维的耦合提升②，从而实现守正创新、开拓赋能。

一是坚持突出以党建为引领。民营企业和商会中的党建是我国民营经济领域的一个鲜明特色。党的组织建在哪里，哪里就有战斗力和凝聚力；党建工作做到哪里，哪里就有蓬勃朝气；党的思想传输到哪里，哪里就有明确的发展目标。在实际工作中，党建工作已成为企业看得见的生产力，成为企业管理的重要抓手，成为企业一张靓丽的名牌。

二是坚持以刚性的制度作为保障。要加强顶层设计，将民企发展促进工作纳入政府目标责任制考核。各级党委政府召开的经济工作会议应邀请民营企业家列席并发表或提交意见。这也是"自己人"理念的具体体现，特别是浙江省委省政府推出的"最多跑一次"改革和各地探索的"店小二服务""妈妈式五心"③服务，都是把民营经济作为"内在要素"，把民营经济人士当成"自己人"的切实举措。浙江省立足当前着眼长远，开展"五个一百"活动④，加强"产业创新服务综合体"建设，着力打造"审批事项最少、办事效率最高、政务环境最优、群众和企业获得感最强"省份。宁波市构建"1＋3＋1"⑤新模式，全方位推进亲清新型政商关系实践创新。

三是坚持强化民营企业和民营经济人士的主体地位和作用。习近平主席指出，市场活力来自于人，来自于企业家精神。⑥民营企业和民营经济人士是建立亲清新型政商关系的接收器和最大受益者，从这个意义上讲是客体；同时又是亲

---

① 杨卫敏.简析新型政商关系的层次构建及保障——以浙江省的实践探索为例［J］.广西社会主义学院学报，2018（04）：33-40.

② 杨卫敏.构建新型政商关系的方法论考察——基于浙江省的实践探索分析［J］.中央社会主义学院学报，2019（02）：164-173.

③ 从"保姆式"服务变成"妈妈式"服务，重在"五心"：情感上暖心，行动上贴心，措施上用心，机制上顺心，关系上无私心。

④ 即：市、县（市、区）党政主要领导与民营企业百场座谈；百名厅局长精准服务百家龙头企业；百名处长下基层宣讲政策；百名银行行长进企业；百家民营龙头企业结对服务活动。

⑤ 第一个"1"即建立亲清新型政商关系负面清单；"3"即建立3项机制：亲清新型政商关系沟通机制，亲清新型政商关系容错纠错机制，亲清新型政商关系评价机制；最后一个"1"即打造"亲清家园"。杭州市政府还向阿里、吉利、娃哈哈等100家企业派驻100名干部，实现零距离听取诉求和服务。

⑥ 习近平主席在亚太经合组织工商领导人峰会上的主旨演讲（全文）［EB/OL］.（2018-11-17）［2020-07-11］.http://www.xinhuanet.com/politics/leaders/201811/17/c_1123728402.htm.

清关系的参与者、维护者，民营经济人士积极参与构建和践行新型政商关系，遵守商业秩序和规则，是建立亲清新型政商关系的必要条件，从这个意义上讲又是主体。如：浙江绍兴诸暨市的富润集团等一批企业，以"党建＋"引领企业清廉发展，以"纪检＋"共建企业清廉体系，以"制度＋"保障企业清廉运行。事实表明，凡是由优秀企业家领军的企业，不仅企业发展得好，在新型政商关系方面也同样走在前列。

四是强化和创新民营经济人士综合评价机制。整体谋划民营经济代表人士队伍建设，大力培育和弘扬企业家精神，全方位引领民营经济人士做合格的中国特色社会主义事业建设者，全面创新工作机制，积极探索把握工作规律，不断提升工作科学化水平。2018 年 10 月，温州率先在全国启动了新时代"两个健康"先行区创建工作，制定了 41 条意见、80 条新政，并细化为 146 项具体责任清单，其中 57% 具有突破性、探索性，让众多民营企业得到实惠与便利。在此基础上，温州市创新民营经济和民营经济人士两套评价指标体系，有力推进了综合评价工作细化、深化和有效化。

要积极创新银企利益共同体机制。从国际惯例看，很多发达的西方国家已形成银企休戚与共生态，银企利益共同体从意识到机制都日臻成熟。但由于我国金融业长期以来是国家垄断的，国有银行在贷款方面长期以来存在所有制歧视，这是导致民营企业融资难融资贵的重要原因，也是民营经济人士缺乏归属感的一个重要原因。在民营金融业发祥地浙江台州，很多小微企业数十年来的发展，主要靠的是泰隆城市信用社（后改名为浙江泰隆商业银行）、浙江民泰商业银行、台州银行这些民营金融机构的支持，而民营金融机构也在台州这个民营经济先发的沿海城市先发并不断壮大。这是当地金融机构与小微企业相互依存、相互成就的一个缩影。其中泰隆银行聚焦服务小微、"三农"、普惠客户，99% 的信贷资金投向民营经济，在服务"草根企业"上赢得了良好口碑。从顶层设计上看，银企利益共同体不仅合理而且合规。2018 年 11 月习近平总书记关于"内在要素"和"自己人"的论述发表后，破解中小微企业融资难融资贵的问题被提到议事日程。2019 年 1 月中共中央办公厅、国务院办公厅发布《关于加强金融服务民营企业的若干意见》；4 月中央政治局会议指出，要有效支持民营经济和中小企业发展，加快金融供给侧结构性改革，着力解决融资难、融资贵的问题；国务院决定，通过政府性融资担保降低企业融资费用。金融业不得有所有制融资歧视。国家金融机构重点推进解决民营企业流动性和中长期资金短缺问题，加大力度推进扩大企业的直接融资。要用银行贷款、市场发债、股权融资三支箭来解决民企融资难融资贵问题。从实践探索上看，构建银企利益共同体是积极可行的，在国家级小微企业金融服务改革创新试验区台州市可见一斑。自从 2015 年 12 月获批以来，台州在"服务实体经济、深化金融改革、防控金融风险"等试点任务上实现了不少突破。尤其是针对小微企业普遍存在的"融资难、担保难、融资贵"等顽疾，"台州金改"以市场化为主要解决方案，逐步探索出一系列创新性成果。2014 年 11 月，台州率先设立了小微企业信用保证基金，初创规模 5 亿元，目前已增至 10 亿元。民营企业主反映，"有政府担保，利率优惠，让我们有更多的时间精力投入到生意经营中去"[①]。随着金融领域各项举措渐次落地，越来越多的民营企业家感受到"是自己人"的安全感和获得感。2019 年，浙江开展了"白行进万企"和"万企评百行"活动，公布了浙江省 100 家"民企最满意银行"名单。2023 年 11 月 27 日，中国人民银行等八部门联合印发了《关于强化金融支持举措　助力民营经济发展壮大的通知》（25 条），强调树立"一视同仁"理念。

要打造共建共治共享的大机制格局。共同体以党与民营经济人士、政府与企业为核心，但应涵盖全社会各个层面、各个领域、各个阶层、各种组织，必须打造和形成党委引领、政府主导、企业主体、各部门协调配合、全社会协商参与的大机制格局。需要以完善社会全域治理撬动共同体价值引导机制的形成，以倡导和促进民营企业平台经济发展撬动"共同体"大机制落地落小落细落实，以工商联商会改革撬动"民营企业成长共同体"机制的形成，以探索民营企业统战工作新路径撬动民营企业内部共同体的融合有机发展。

一是以完善社会全域治理撬动共同体价值引导机制的形成。从根本上说，这种共建共治共享的大机制格局是政府治理体系、市场治理体系、企业（公司）治理体系，以及社会治理体系的现代化问题，即我国国家治理体系和治理能力现代化的问题。而作为国家治理体系和治理能力现代化的重要"底盘"，基层治理是塑造、影响包括营商环境在内的整体发展环境的重要载体和因素。在新时代背景下，以行政为导向的传统管理模式和以重点企业为导向的点上治理模式已不能适

---

① 新华社《瞭望》周刊关注：台州金改纾困小微企业［EB/OL］.（2019-12-23）［2020-08-21］.https://www.thepaper.cn/newsDetail_forward_5318519.

应新型政商关系的发展需求。而基层全域治理通过政府主导、社会参与、公民自治的良性互动，打破传统政商关系发展中的政府、企业二元治理格局，实现政府、企业、社会多元互动，综合运用社会治理的要素保障、智慧治理和力量下沉机制，集中力量攻坚克难，通过自治、法治、德治"三治融合"的治理模式，从社会全局发展角度入手，以整体发展带动局部提升，为民营企业的升级发展提供更为和谐有序的社会环境。

二是以倡导和促进民营企业平台经济发展撬动"共同体"大机制落地落小落细落实。专家预测，未来二三十年我国新出现的60个岗位，将使就业模式发生革命性的变革，即以"单位＋人"为主转向以"平台＋人"为主。①推进模式创新，激发平台经济发展内生动力，增强平台经济人才支撑，推进人才引进培育机制建设；开展平台经济统计监测和标准信用体系建设；企业上云助推数据共享，挖掘传统产业新动能。平台经济的发展及就业模式的改变，将使"人人有事做，家家有收入"②的局面在广大城乡实现，从而全面破解不平衡不充分的问题，实现共同富裕，也使得民营经济人士与社会各阶层的共同体有了更坚实的经济基础和事业基础。

三是以工商联商会改革撬动"民营企业成长共同体"机制的形成。当前，工商联商会改革发展方兴未艾、如火如荼。商会特别是基层和行业商会必须研究和破解以下问题：新时代如何加强基层商会党建引领；新常态下如何创新商会经济服务方式促进民营经济高质量健康发展；新经济业态背景下如何实现商会工作向新经济领域"拓展覆盖"；新型政商关系建设背景下如何发挥商会的政企协商作用；现代社会组织体制建设背景下如何加强商会自身建设；"互联网＋"背景下如何创新基层商会工作方式方法。特别要着眼于提升国家治理能力，打造社会治理共同体，商会如何承接政府职能转移的问题。关于这个问题，浙江省的温州、宁波、嘉兴、台州等早在2013年就开始积极探索，并在"转得出""接得住""用得好"三个方面取得了初步成效和经验。③台州天台县通过工商联主席企业结对

① 中国未来的60个商业模式，每一个都是大机会［EB/OL］.（2017-04-05）［2017-09-14］. http://www.sohu.com/a/132078441_481574.

② 人人有事做，家家有收入！开化龙门村书记汪德刚：我有一个"龙门梦"［EB/OL］.（2018-02-13）［2019-06-03］.https://www.sohu.com/a/222539593_401973.

③ 杨卫敏.关于商会承接政府部分职能转移的探索与思考——以浙江省商会为例［J］.湖南省社会主义学院学报，2015（04）：47-51.

服务小微企业打造"民营企业成长共同体"，重点聚焦全县"大健康""大车配"两大主导产业，构建"精准式结对＋输血式帮扶＋造血式攻坚"的帮扶机制，探索"融合化"发展、"项目化"实施、"平台化"运作，激活小微企业内生动力，逐步形成了以主席（会长）企业为龙头的"一核多点、链式联动"的"民营企业成长共同体"，"以大带小"助推企业现代化转型、产业集群化发展。

四是以探索民营企业统战工作新路径撬动民营企业内部共同体的融合有机发展。民营企业的科技和管理人士中有大量中高级人才和新阶层人士。这些都是企业最为核心的竞争力，如何团结、凝聚、培养这一群体，激发这一群体的积极性和主动性，对企业持续健康发展尤为重要。浙江省早在 21 世纪初就开始重视民营企业统战工作，2005 年曾召开全省推进会。杭州、温州、绍兴、金华、台州等都在尝试推进这项工作，通过在民营企业中设立统战部或统战工作站、知联会或新联会组织等开展工作。企业统战工作是与现代企业制度相融合的一种有效的特殊群众工作，要使企业统战工作实现"三合"，即与企业发展的结合、与区域建设的融合、与社会服务的黏合。

五、延伸阅读之一：温州链长带着企业跑市场

本书著者按：浙江省工商联高标准打造"数字工商联"平台"浙商在线"，挖掘扩容全国浙商企业数据，画出"浙商地图"。浙商企业总数由 120 万家增加到 217 万家；省外浙商企业由 60 万家增加到 141 万家。通过数据分析，形成了浙商年度发展报告，特别是针对浙江八大产业链的需求，找到了强链补链延链的省外浙商企业共计 67952 家。政府积极探索"链长制"，帮助民企增强发展动力，是温州市的一大创举。

6 个月对接订单 393 亿元，服务企业 8000 余家——
温州链长带着企业跑市场

记者　解亮　周琳子

本报讯　2022 年以来，受国内外诸多不确定因素影响，订单紧缩正成为悬在制造业企业头顶的达摩克利斯之剑。温州中小制造业量大面

广，保订单就意味着稳产业链。为破解生存困境，眼下温州各产业链链长正以"跑市场"为突破口，帮助企业拓展订单量，为发展增动能。

从 2022 年 5 月起，温州围绕传统支柱产业和新兴主导产业等两大万亿产业集群，共任命 20 名市领导担任链长、副链长，加上县级特色产业链，全市共 74 条产业链均设链长，有针对性地协调指导本产业链重大发展问题。对每个产业链实地调研，链长们针对链上中小企业找市场时资源不足、对接大企业机会较少等问题，通过订单引进来、推介跑出去等方式，创造机会让企业与头部"对话"合作。截至目前，温州在常规展会之外，链长带队新增开展对接活动 77 场次，对接订单近 393 亿元，对接项目 221 个。先后服务企业 8357 家，其中中小企业占比超过 9 成。

最近，在市区五马历史文化街区，一场"穿·越千年"温州服装产业史概念展成了市民的热门打卡地。温州女装迪哈利（D-HARRY）第一批亮相。"现场缝制体验，消费券引流……场地是免费的，策划是链长出的，我们用低投入获得了较好的宣传效果。"企业负责人叶洁说。今年服装业遭遇寒冬，市服装产业链链长、市委相关负责人在了解企业亟须提升品牌调性的需求后，牵头制订了从时装周走秀到品牌展推广一整套方案，这让她心中暖暖的。

把清需求、找准客户，精准拓市场。市汽车零部件产业链链长、市人大常委会相关负责人牵头，一面主动引荐多家整车制造企业资源来温，一面根据此前排摸的链上重点企业名录，邀请相匹配的企业参与整零配套对接。2022 年 7 月，桐乡市的合众新能源汽车受邀走进温州，开展汽车零部件产业链整零配套对接专场活动。"一次对接，预计能为我们带来每年近 1 亿元的新增产值，这让我们信心大增。"乔路铭科技股份有限公司销售经理戴炳洁说。经过几个月的协调，温州现已有 8 家企业成为合众的供货商并拿下新订单，20 余家温企与其达成合作意向。

请进来，也走出去。前不久，泵阀产业链链办与市贸促会组织一批温州泵阀企业赴北京推介。在随后举行的首届中国（温州）国际泵阀展上，10 余个国家的 20 多位驻华使节参与展会，进企考察，并带动约 200 名国际买家现场采购，3 天内达成意向订单 6 亿元。此外，包括汽车零部件、电气、生命健康等产业链的链长牵头先后组织 5 批企业外出对接，达成合作意向 9.5 亿元。

链长还为本地龙头企业及项目就近推荐优质供货商。新能源产业链与电气产业链的链长协调多部门参与，邀请已在温州落地新能源项目的头部企业代表，与国家级先进制造业集群乐清电气产业集群企业对接合作，并开展金秋订货会等产销活动。金风科技、运达风电等企业先后与乐清企业签订约 3.5 亿元的合作订单。

（原载于《浙江日报》2022 年 11 月 27 日第 1 版）

六、延伸阅读之二：民营企业构建和谐劳动关系中的法治与德治

和谐劳动关系是劳动过程中的主体与客体之间的和谐关系。党的十八大明确提出构建和谐劳动关系，2015 年 3 月，中共中央、国务院通过了《关于构建和谐劳动关系的意见》，为新形势下构建和谐劳动关系明确了指导性方针。浙江是民营经济大省，也是较早感受到劳资纠纷阵痛，并较早重视构建和发展和谐劳动关系的省份。目前劳动关系三方（劳动者、企业、政府）协调机制普遍建立，"领导负责、部门履职、工会推进、企业参与"的"四位一体"和谐维权路径效果明显，重点围绕打造非公有制企业"和合共同体"，开展了"活力和谐企业创建"活动和"和谐劳动关系创建"活动，涌现出义乌社会化维权、温岭工资集体协商、北仑劳动争议社会化大调解、传化集团发展和谐劳动关系等典型。当前，浙江劳动关系表现相对平静，劳资纠纷数量少、影响小、处理快。浙江省在构建和谐劳动关系方面走在全国前列。

（一）民营企业构建和谐劳动关系的重要性和紧迫性

1. 构建和谐劳动关系是加快经济发展方式转变的需要

经过国际金融危机冲击后，非公有制企业更加注重科学发展理念，特别是提高科技含量、实现转型升级。当前，浙江省非公有制企业正处于从"浙江制造"迈向"浙江创造"阶段，和谐劳动关系越发成为加快经济发展方式转变的重要因素之一。企业对劳动力素质的要求越来越高，正在由劳动密集型向技术密集型转

变，对农民工的要求从数量向素质提升。因此，构建和谐有序的用工环境和劳资关系，正确处理企业转型过程中的各种利益纠纷和矛盾冲突，成为转变经济发展方式、实现非公有制企业转型升级的重要前提和基础。

2. 构建和谐劳动关系是推进国家治理体系和治理能力现代化的需要

推进企业治理，深化和谐企业创建，事关发展、事关民生、事关稳定。非公有制企业作为新经济组织，其劳动关系是观测社会关系的"晴雨表"，构建和谐劳动关系是加强社会管理、创新社会治理的重要内容，是非公有制企业参与社会管理和社会治理的切入点和着力点，特别是工资集体协商的开展为推进基层协商和社会组织协商进行了有益的探索，有利于推进国家治理体系和治理能力现代化。浙江省"十二五"期间14项社会管理创新综合试点内容明确了两新组织的参与模式，把社会管理和公共服务延伸到"两新组织"，扎实推进"综治进民企"工作，维护企业安全稳定和职工合法权益。

3. 构建和谐劳动关系是巩固和扩大党执政的群众基础的需要

企业是社会的细胞，非公有制企业内部的和谐是社会和谐的重要基础。对当今中国社会走势影响最大的三大群体都与非公有制企业直接相关。一是最具影响力的群体——企业家，现代社会是由企业家引领的，浙商是最具创造力和影响力的群体，其对社会的作用不可低估。二是最具活力的群体——自由择业知识分子，包括各类人才、专业人士，他们大多在非公有制企业。非公有制企业是自由择业知识分子的集聚地。三是最不稳定的群体——农民工、外来人口、新居民，他们能否融入当地社会，将极大地影响社会管理和社会治理的成效。浙江省共有专业技术人才269万人，其中非公有制企业中有172.9万人，占64.3%；全省共有企业经营管理人才174.1万人，其中非公有制企业中有161万人，占92.5%；每年有90%的大学毕业生在民企就业。非公有制企业劳资关系已是浙江社会的基础性社会关系，非公有制企业稳定发展，浙江经济和社会才能稳定发展，反之，将会动摇浙江经济和社会稳定发展的基础。因此，构建企业内部和谐的劳动关系，不仅有利于夯实企业发展的内部基础，还有利于巩固和扩大党执政的群众基础。

4. 构建和谐劳动关系是经济新常态下民营企业健康发展的需要

劳动关系是一把双刃剑，处理不好对劳资双方都是一种损害。当前经济发展进入增速换挡、结构调整、改革攻坚的新常态发展阶段，随之也带来部分企业特别是小微企业经营困难等阵痛。在此特殊发展时期，推进非公有制企业"和合共同体"建设，构建和谐劳动关系，就是要充分发挥两新组织党组织作用，就是要构建企业和业主的发展信心，就是要团结带领广大职工积极帮助企业主动转型升级，全力营造新常态下党组织、职工群众和企业同发展、共命运的良好氛围。和谐劳动关系不仅是企业发展的原动力，更是一种特殊的生产力。构建和发展和谐劳动关系本意是维护劳资双方的合法权益、正当权益，随着经济社会发展，追求社会公正与劳资双赢的群体意识正在形成，和谐稳定的劳动关系恰恰能增强企业的竞争力。

（二）构建和谐劳动关系中的企业责任和目标取向

1. 创新企业管理理念和方式，努力实现民主管理

面对社会管理和治理创新，企业要担当起构建和谐劳资关系的主角。企业必须适应新时期经济社会发展对企业提出的新要求，创新管理理念和管理方法，努力实现民主管理。如杭州德意集团开辟 5 条路径，构建了企业民主管理模式。5 条路径是指以职代会为平台，特别重视提案的受理、承办；以听证会为抓手，组织工会会员中的干部与党员召开民主恳谈会，听取他们的真知灼见；以岗位创新为载体，设置岗位创新奖项；以主题活动为渠道，发起"创销售新高，为销售服务"主题活动；以民主评议为途径，对集团一办三中心、各子公司中层干部实行360 度民主评议。杭州德意集团通过这一民主管理举措，促进了本企业集团管理制度创新，2011 年获浙江省管理创新一等奖。又如浙江诺力机械股份有限公司（德清县）大力实施车间管理民主，使工作更为透明，工资薪酬分配更加公正。2011 年实现产值同比增长 88%，2011 年成为企业发展历史上最好的一年。

2. 主动参与工资协商，努力转变工作格局

当前非公有制企业和谐劳动关系构建中存在这样一种现象：主要靠行政手段推行、政府主导、工会出面组织公权力为主的社会资源，企业多数被动应付，工人依然是"沉默的大多数"。而且，不少地方还存在工资协商中工会单打独斗局面。一些地方把工资未协商作为"和谐企业"评比的一票否决条件，工资集体协商被作为一项政治任务在推，看起来数字升得很快，但绝大多数是协商不起来的，企业主和工会双方签个字了事。这种局面导致一种明显缺陷：企业及员工只会对政府公权力形成固定的期待和依赖，而党政部门也难摆脱"包办者"的角

色，且容易把劳资矛盾引到劳政矛盾。如 2004 年，温州市鹿城区双屿镇发生一起私营企业老板欠薪出逃导致大批外来务工人员与地方政府部门发生冲突并烧毁两辆警车的恶性事件，这一事件逼出后来在全国率先建立的"工资支付保证金和应急周转金制度"。但是，基层保障制度不健全，单靠政府的这一举措不能完全消解劳资矛盾的苗头，政府既当裁判又当救火队长兼担保人，往往两头不讨好，容易把劳资矛盾引向劳政矛盾。因此，要切实明确构建和谐劳动关系的总体方向：要从"领导负责、部门履职、工会推进、企业参与"的员工维权路径向"党政主导、企业主体、工会运作、多方配合、职工参与"的发展和谐劳动关系工作格局转变。

3. 支持企业党、团、工、青、妇组织建设，努力发挥积极作用

从某种意义上讲，企业党、团、工、青、妇组织建设就是一种公共服务，要加强建设并发挥作用。例如浙江省充分发挥非公有制企业党组织成员作用，全面推行"党员民主听证会"制度，劳资纠纷明显减少，不少企业在几年时间里都保持了"零罢工、零投诉"。义乌市总工会创造社会化维权"义乌模式"，企业工会组织在构建和谐劳动关系中发挥了积极作用；2005 年，中华全国总工会在义乌召开了全国工会维权机制建设经验交流会；2008 年，义乌市总工会社会化维权模式荣获第四届中国地方政府创新奖。在企业党、团、工、青、妇建设问题上，企业家要大力支持，特别是在企业工会问题上，企业家要大度，容得下"小骂大帮忙"，企业主、工人是利益共同体，大目标都是为了企业的发展。当前，社会上出现了要由总工会出钱派驻工会主席到企业、促进工会组织保持相对独立的强烈呼声，还有一些非公有制企业让工人"直选"企业工会主席，使工会组织体现工人意志并发挥积极作用，如杭州市余杭区 2000 余家企业的工会主席 99% 由民主选举产生。

4. 关注企业职工自组织及其领军人物，努力延伸工作手臂

企业自组织能合理地反映诉求、疏导情绪、化解矛盾。浙江省一些地区非公有制企业成立了企业职代会、职业经理人协会、各式各样俱乐部，组成了"驴友"、自驾友等组织团体，把组织建设延伸到社区。宁波市海曙区成立了全省第一家职业经理人联谊会，宁波市江北区成立了外滩自由择业知识分子 1842 俱乐部，组建"白领沙龙""老外滩音诗派"电声乐队等自组织，这些自组织形成了利益共同体，彼此联系紧密、影响力较强，在构建和谐劳动关系方面成为一股不可忽视的重要力量。

5. 重视企业内部统战特别是民族、宗教工作，努力实现分类指导

浙江省少数民族流动人口众多，55 个少数民族齐全，全省外来少数民族流动人口达 300 多万，是全国输入少数民族人口最多、少数民族流动人口增长最快的省份之一。同样，在企业内部也聚集着大量的少数民族和信教员工，截至目前，浙江省共有 25 家非公有制企业设立了统战部（另有不少非公有制企业设立统战工作站、知联会、少数民族联谊会等），充分尊重少数民族、各个宗教的风俗习惯。有的企业食堂还开设清真窗口，为做好企业少数民族和信教员工的服务管理工作，开展了有益的实践和探索。

6. 打造企业核心文化，努力凝聚发展共识

企业核心文化建设是企业管理必不可少的手段和企业发展的一种要素，这已成为我国民营企业和民营经济人士的共识。不同的企业有着不同的企业文化，个性和特性是企业文化的生命力所在。但是，新时代中国民营企业有着共同的文化内核，就是在社会主义核心价值观引领下，民营企业的核心文化应该是科学的文化、和谐的文化、感恩的文化、清廉的文化。① 新形势下，这种企业文化对于引领民营企业高质量发展、凝聚企业发展共识、打造和谐民营企业，有着内在的长远的作用。

（三）统一战线要以法治和德治相结合的思维参与和谐劳动关系构建

统一战线具有资源、网络和功能等三大优势，可以为构建和谐劳动关系提供服务。资源优势主要表现在：构建和谐劳动关系的主体是民营企业，民营企业聚集了大量的统战成员。网络优势主要表现在：统一战线拥有广泛的工作网络，可以依靠各级工商联、知联会、民营企业统战部（站）、社区统战工作站等组织载体，推进统战工作进社区、进社团、进企业、进高校、进农村，做民营经济人士和企业员工中的统战成员的思想引领工作。功能优势主要表现在：统战工作运用的是柔性手段，与行政手段相互配合、刚柔并济，具有沟通思想、理顺关系、稳定情绪、化解矛盾、协调问题等独特作用，有利于劳资双方共建和谐劳动关系。具体来说，引导和服务主要体现在以下几个方面。

---

① 详见本书"第五章　创新民营经济人士理想信念教育"中的"三、理想信念教育与企业文化建设"。

1. 引导民营经济人士守法诚信，自觉致力于构建和谐劳动关系

作为民营经济的领跑者和引路人，非公有制经济人士既担负着振兴民营经济的重任又履行社会责任，努力构建和谐劳动关系。要紧密结合当前开展的守法诚信教育活动，积极引导民营经济人士增强法治意识，强化社会责任，自觉构建和谐劳动关系。构建和谐劳动关系，应成为民营企业社会责任的重要有机组成部分。民营企业构建和谐劳动关系，理应成为企业社会责任体系中除市场责任、环境责任、用工责任和公益责任之外的第五方面，更应成为除产品质量、合法经营、照章纳税、扩大就业、善待员工（安全生产）、节能减排、公益慈善之外的第八大社会责任。

引导民营经济人士支持自己的组织发挥作用，积极推动民间商会参与协调劳动关系。温州市工商联发挥协调和管理功能，承接了一些政府做不到、做不好或不便去做的事。工商联参与社会管理和社会治理创新的着力点就在于加强对行业商会、基层商会的管理与指导，更加注重发挥行业商会与基层商会的作用。例如：义乌市基层商会调解委员会发挥了重大作用。该市有各类商会、协会 67 个，会员达 17400 多人。成立以来，共调解包括劳资纠纷在内的矛盾纠纷 770 件，成功 693 件，成功率达 90%。温州市和宁海县工商联积极承接政府部分职能转移，其中宁海县商会服务中心为企业免费（政府购买服务）进行和谐劳动关系体检和安全生产体检，受到企业普遍欢迎，收到了良好的成效。

要加强非公有制经济代表人士综合评价体系建设，引导民营企业构建和谐劳动关系。非公有制经济代表人士综合评价体系从 2005 年开始实施，结合政协、工商联换届和优秀建设者评选（浙江以省委省政府名义表彰）、光彩事业等工作开展情况，浙江省形成了各级党委高度重视、各级统战部高度负责、各部门认识到位配合积极的良好工作格局，健全了非公有制经济代表人士统战工作的网络和机制。浙江省把加强非公有制经济代表人士综合评价工作，作为构建和谐劳动关系的有力抓手，大力加强非公有制经济代表人士综合评价体系建设，形成非公有制经济代表人士激励引导机制，积极参与企业和谐劳动关系构建。

2. 发挥统一战线在立法协商和司法监督中的优势，为和谐劳动关系的构建营造良好的法治环境

劳动关系方面的立法是全面推进依法治国的必然要求。目前，全国尚未形成明确的解决民营企业劳资纠纷的法律法规体系。在立法协商方面和司法监督方

面，统一战线不仅具有人才优势，这更是统一战线履行职责的重要内容。一方面
要通过积极开展调查研究、建言献策，促进相关法律、法规和政策体系不断完善。
自 2006 年以来，浙江省政府连续出台了《关于进一步加强和改进对农村进城务
工人员服务和管理的若干意见》《关于全面推进工作保险的通知》《关于解决农
民工问题的实施意见》《关于全面推进职工工资集体协商工作的意见》《浙江省
企业社会责任指导守则》等政策性文件，其中就凝聚了浙江省民主党派、工商联
和无党派人士以及统一战线广大成员的心血和智慧。2011 年浙江省明确把构建
和谐劳动关系提升到省委、省政府战略部署的高度，作为今后长期坚持并严抓落
实的重点工作之一。从 2007 年开始，省工商联相继在政协大会上做了"构建企
业和谐劳动关系，努力实现社会平稳发展""积极推进我省民营企业社会责任建
设，为构建和谐社会作贡献""支持中小民营企业发展，促进就业形势稳定"等
发言，向历届政协大会提交了贯彻劳动合同法、构建和谐劳动关系等一系列重要
提案，在全国较早提出了建立以和谐劳动关系为核心的企业社会责任标准体系。
另一方面，要对有损和谐劳动关系构建的企业违法行为和政府执法行为进行民主
监督。像温岭市的党外人士民主恳谈（包括工资协商）、"专家顾问团"，嘉善
县的"民企沙龙"，都是很好的探索。

**3. 要以社会主义核心价值观为引领，全面优化构建和谐劳动关系的社会舆
论环境**

一是引领民营经济人士树立和践行"义利兼顾、以义为先"的义利观。2008
年底，在金融危机对浙江经济造成严重冲击的严峻形势下，省工商联及有关部
门向全省民营企业发出了"不减薪、不裁员""同舟共济、共渡难关"的倡议。
2010 年，浙江省委统战部、省工商联又决定，在非公有制经济人士中广泛开展
"义行天下——浙商感恩行动"，并发出倡议书，要求广大浙商要弘扬"既善待
资本，更善待劳动"的先进理念，寓和谐于劳动，彰大义于天下。二是加强正确
的舆论引导，营造有利于构建和谐劳动关系的良好社会氛围。劳动关系涉及方方
面面，民营企业和谐关系的构建，光靠企业家和政府努力是远远不够的，必须发
动包括全体员工在内的社会各方面人士广泛参与。浙江省统一战线在这方面做了
不少卓有成效的工作。例如：前几年，作为省非公有制经济组织创先争优活动指
导小组的成员单位，省工商联以开展"创先争优"活动为载体，在非公有制经济
组织中大力推行党员"思想政治工作责任区"制度，切实加强思想政治工作，推

动企业加快建立新型劳动关系。组织开展了"书记接待日""员工热线"等一系列活动，及时了解职工思想动态，努力化解各类矛盾和问题。三是加强社会主义核心价值观的引领，特别是让公民个人层面的价值准则——"爱国、敬业、诚信、友善"成为劳资双方的共同遵循，让企业和谐发展成为劳资双方和合共赢的最大公约数。如：2010年7月，省委统战部、省工商联与省广电集团联合开办浙商"义行天下"电视新闻专栏，重点报道浙江省非公有制经济人士"义利兼顾、以义为先"、勇于承担社会责任等方面的典型事例，到2014年底总计宣传先进典型76期；省工商联还与省总工会联合开展了非公有制企业"双爱（企业家爱员工、员工爱企业）双评"活动，进一步营造了有利于构建和谐劳动关系的良好氛围。

4. 协调处理好各方关系，创新构建和谐劳动关系齐抓共管的工作机制

和谐劳动关系是企业主和劳动者之间平等的、共生的、发展的关系，构建这种关系需要内力、外力共同推动，更需形成构建民营企业和谐劳动关系的合力。从企业层面来说，要完善"劳资自治"机制；从政府层面来说，要完善劳动关系规范运行机制；从长远来看，政府与企业要共同构建矛盾预防和处理机制。为此，浙江省把非公有制企业构建和谐劳动关系作为一项长期重点工作来抓，积极吸收工商联成为劳动关系协调机制成员，参与协调劳动关系三方会议，同人力资源社会保障部门、工会组织和其他有关企业方代表一道，共同推进劳动关系立法和劳动关系协调机制建设，共同研究解决劳动关系中的重大问题和调处劳动争议，从而形成一套各级党委领导、各党委统战部负责、其他部门积极配合、全社会共同参与的齐抓共管的长效协调机制。如余姚市委、市政府把"和谐单位共建活动"交统战部牵头负责，由其他部门协调配合，以大党建带动大统战、大统战促进大党建，打造了大统战工作格局。为此，一是要推广以温岭、慈溪为代表的集体协商工资制度，建立健全职工集体协商工资利益协调和利益共决机制；二是要推广以义乌为代表的工会组织社会化调解机制，建立健全工会组织社会化调解维权的职工矛盾化解和利益维护机制；三是要推广以杭州市萧山区传化集团为代表的包括党员民主听证会等内容的制度创新，建立健全职工利益表达和利益诉求机制；四是要推广以宁波市北仑区为代表的设立劳动争议联合调解中心的做法，建立健全劳动争议社会化"大调解"机制。在此过程中，各级统战部门和工商联要牢固树立法治思维，以守法诚信教育为载体，以商会组织为渠道，以企业统战工作为抓手，以社会主义核心价值观为最大公约数，积极促进党中央和国务院关于构建和谐劳动关系的意见精神落到实处。

七、延伸阅读之三：新的社会阶层人士与民营经济

新的社会阶层人士与民营经济有着天然的联系。实际上很长一段时间内，民营（非公有制）经济人士是属于新阶层人士范畴的，一般表述是：非公有制经济人士和其他新的社会阶层人士，他们都是中国特色社会主义事业的建设者。2015年《中国共产党统一战线工作条例（试行）》首次对两者概念的边界进行了厘清，新的社会阶层人士专指自由择业的知识分子。但实际上，新阶层人士与民营经济是密不可分的，新阶层人士工作与民营经济统战工作更是相辅相成的。我们不妨从新阶层人士的4个大类来看其与民营经济之间的这种关系。

民营企业中的科技和经营管理人员。从民营经济大省浙江来看，这类人员占整个新阶层群体的83%，达346万人。他们大量分布于新业态之中且掌握先进管理技术，最具创新创业活力，是民营企业转型升级和高质量发展的生力军，也是当前构建新发展格局中民营企业破解"卡脖子"技术、提升在国际产业链中的地位的中坚力量，做好他们的工作、发挥他们的聪明才智对于促进民营经济领域的"两个健康"至关重要。如：在杭州就有高校系、阿里系、海归系、浙商系"新四军"创客群体。杭州高新区（滨江）是首批国家级高新区，是浙江的创新高地、产业高地、人才高地，也是杭州年轻的城区，民营经济发达，市场法人主体达6万余家，其中民营企业有4万余家，在中国民企500强榜单上的有5家，上市企业有52家，打造了互联网数字产业集群，涌现了阿里巴巴、吉利、网易等一大批行业领军企业，知名企业家集聚滨江，新生代企业家大量涌现，数以万计的新阶层人士、海归人才云集滨江，他们是推动世界一流高科技园区建设的中坚力量，也是民营企业统战工作的重要资源①。实际上，这个群体虽是体制外的，但是是有组织的，这个组织就是民营企业。民营企业的科技和经营管理人员统战工作，统战部门很难直接开展，必须与民营经济统战工作有机融合起来才能奏效。近年来，杭州高新区（滨江）率先开展民营企业统战工作，在加强思想政治建设、服务高质量发展、健全政企协商、推动政治参与上发力，着力夯实基层基础，促进

---

① 民营企业统战工作主要是做民营企业内部的科技和经营管理人员、民主党派成员、归国留学人员、少数民族员工等的工作。

"两个健康"，努力推动新时代民营经济统战工作创新开展。

中介组织从业人员。事实上，各类中介组织的创办人、出资人和合伙人本身也可视作民营经济人士，有不少人还加入了工商联。而包括律师和注册会计师、税务师在内的新阶层人士群体，是市场经济和法治社会中游戏规则制定和评判的参与者，是最有影响力的群体之一。他们在规范市场经济秩序、参与社会治理方面可以发挥专业优势，其守法经营和诚信等职业道德直接影响着民营企业，对民营经济"两个健康"有着重要的引领和促进作用。

网络新媒体从业人员和网络意见人士。近年来，网络直播、网红经济等"互联网＋"成为新趋势，做好这部分新阶层群体工作，有助于适应新形势、孵化新业态、赋能新经济，集聚网络新青年、中小企业参与业态转型升级，发展数字经济，构建新发展格局。杭州市原江干区有国家电子商务试点城市拓展区等直播电商园区 6 家、知名 MCN 机构 13 家，第三方电子商务平台共有各类活跃网络零售网站 387.5 万家，签约网络主播 2500 余人，孵化主播 3500 余人。2019 年克劳锐指数显示，原江干区电商 MCN 机构占比排名全国第一，实现网络零售额 1318 亿元，位居全市第一、全省第二。2020 年 4 月，江干区成立"中国直播达人·同心荟"和"网红村长联盟"，统战工作拓展到新领域。两个组织都积极为经济转型出谋划策；同时，积极倡导网络人士通过直播等线上形式，拉动社会消费，促进实体经济和网络经济深度融合。2020 年 1—8 月，全区完成网络零售额 820 余亿元，直接带动就业岗位 9 万余个，间接带动就业岗位 25 万余个。

自由职业人员。这是当今社会最有创造活力的群体，包括大量的民间工匠、艺人和新个体经济人士，是激活市场活力的创新主体。近几年，各地统战部门通过众创众筹等方式帮助他们创业创新，大大激发了这一市场主体的活力，取得了双赢的成效。如：杭州市余杭区梦想小镇建立"众创同心荟"，开展项目问诊会、政策对接会、新英读书会、议政沙龙、创客微账房、法律帮帮团等活动，推动"扶持创业、呵护人生、分享乐活"的统战＋综合体向纵深发展。宁波市海曙区以洞桥镇为试点，建立"群英荟海"实践基地，设立新的社会阶层人士创业创新中心，通过租金减免、信息服务、融资优惠、安排人才公寓等一站式服务，广泛集聚洞桥镇新的社会阶层人士落户。湖州市吴兴区作为中心城区，众创空间分布较为集中，现有众创空间 46 家，入驻企业 1174 家，从业人员 5872 人，其中新的社会阶层人士有近 4000 人，占比近 70%，这些新的社会阶层人士学历高、年纪轻、思维活，是创业创新的重要群体，吴兴区探索建立众创空间——新的社会阶层人士联谊会联盟支持服务众创空间小微企业发展。

党的十八大以来，以习近平同志为核心的党中央放眼未来，做出建设数字中国的战略决策，习近平总书记多次强调要以数字化变革催生新的发展动能。党的十九届五中全会通过的关于"十四五"规划和2035年远景目标的建议提出，要加快数字化发展，推进数字产业化和产业数字化，加强数字社会、数字政府建设。在统一战线工作领域，数字统战是从网络统战发展而来的。由于新社会阶层主要分布在新经济组织、新社会组织等体制外，并且具有职业流动性强的群体特征，很难对该群体的信息进行系统掌握，因此，底数不清成为困扰目前新的社会阶层人士统战工作的一大"痛点"。近年来，杭州市上城区坚持问题导向、数字赋能、创新驱动，在全国首创了新的社会阶层人士大数据工作平台。该大数据平台已经入驻上城区楼宇园区120处，新的社会阶层人士用户有14629人，其中，各层级新的社会阶层人士联谊会成员为1313人，代表人士为359人。大数据平台设置了教育引导、联络联谊、创业服务、人才培养、聚贤汇智、咨政建言、会员之间、加入我们等8个方面的功能，为新的社会阶层人士进行理论学习、服务经济社会发展、参与社会公益事业、促进个人成长等提供了有效的帮助，能够有效满足广大新的社会阶层人士工作和生活等方面的多元化需求。大数据平台是"线上"的新的社会阶层人士统战工作阵地，也是新的社会阶层人士群体的"网上家园"。上城区大数据平台与依托街道和园区建立的统战工作阵地形成了有效的互补，从而在新的社会阶层人士统战工作阵地的建设上实现了"线上"与"线下"的有机结合。

开展新阶层人士工作强调线上线下互动，这使得"互联网＋"成为新时代统战工作的显著特征，这一工作方法正在向整个统战工作领域延伸，如新乡贤工作、宗教工作、海外统战工作，都开始引进大数据的工作手段和方法。数字统战，就是运用数字化技术、数字化思维、数字化认知，对统战工作的体制机制、组织架构、方式流程、手段工具进行全方位、系统性重塑的过程，是高效构建统战工作新平台、新机制、新模式的过程。2019年11月，杭州数字统战平台正式上线，平台致力于打造集工作、服务、管理、宣传四大功能于一体的数字统战系统，对各领域数字统战平台进行集成化设计，构建纵向覆盖县（市、区）、镇（街），横向覆盖统一战线各领域的组织架构，建立统一入口、上下链接、统筹有力、协同高效的数据中心、资源中心。

八、延伸阅读之四：浙江促进民营经济高质量发展和民营经济人士高素质成长

习近平总书记指出，要正确引导民营经济健康发展高质量发展。①

近年来，浙江省委统战部着力打好推动新时代民营经济新飞跃"组合拳"，全力促进民营经济高质量发展和民营经济人士高素质成长，为浙江推动中国特色社会主义共同富裕先行和省域现代化先行贡献力量。

（一）高规格部署推动新时代民营经济新飞跃，塑造发展优势

——办好一个大会。协助省委、省政府高规格召开全省民营经济发展大会，全面部署推动新时代民营经济新飞跃的目标任务，进一步提振民营经济发展信心。

——出台一个文件。以省委、省政府名义出台《关于推动新时代民营经济新飞跃的若干意见》，并推动相关部门出台配套政策，强化政策集成，细化完善措施，抓好减负强企政策落地。

——打出一套助力经济稳进提质组合拳。开展"助力惠企政策直达快享""助力民企融资畅通""助力民企稳外贸拓市场""护航民企法律服务""民企高校携手促就业"系列行动，推动政策直达快享惠及 16 万家民营企业，选派 2 万多名金融联络员上门入企送服务，支持出口企业超 2.1 万家，调处企业矛盾 1.2 万起，动员全省民营企业新增就业岗位 4.8 万多个。

（二）高站位引领浙商永远跟党走，凝聚思想共识

——创新开展党的二十大精神宣讲活动。第一时间组织召开民营企业学习党的二十大精神座谈会，发出浙商声音、作出浙商表态。成立"之江同心·民营企业家宣讲团"，通过企业家讲、讲给企业家听，全面宣讲党的二十大精神，引领广大浙商深刻领悟"两个确立"的决定性意义，坚定不移听党话、感党恩、跟党走。全年共举办 100 多场理想信念报告会，通过各种形式接受教育的人次超

---

① 谢环驰. 正确引导民营经济健康发展高质量发展［N］. 人民日报，2023-03-07（1）.

过 38 万。

——引导民营企业助力共同富裕。大力实施"同心共富"工程，选树发布助力共同富裕"民企样本"，引导广大浙商投身"助力 26 个山区县高质量发展""万企兴万村"等行动，扎实推进定向招工式"共富工坊"建设，共组织 2913 家企业结对帮扶 2654 个村，正式签约项目 81 个，总投资达 316.9 亿元，建成"共富工坊"944 个，吸纳就业 2.9 万人。

（三）高质量构建亲清政商关系，优化营商环境

——强化法治保驾护航。深入贯彻落实《浙江省民营企业发展促进条例》《浙江省促进中小微企业发展条例》，建立涉案企业合规第三方监督评估机制，健全清理拖欠民营企业账款长效机制，合力保护民营企业和民营企业家合法权益。

——健全政企沟通协商制度。办好"亲清直通车·政企恳谈会"，落实民营企业家参与涉企政策制定机制、民营企业家代表参加经济工作会议等常态化政企沟通机制，持续开展万家民企评营商环境、万家民企评银行等活动，健全以市场主体满意度为导向的营商环境评价机制。

——推进清廉民营企业建设。以省委办公厅名义印发全省推进清廉民营企业建设实施方案，制订全省清廉民营企业培育计划，加强清廉民企理论研究，推动清廉思想、制度、规则、纪律和文化融入企业发展，指导大型民营企业建立健全内部腐败风险防控体系。

（四）高水平打造变革型组织，提升服务能力

——一体化推进省工商联和浙商总会融合发展。以换届为契机，一体化推进省工商联、浙商总会建设，重塑浙商总会管理体制和运行机制，扩大对重点企业、龙头企业的覆盖，整体打造一支堪当"推进共同富裕先行、省域现代化先行"重任的民营经济代表人士队伍。换届后，全省各级工商联共安排企业家执委 1.32 万名，浙商总会共安排理事 585 名。

——深入实施品质浙商提升工程和浙商青蓝接力工程。建立健全民营经济代表人士选用、履职、考核和退出机制，以省委办公厅名义印发加强新生代企业家教育培养工作的意见，建立健全新生代企业家教育培养体系，促进浙商事业新老交接和有序传承。全省各级新生代企业家联谊会共安排新生代企业家 9467 名。

——深化数字化改革。迭代升级"浙商在线"重大应用，形成"浙商风采、

浙商服务、浙商责任、浙里商会"四大核心场景,汇集 2.2 万名民营经济代表人士、2462 家商会和 217 万家浙商企业数据,以数字化的理念、思路、方法和手段,系统重塑组织动员方式,有效联系、服务、引导和团结海内外浙商。

(五)成效

凝聚了思想共识,筑牢了思想根基。系列组合拳全面贯彻习近平总书记关于民营经济发展的重要论述,牢牢把握学习贯彻全省民营经济发展大会精神这条主线,为忠实践行"八八战略"、坚决做到"两个维护"最大限度凝聚起共同奋斗力量。浙江广大民营经济人士纷纷表示,要把思想和行动统一到党的二十大精神上来,进一步推动民营经济健康发展、高质量发展,进一步实现自身高素质成长,为全面建成社会主义现代化强国、实现中华民族伟大复兴不懈奋斗。

坚定了发展信心,激发了奋进力量。广大民营经济人士一致表示,全省民营经济发展大会时隔 18 年后再次召开,出台的政策意见、打出的系列组合拳,含金量很足,让大家充分感受到省委省政府对民营经济健康发展的高度重视,对民营经济人士健康成长的亲切关怀,对民营经济统战工作接续发展的关心厚望,极大地提振了民营经济发展信心。

打下了坚实基础,积蓄了强劲动能。全省民营经济发展大会对过去五年浙江民营经济发展的成绩进行全面回顾,对工作中形成的经验做法进行梳理凝练,形成了一整套系统可行的工作机制。制定出台系列"政策包"、开展助力经济稳进提质五大专项行动、构建亲清政商关系等系列举措,为促进民营经济高质量发展、民营经济人士高素质成长打下了坚实基础,为民营经济统战工作注入了发展新动能。

找准了行动坐标,增强了战略主动。浙江广大民营经济人士认真学习全省民营经济发展大会精神,明确了"勇当'两个先行'排头兵、推动新时代民营经济新飞跃"的总体要求和重点任务。浙江省各级统战部、工商联通过认真贯彻省委省政府推动新时代民营经济新飞跃的若干意见,围绕"两个健康"主题,进一步支持民营经济高质量发展,进一步促进民营经济人士高素质成长,进一步强化民营经济法治保障和规范发展,进一步优化民营经济发展环境,进一步发挥民营经济促进共同富裕的积极作用,持续擦亮浙商"金字招牌"。

九、延伸阅读之五：2023 年温州新时代"两个健康"先行区创建成果清单①

2023 年 11 月 1 日，市"两个健康"办发布 2023 年温州新时代"两个健康"先行区创建成果清单（第一批）（如表 8-1）。

表 8-1　2023 年温州新时代"两个健康"先行区创建成果清单（第一批）

序号	项目名称	基本情况	主要做法成效	示范意义/肯定认可	责任单位
1	构建"数据得地"新机制	针对中小企业优质项目用地难、用地贵等问题，建立优质制造业项目便捷获得发展空间的评价标准和供地（供房）机制，对项目的产业类型、产值规模、亩均税收、固定资产投资强度等内容进行量化评估，根据综合赋分排名逐个对接供地，确保有限的土地资源向无自有生产用地或厂房的高质量项目倾斜	出台《关于加快推进先进制造业产值超亿元优质企业和 5000 万元以上高成长型企业供地的指导意见》，建立"数据得地"智能评估系统，联通职能部门自动获取亩均税收、研发占比、企业荣誉等数据，进行用地资格认定和供地顺序赋分排名，按名次先后逐个供地。截至 2023 年 9 月底，已完成对 69 个企业供地，面积达 1715.73 亩	国务院办公厅《督查工作信息》《浙江经信》刊发推广，入选营商环境优化提升第一批"最佳实践案例"	市经信局市自然资源和规划局
2	"两个健康"直通车	建立市委、市政府主要领导和在温企业面对面定期沟通服务机制，实行涉企问题梳理收集、协商研判、交办处置、督办问效闭环管理，定期解决在温企业跨领域、跨部门、跨层级的重点问题诉求，打造"政企连心、共谋发展"的助企服务新品牌	市委或市政府主要领导每月召开一次"两个健康"直通车政企恳谈会，面对面听取企业家意见建议，协调解决企业反映问题诉求。截至 2023 年 9 月份，举办 10 期，研究交办 74 个问题，企业满意率 96.3%；市县两级共研究交办解决了 456 个问题	《浙江日报》头版头条报道，国务院办公厅《督查工作信息》刊发推广	市"两个健康"办市经信局市工商联

---

① 原载于"温州两个健康发布"微信公众号，2023-11-02。

续　表

序号	项目名称	基本情况	主要做法成效	示范意义/肯定认可	责任单位
3	行业协会"企检服务中心"	率全国之先建设行业协会"企检服务中心"，聚焦企业生产经营中面临的违法犯罪风险，探索构建"刑事合规＋行政合规＋行业合规""三规合一"工作体系，开展事前合规法治指引，推动事中合规高效整改，进行事后行业合规预防，为企业提供全生命周期法治服务	已在电气、泵阀、服装、汽摩配等五大传统行业实现全覆盖，共设立企检服务中心19个，编制鹿城鞋革行业、乐清电器行业、瑞安汽摩配行业等6部重点产业合规指引，对108家涉案企业启动合规工作，为1万余家企业提供法治体检	国务院办公厅《督查工作信息》刊发推广，《法治日报》头版报道。温州在全省预防性产业合规体系建设工作推进会上做典型发言	市检察院市司法局市工商联
4	政务服务增值化改革	围绕企业全生命周期，通过制度创新、数字赋能双轮驱动，进一步优化基本政务服务、融合增值服务，对政务服务体制机制、组织架构、方式流程、手段工具进行变革性重塑，提供更广范围、更深层次的政策、人才、金融、科创、法律、开放、公共设施等集成服务	集成建设"五个一"体系："一中心"即实体运作企业发展服务中心，"一平台"即"助企红"数字平台提供"点单式"服务，"一个码"即"企业码"打造"一码通办"等，"一清单"即增值服务清单1.0版共12大类395项增值服务，"一类事"即"数据得地"、企业合规指导等特色服务场景	得到浙江省委改革办的充分肯定	温州湾新区管委会市委改革办
5	涉企问题化解"一表通管"机制	建立以"帮企云"为主体的"1+N"涉企平台体系，构建涉企问题一表通管全流程闭环服务机制，实现所有企业反映问题全归集、全反馈、真解决、真落实	依托"帮企云"、民营企业维权服务平台、"96666"热线等载体24小时收集问题线索，实行问题一表登记、进度"三色"管理、整体一屏浏览、工作立体调度、督查按月通报、企业"三维"评价。累计收集问题5149个，化解4476个，满意率达98.1%	国务院办公厅《督查工作信息》《浙江经信》刊发推广	市"两个健康"办市经信局

序号	项目名称	基本情况	主要做法成效	示范意义/肯定认可	责任单位
6	"两个健康"积分贷	通过创新试点"两个健康"积分贷产品，建立专项金融惠企政策，为民营企业提供更加优质的金融服务，树立"两个健康"积分评价体系在金融领域应用的样板，推动民营企业健康发展	建立"两个健康"积分评价指标体系，设置经营活力、创新驱动、结构优化、质效提升、风险防范共5个一级指标及33个二级指标。银行机构根据企业"两个健康"积分情况，参考"两个健康"积分模型的授信金额和贷款利率测算标准实施差异化授信。截至2023年9月末，辖内银行机构已发放"两个健康"积分贷45户、1.37亿元	"两个健康"积分在金融领域的重要应用，打通了民营企业"数据资产—信贷资金"的转化通道，提升了民营经济融资服务质效	国家金融监督管理总局温州监管分局市统计局
7	镇街"企业服务中心"	率全省之先在全市76个工业重镇（街道）建立企业服务中心，将政策服务、问题化解、咨询培训、技术诊断等服务直接触达中小微企业，全面构建基层企业服务新模式，切实提升中小微企业获得感	截至2023年10月，各地企业服务中心已覆盖规上工业企业6547家，覆盖率达77.8%；累计开展涉企服务22760家（次）、开展各类涉企活动6316场，收集企业诉求2321个，化解1932个	《浙江政务信息》《探路者》《浙江经信》专刊推广。得到常务副省长徐文光批示肯定	市经信局

续　表

序号	项目名称	基本情况	主要做法成效	示范意义/肯定认可	责任单位
8	企业外来用工子女入学便利化改革	针对随迁子女"入学难""入好学难"等现实情况，坚持以改革破解发展难题，深入实施企业外来用工子女入学便利化改革暨"小飞鸥"关爱工程，扎实推进随迁子女的教育公平工作	出台入学保障措施25条、入学便利化改革等刚性政策措施，率全省之先明确各地将条件放宽至"以居住登记和劳动服务为前提"，实现高层次人才志愿优先、好学校就读积分优先、技术骨干定制优先。2023年春季，全市义务教育阶段随迁子女公办学校办理转学人数占比超全省总数四分之一；秋季随迁子女报名入学达55000余人，占全市新生报名入学总数的26%，较2022年增加9000余人，提升19.5%	人民日报、新华网、学习强国、浙江教育报等媒体相继报道。获省教育厅肯定	市教育局
9	涉企中介服务"一类事"改革	对工程建设项目领域的涉批中介服务事项进行流程再造，对涉及的各类勘察、设计、评估、论证等涉批中介服务事项进行全流程、全链条、全周期统筹设计，以一套资料、联合踏勘、合并编制的模式，实现"一次申请、一次告知、一并编制、一次联审"，构建开放、规范、精简、高效的中介服务体系	以"一个机构统筹、一张清单瘦身、一网超市任选、一套流程规范、一个代码严管"五个一的创新举措，构建涉企投资项目审批"增值式"中介服务新模式，实现中介服务提效50%左右，累计惠及全市3200余家企业	国家发改委刊发我市涉企中介服务"一类事"改革做法作为温州市促进民间投资工作典型经验向全国推广	市政务服务局

续　表

序号	项目名称	基本情况	主要做法成效	示范意义/肯定认可	责任单位
10	预防性重点产业合规建设	围绕县域产业特色找准"一县一品"小切口，探索具有温州特色的预防性重点产业合规建设实现路径，以法治护航全省"一号改革工程"	设立12个产业合规中心和15个企业合规服务点，提供合规体检申请、合规专员指派等模块化服务。编制鹿城鞋革行业、乐清电器行业等7部重点产业合规指引，8部专项合规指引及54部行政指导清单。发布第一批32项"合规激励政策清单"	被国务院办公厅《政务情况交流》刊发推介。温州在全省预防性重点产业合规体系建设工作推进会上做典型交流	市司法局
11	商会"共享法庭"	乐清市工商联、乐清市法院联合设立商会"共享法庭"，引导商会积极参与涉企纠纷化解，构建"商人纠纷商会解"新模式	借助商会力量诉前化解涉企纠纷815件、缓和吸附苗头性纠纷2079件，争议标的额达1.53亿余元	入选全国工商联、最高人民法院办公厅100对典型事例（2020—2022）	乐清市
12	涉企行政执法"三书同达"	指对违法企业送达行政处罚决定书的同时，一并送达行政合规建议书和信用修复告知书。通过合规建议协助企业降低违法风险成本、提升内部治理能力；通过主动告知不良信用提前修复，帮助违法企业重回市场公平竞争赛道	2022年10月，龙湾区正式出台《龙湾区涉企行政执法"三书同达"制度》。截至2023年9月，全区各执法部门已制发"三书同达"592份，开展信用修复61家	浙江省司法厅予以全省推广。入选浙江省营商环境优化提升首批最佳实践案例	龙湾区

注：数据截至2023年10月。

2023年以来，各地各单位围绕新时代"两个健康"先行区创建，坚持问题导向和需求导向，大胆探索，锐意创新，在土地供应、融资畅通、政务服务、问题化解、柔性执法、行业合规、法制保障等方面形成了12项切实有效的做法。

（一）构建"数据得地"新机制

出台《关于加快推进先进制造业产值超亿元优质企业和 5000 万元以上高成长型企业供地的指导意见》，建立"数据得地"智能评估系统，联通职能部门自动获取亩均税收、研发占比、企业荣誉等数据，进行用地资格认定和供地顺序赋分排名，按名次先后逐个供地。截至 2023 年 9 月底，已完成对 69 个企业供地，面积达 1715.73 亩。

（二）"两个健康"直通车

市委或市政府主要领导每月召开一次"两个健康"直通车政企恳谈会，面对面听取企业家意见建议，协调解决企业反映问题诉求。截至 2023 年 9 月份，举办 10 期，研究交办 74 个问题，企业满意率 96.3%；市县两级共研究交办解决了 456 个问题。

（三）行业协会"企检服务中心"

已在电气、泵阀、服装、汽摩配等五大传统行业实现全覆盖，共设立企检服务中心 19 个，编制鹿城鞋革行业、乐清电器行业、瑞安汽摩配行业等 6 部重点产业合规指引，对 108 家涉案企业启动合规工作，为 1 万余家企业提供法治体检。

（四）政务服务增值化改革

集成建设"五个一"体系："一中心"即实体运作企业发展服务中心，"一平台"即"助企红"数字平台提供"点单式"服务，"一个码"即"企业码"打造"一码通办"等，"一清单"即增值服务清单 1.0 版共 12 大类 395 项增值服务，"一类事"即"数据得地"、企业合规指导等特色服务场景。

（五）涉企问题化解"一表通管"机制

依托"帮企云"、民营企业维权服务平台、"96666"热线等载体 24 小时收集问题线索，实行问题一表登记、进度"三色"管理、整体一屏浏览、工作立体调度、督查按月通报、企业"三维"评价。累计收集问题 5149 个，化解 4476 个，满意率达 98.1%。

（六）"两个健康"积分贷

建立"两个健康"积分评价指标体系，设置经营活力、创新驱动、结构优化、质效提升、风险防范共 5 个一级指标及 33 个二级指标。银行机构根据企业"两个健康"积分情况，参考"两个健康"积分模型的授信金额和贷款利率测算标准实施差异化授信。截至 2023 年 9 月末，辖内银行机构已发放"两个健康"积分贷 45 户、1.37 亿元。

（七）镇街"企业服务中心"

截至 2023 年 10 月，各地企业服务中心已覆盖规上工业企业 6547 家，覆盖率达 77.8%；累计开展涉企服务 22760 家（次）、开展各类涉企活动 6316 场，收集企业诉求 2321 个，化解 1932 个。

（八）企业外来用工子女入学便利化改革

出台入学保障措施 25 条、入学便利化改革等刚性政策措施，率全省之先明确各地将条件放宽至"以居住登记和劳动服务为前提"，实现高层次人才志愿优先、好学校就读积分优先、技术骨干定制优先。2023 年春季，全市义务教育阶段随迁子女公办学校办理转学人数占比超全省总数四分之一；秋季随迁子女报名入学达 55000 余人，占全市新生报名入学总数的 26%，较 2022 年增加 9000 余人，提升 19.5%。

（九）涉企中介服务"一类事"改革

以"一个机构统筹、一张清单瘦身、一网超市任选、一套流程规范、一个代码严管"五个一的创新举措，构建涉企投资项目审批"增值式"中介服务新模式，实现中介服务提效 50% 左右，中介费用下浮 30% 以上，累计惠及全市 3200 余家企业，"万人双评议"中介服务满意度达 99.36%。

（十）预防性重点产业合规建设

设立 12 个产业合规中心和 15 个企业合规服务点，提供合规体检申请、合规专员指派等模块化服务。编制鹿城鞋革行业、乐清电器行业等 7 部重点产业合规指引，8 部专项合规指引及 54 部行政指导清单。发布第一批 32 项"合规激励政策清单"。

（十一）商会"共享法庭"

借助商会力量诉前化解涉企纠纷 815 件、缓和吸附苗头性纠纷 2079 件，争议标的额达 1.53 亿余元。

（十二）涉企行政执法"三书同达"

2022 年 10 月，龙湾区正式出台《龙湾区涉企行政执法"三书同达"制度》。截至 2023 年 9 月，全区各执法部门已制发"三书同达"592 份，开展信用修复 61 家。

后 记

党的二十大开启了全面建设社会主义现代化国家的新征程，民营经济在以中国式现代化实现中华民族伟大复兴的征程中发挥着举足轻重的作用。党的二十大报告强调，"坚持和完善社会主义基本经济制度，毫不动摇巩固和发展公有制经济，毫不动摇鼓励、支持、引导非公有制经济发展"，"促进非公有制经济健康发展和非公有制经济人士健康成长"。浙江是民营经济大省，习近平总书记在浙江工作期间擘画的"八八战略"蓝图注重发挥民营经济先发地优势，同时对做好非公有制经济领域统战工作作出了一系列指示，民营经济统战工作成为浙江统一战线工作的亮点。本书在作者长期工作实践和研究探索积累基础上，全面贯彻党的二十大精神，结合浙江实践创新案例，进行系统梳理、综合研判，注重理论性、实践性、前瞻性的有机结合。本书得到了中共浙江省委统战部、浙江省工商业联合会、浙江省纪委省监委驻省统战部纪检监察组、浙江工商大学浙商研究院（项目资助单位）、中国统一战线理论研究会非公有制经济人士统战工作理论（浙江）研究基地的指导支持，浙江省委统战部研究室、综合处、经济处和部分市县（市、区）统战部、工商联提供了相关资料，在此一并深表感谢。